초판 발행일 | 2025년 4월 18일
지은이 | 창의콘텐츠연구소
발행인 | 최용섭
책임편집 | 이준우
기획진행 | 송지효

㈜해람북스 **주소** | 서울시 용산구 한남대로 11길 12, 6층
문의전화 | 02-6337-5419
팩스 | 02-6337-5429
홈페이지 | https://class.edupartner.co.kr

발행처 | (주)미래엔에듀파트너
출판등록번호 | 제2020-000101호

ISBN 979-11-6571-234-1 (13000)

이 책은 저작권법에 따라 보호받는 저작물이므로 무단전재와 무단복제를 금지하며, 이 책 내용의 전부 또는 일부를 이용하려면 반드시 저작권자와 (주)미래엔에듀파트너의 서면동의를 받아야 합니다.

※ 잘못된 책은 바꾸어 드립니다.
※ 책 가격은 뒷면에 있습니다.

Contents

01 편지지 꾸미기 — 006
- 셀 테두리 설정하기
- 행 높이와 열 너비 조절하기
- 그림 삽입하기

02 동물 영단어 카드 — 012
- 셀 병합하기
- 행 높이와 열 너비 조절하기
- 채우기 색 설정 및 그림 삽입하기

03 슬기로운 시간표 — 018
- 행 높이와 열 너비 조절하기
- 채우기 색 설정 및 셀 병합하기
- 자동 채우기로 요일 입력하기
- 테두리 색 설정 및 그림 자르기

04 온라인 서식으로 달력 만들기 — 024
- 온라인 서식 검색하여 열기
- 서식을 변경하여 달력 꾸미기

05 건강체력평가표 — 030
- 셀 서식 설정하기
- 사용자 지정 표시 형식 설정하기

06 차례차례 도서 목록 — 036
- 그림 삽입 후 그림 효과 설정하기
- WordArt 텍스트 효과 설정하기
- 목록 정렬하기

07 도서대장 관리하기 042
- 표 서식 적용하기
- 필터 기능으로 원하는 자료 검색하기
- 필터 기능으로 원하는 기간의 자료 검색하기

08 우리반 성적표 048
- 총점과 평균 구하기
- 최고점수와 최저점수 구하기
- 그림 삽입 후 투명한 색 설정하기

09 출석체크 054
- 데이터를 입력하고 서식 설정하기
- COUNTA 함수를 사용하기
- COUNTBLANK 함수를 사용하기

10 차곡차곡 독서기록장 060
- 데이터를 입력하고 서식 설정하기
- CHOOSE 함수와 WEEKDAY 함수를 사용하기
- 그림 삽입하고 꾸미기
- 특수 문자 입력하기

11 우리반 최애 계절은? 068
- 데이터를 입력하고 서식 설정하기
- 기호 삽입하기
- COUNTIF 함수를 사용하기

12 차트로 보는 내 채널 074
- WordArt를 삽입하고 모양 변환하기
- 입력한 데이터의 표시 형식 설정하기
- 차트 삽입하고 꾸미기

Contents

13 스도쿠 게임 만들기 — 080
- WordArt를 삽입하기
- IF 함수와 SUM 함수로 입력 값 판별하기
- 조건부 서식 설정하기

14 자동계산 용돈 기입장 — 086
- 데이터를 입력하고 서식 설정하기
- CONCAT 함수로 텍스트 연결하기

15 D-DAY 일정표 — 092
- 도형을 삽입하고 도형 스타일 설정하기
- 셀 서식 설정하기
- TODAY 함수로 남은 일수 계산하기

16 반장 선거 결과는? — 098
- RANK 함수로 순위 구하기
- 조건부 서식으로 아이콘 표시하기
- 원형 차트 만들기

17 체크 리스트 만들기 — 104
- 기호 삽입 및 서식 설정하기
- 수식을 이용한 조건부 서식 설정하기
- 도형 및 그림 삽입하기

18 도서 대출증 — 110
- 서식 설정하기
- 데이터 유효성 검사 설정하기
- VLOOKUP 함수 사용하기

19 나의 유럽여행 계획 — 116
- 도형 안에 그림 채우기
- 새 시트 추가하고 데이터 입력하기
- 하이퍼링크 설정하기

20 맞춰봐요 낱말 퀴즈 — 124
- 텍스트 상자 삽입하기
- 메모 삽입하기
- 메모 서식 설정하기

21 청소년증 신청목록 — 130
- IF 함수로 성별 확인하기
- TODAY, YEAR, LEFT 함수로 나이 계산하기
- MID 함수와 & 연산자로 생일 입력하기
- 표 서식 설정 후 범위로 변환하기

22 재난별 행동요령 안내서 — 136
- 도형과 WordArt 삽입하기
- SmartArt 그래픽 삽입하기
- 하이퍼링크 연결하기

23 빛나라! 맛집의 별! — 142
- 데이터를 입력하고 서식 설정하기
- AVERAGE 함수로 평균 계산하기
- REPT 함수와 INT 함수로 "★"점 표시하기
- & 연산자로 함수 연결하여 "☆"점 표시하기

24 알아서 척척, 매크로 버튼 — 148
- 매크로 기록하기
- 매크로 지정하기

편지지 꾸미기

오늘의 미션
- 셀 테두리 설정하기
- 행 높이와 열 너비 조절하기
- 그림 삽입하기

편지는 안부나 소식을 전하는 글을 말합니다. 최근에는 이메일이나 모바일 메신저가 널리 퍼지면서 편지는 잘 쓰지 않게 되었습니다. 이번 시간에는 엑셀 프로그램으로 편지지를 만들어 친구에게 편지를 써 봅시다.

예제파일 그림1~6.png　　**완성파일** 편지지(완성).xlsx

셀 테두리 설정하기

편지지의 기본 틀을 만들기 위해 셀의 테두리를 설정합니다.

1 Excel 2021을 실행하여 [새 통합 문서]를 클릭하고 [Sheet1] 시트의 'B2:J16'을 드래그하여 영역을 지정한 후 [홈] 탭의 [글꼴] 그룹에서 [테두리]를 클릭한 다음 [굵은 바깥쪽 테두리]를 클릭합니다.

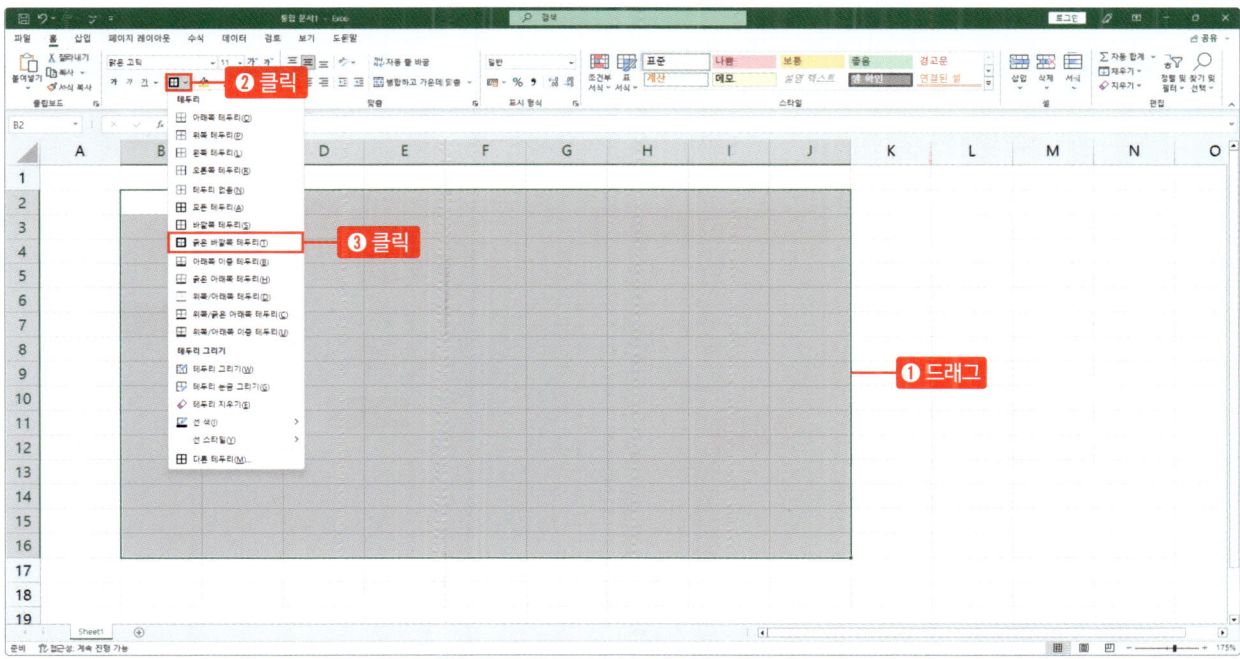

2 'C3:I15'를 드래그하여 영역을 지정한 후 [홈] 탭의 [글꼴] 그룹에서 [테두리]-[다른 테두리]를 클릭합니다. [셀 서식] 대화상자가 실행되던 '스타일'-'실선', '테두리'-'중간', '아래'를 차례로 클릭한 후 [확인]을 클릭합니다.

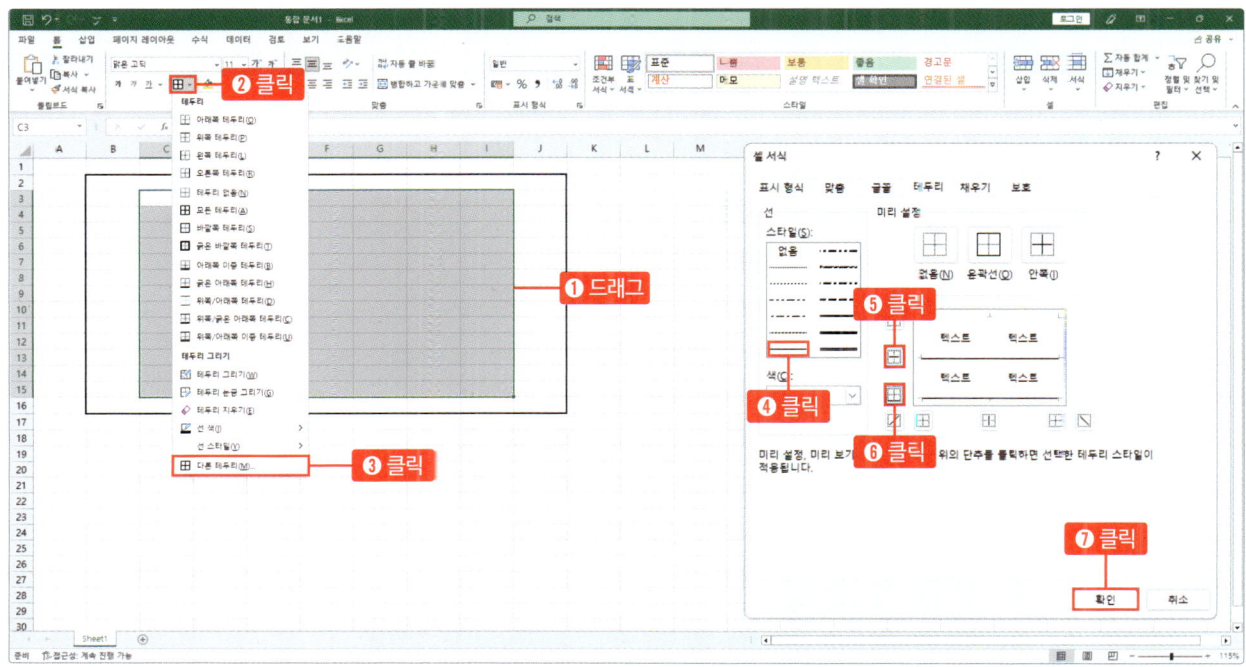

CHAPTER 01 · 편지지 꾸미기 **007**

02 행 높이와 열 너비 조절하기

편지의 내용을 적는 칸을 만들기 위해 행과 열을 조절합니다.

1 'A'~'B'의 열 머리글을 드래그하여 영역을 지정한 후 Ctrl 키를 누른 상태로 'J'열 머리글을 클릭하여 영역을 지정합니다. 열 머리글에서 마우스 오른쪽 버튼을 클릭하고 [열 너비]를 클릭하여 [열 너비] 대화상자가 실행되면 열 너비를 '1'로 입력한 후 [확인]을 클릭합니다.

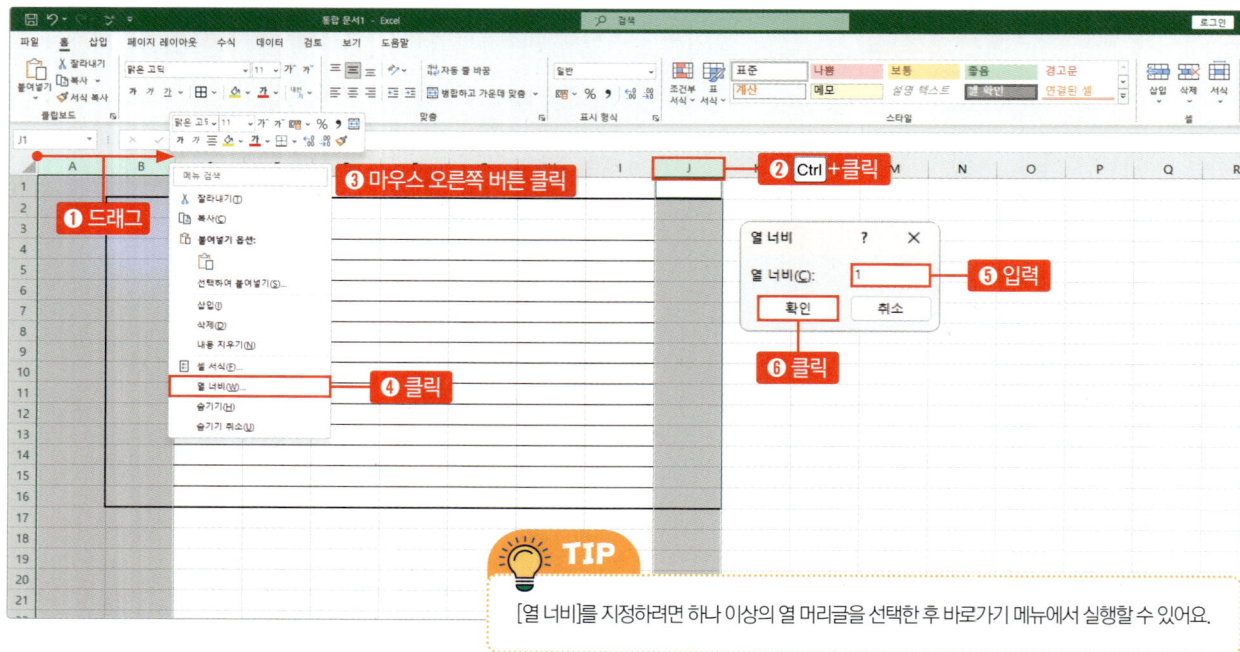

TIP
[열 너비]를 지정하려면 하나 이상의 열 머리글을 선택한 후 바로가기 메뉴에서 실행할 수 있어요.

2 'C'~'I'의 열 머리글을 드래그하여 영역을 지정한 후 마우스 오른쪽 버튼을 클릭하고 [열 너비]를 클릭하여 [열 너비] 대화상자가 실행되면 열 너비를 '10'으로 입력한 후 [확인]을 클릭합니다.

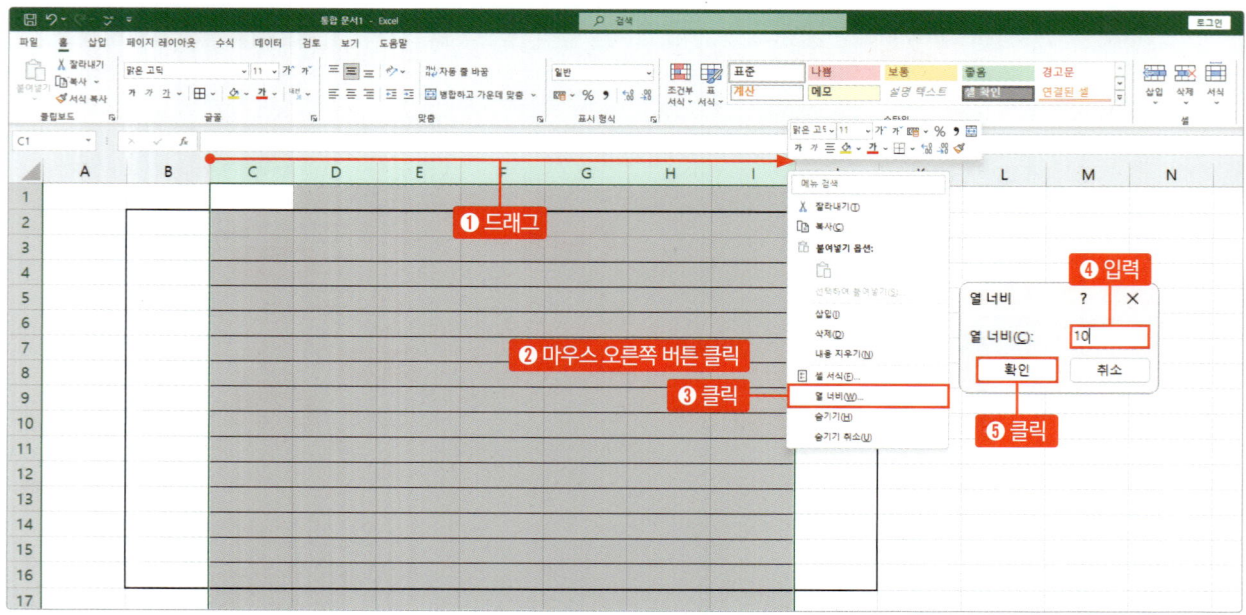

3 '3'~'16'의 행 머리글을 드래그하여 영역을 지정한 후 행 머리글에서 마우스 오른쪽 버튼을 클릭하고 [행 높이]를 클릭하여 [행 높이] 대화상자가 실행되면 행 높이를 '40'으로 입력한 후 [확인]을 클릭합니다.

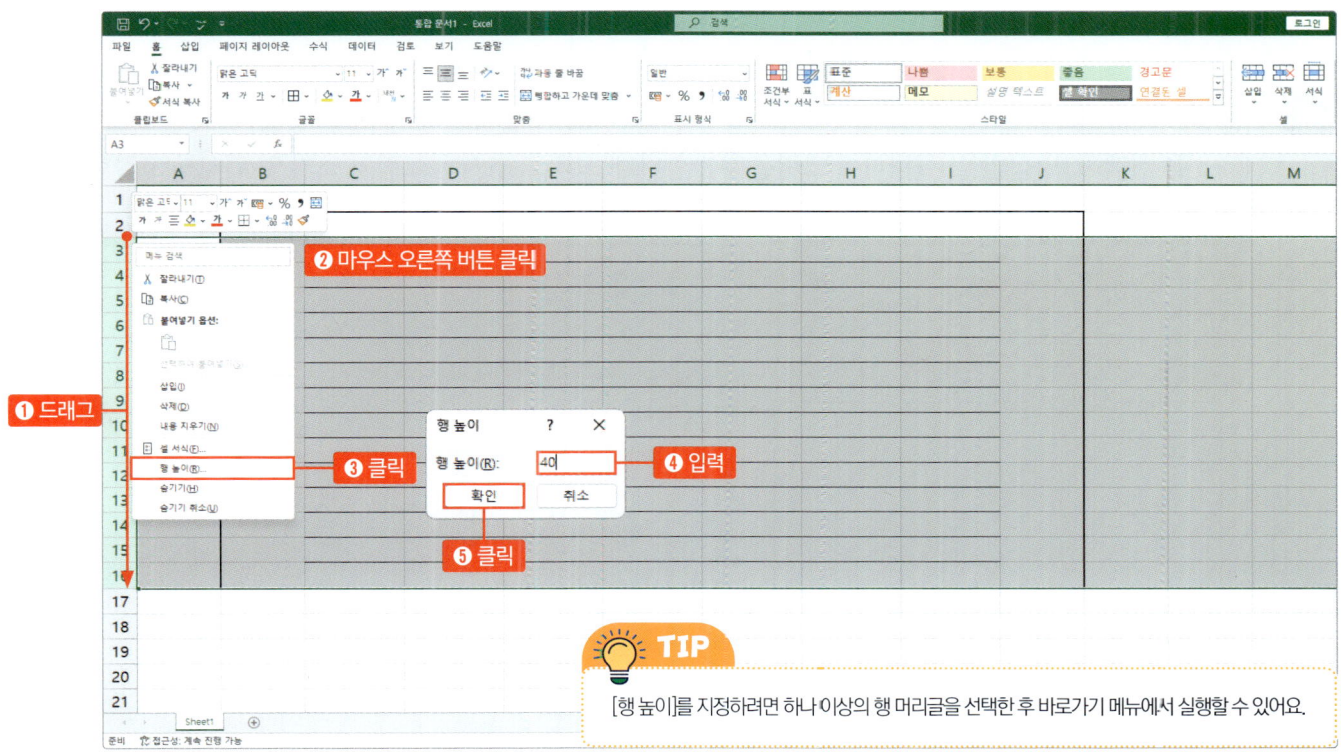

TIP [행 높이]를 지정하려면 하나 이상의 행 머리글을 선택한 후 바로가기 메뉴에서 실행할 수 있어요.

4 '2'행 머리글에 마우스 오른쪽 버튼을 클릭하고 [행 높이]를 클릭하여 [행 높이] 대화상자가 실행되면 행 높이를 '160'으로 입력한 후 [확인]을 클릭합니다.

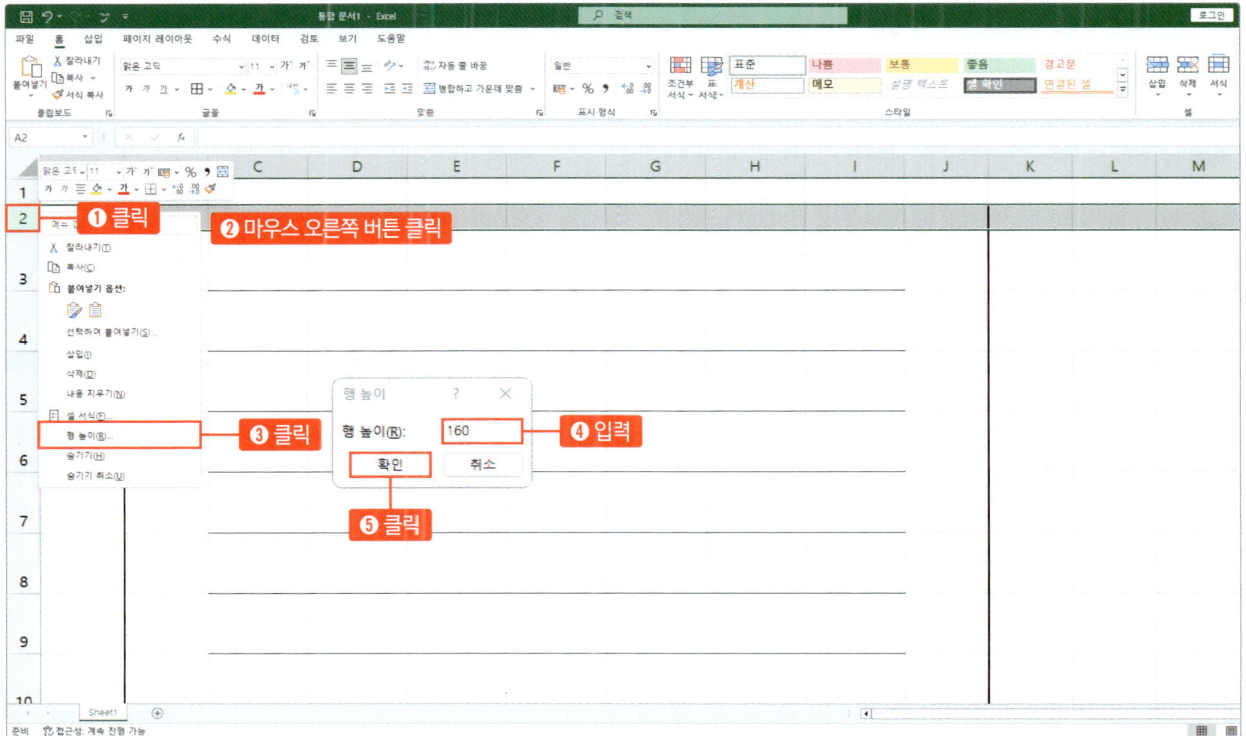

03 그림 삽입하기

만들어진 편지지 틀에 그림을 삽입하여 꾸밉니다.

1 [삽입] 탭의 [일러스트레이션] 그룹에서 [그림]-[이 디바이스]를 클릭한 다음 [그림 삽입] 대화상자에서 '그림1.png'를 선택하고 [삽입]을 클릭하여 그림을 추가합니다. 그리고 추가된 그림의 크기 및 위치를 조절합니다.

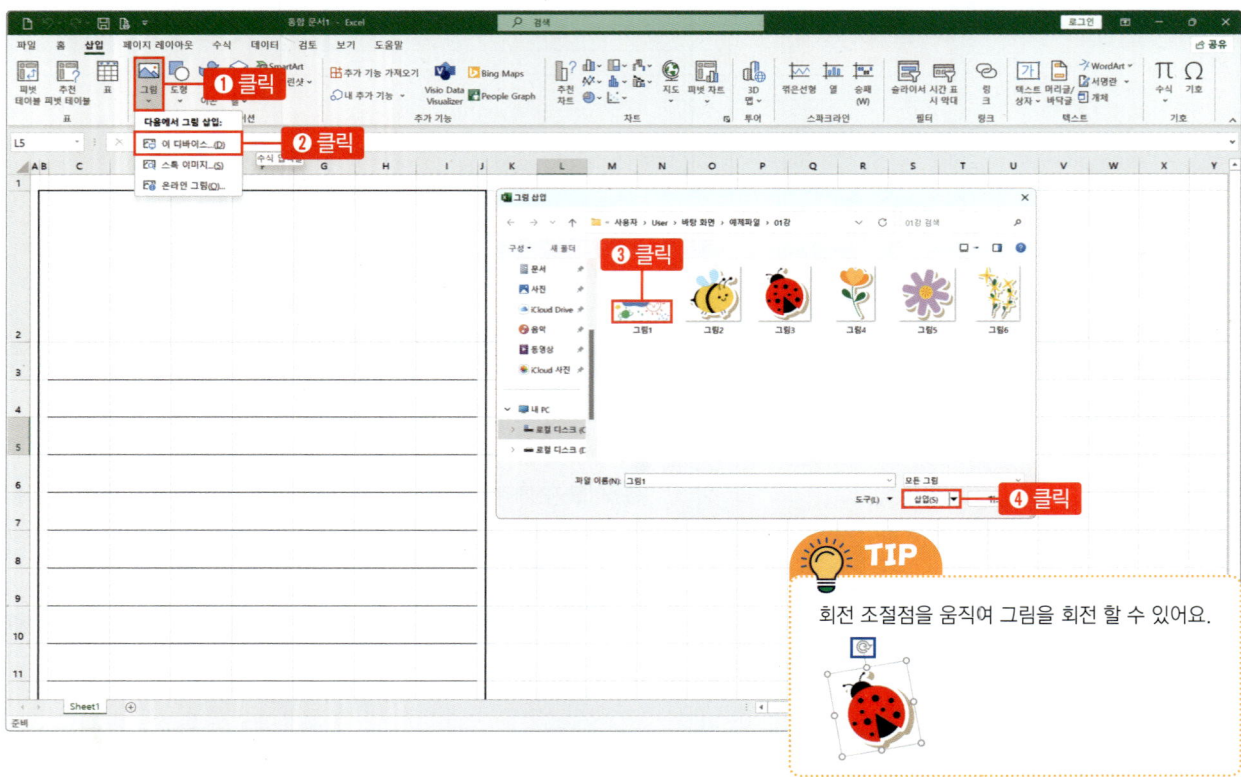

TIP 회전 조절점을 움직여 그림을 회전 할 수 있어요.

2 ❶과 같은 방법으로 '그림2~6.png'도 추가하여 크기 및 위치를 조절합니다.

3 'C3' 셀에 'Dear.'을 입력한 후 [홈] 탭의 [글꼴] 그룹에서 글꼴을 '휴먼편지체', 글꼴 크기를 '24'pt, '굵게'를 설정합니다.

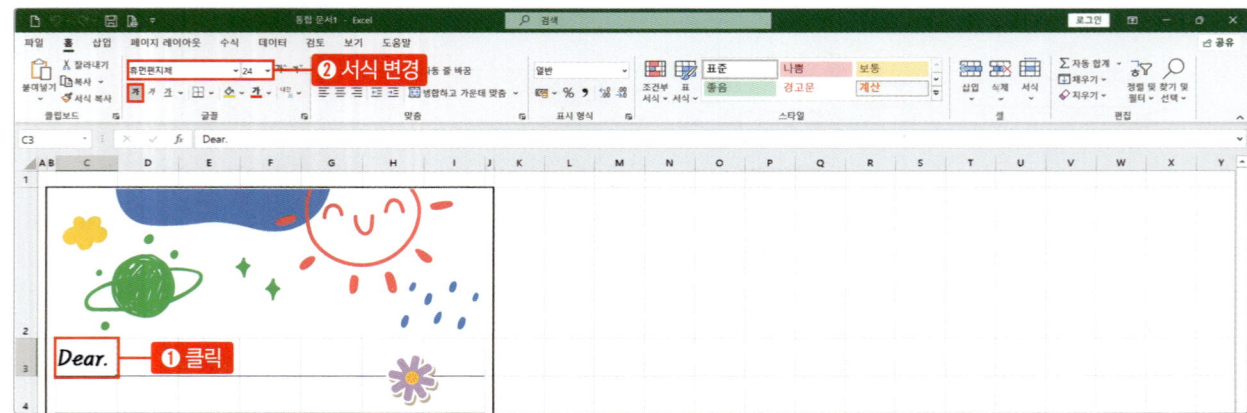

실력 쑥쑥! 창의력 쑥쑥!

1 다음과 같은 메모지를 완성해 보세요.

예제파일 공룡1~2.png   **완성파일** 메모지(완성).xlsx

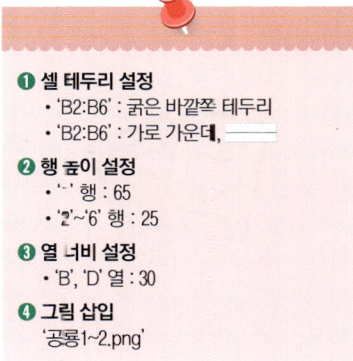

❶ 셀 테두리 설정
- 'B2:B6' : 굵은 바깥쪽 테두리
- 'B2:B6' : 가로 가운데,

❷ 행 높이 설정
- '1' 행 : 65
- '2'~'6' 행 : 25

❸ 열 너비 설정
- 'B', 'D' 열 : 30

❹ 그림 삽입
'공룡1~2.png'

2 다음과 같은 엽서를 완성해 보세요.

예제파일 엽서1~3.png   **완성파일** 엽서(완성).xlsx

❶ 셀 테두리 설정
- 'B3:B12', 'C3:E12' : 굵은 바깥쪽 테두리
- 'D7:D1' : 가로 가운데,

❷ 행 높이 설정
- '1'~'2' 행 : 20
- '3'~'12' 행 : 30

❸ 열 너비 설정
- 'B', 'D' 열 : 35
- 'C', 'E' 열 : 2

❹ 그림 삽입
'엽서1~3.png'

동물 영단어 카드

오늘의 미션
- ✓ 셀 병합하기
- ✓ 행 높이와 열 너비 조절하기
- ✓ 채우기 색 설정 및 그림 삽입하기

뜻을 가지고 있는 가장 작은 말의 단위를 단어라고 합니다. 새로운 단어를 배울 때 그림과 함께 연상하면 더욱 쉽게 외울 수 있습니다. 단어 카드는 그림과 단어를 함께 배치하여 사물 인지 능력과 어휘력을 키우기 위해 사용하는 학습 교구입니다.

 작품 미리보기

예제파일 동물1~8.png **완성파일** 동물단어카드(완성).xlsx

동물 단어 카드

| 곰 bear | 돼지 pig | 토끼 rabbit |
| 펭귄 penguin | 고양이 cat | 판다 panda |

012 엑셀 2021 작품만들기

01 셀 병합하기

여러 개의 셀을 하나의 셀로 병합하고 제목을 입력합니다.

1 Excel 2021을 실행하고 [새 통합 문서]를 클릭한 후 [Sheet1] 시트의 'B2:F2'를 드래그하여 영역을 지정하고 [홈] 탭의 [맞춤] 그룹에서 [병합하고 가운데 맞춤]을 클릭합니다.

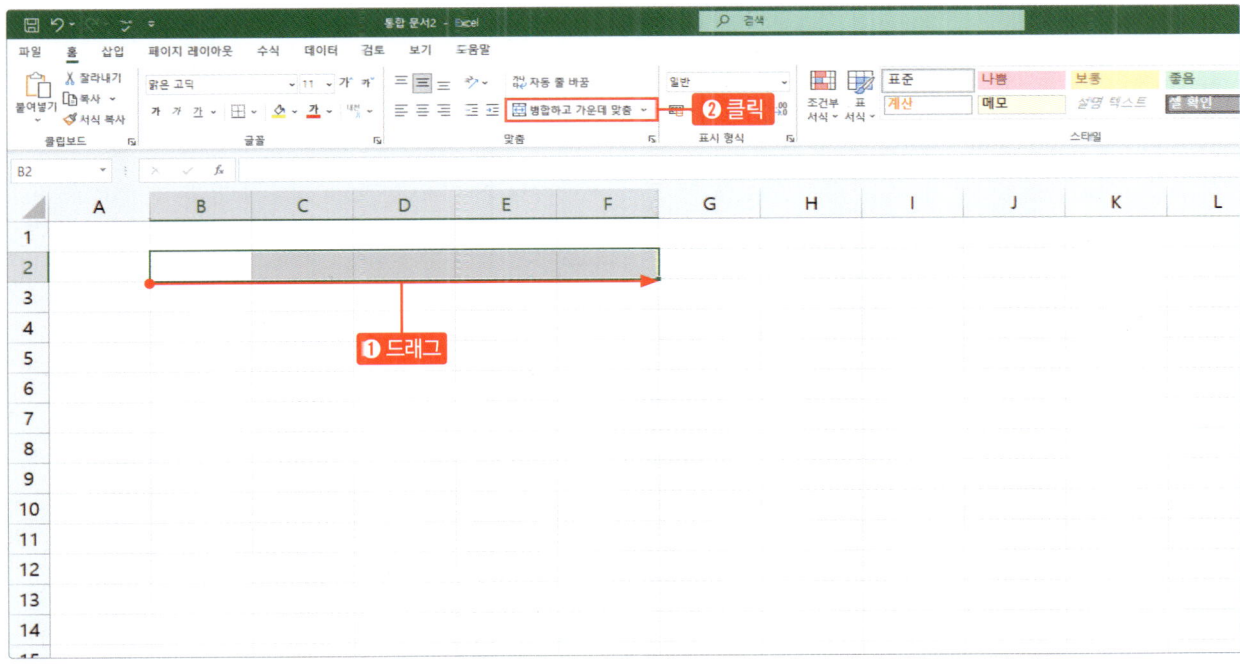

2 병합된 'B2'셀에 '동물 단어 카드'를 입력한 후 셀을 클릭하고 Ctrl+Shift+F 키를 눌러 [셀 서식] 대화상자를 실행합니다. 그림과 같이 '돋움', '굵은 기울임꼴', '28'pt, '주황, 강조2, 50% 더 어둡게'로 지정한 후 [확인]을 클릭합니다.

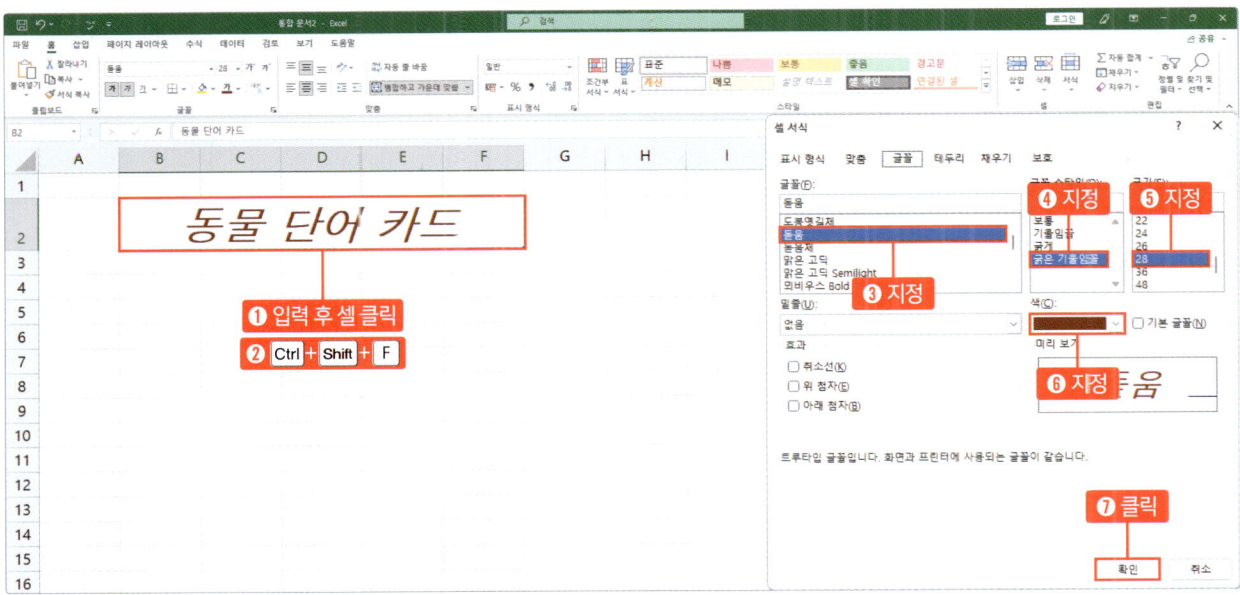

CHAPTER 02 - 동물 영단어 카드 **013**

02 행 높이와 열 너비 조절하기

단어 카드에 그림과 텍스트를 삽입하기 위해 행 높이와 열 너비를 조절합니다.

1 'B'열 머리글을 클릭한 후 Ctrl 키를 누른 상태에서 'D', 'F'열 머리글을 차례로 클릭하여 영역을 지정합니다. 바로가기 메뉴에서 [열 너비]를 클릭하여 [열 너비] 대화상자가 실행되면 열 너비를 '23'으로 입력한 후 [확인]을 클릭합니다.

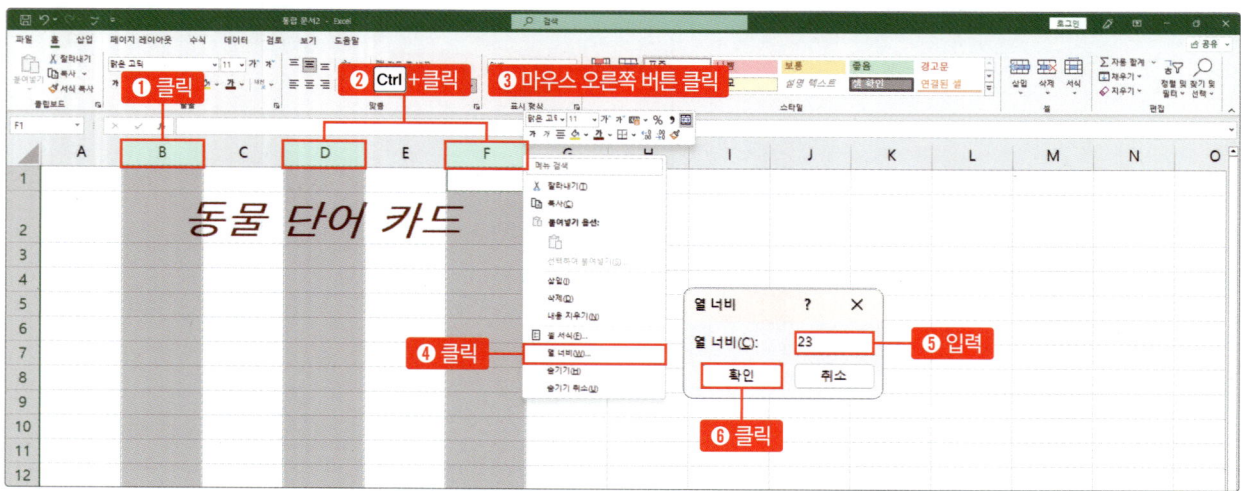

2 ❶과 같은 방법으로 'A', 'C', 'E'열의 너비를 '3'으로 설정합니다.

3 '2'행 머리글을 클릭하여 영역을 지정한 후 마우스 오른쪽 버튼을 클릭하고 [행 높이]를 클릭하여 [행 높이] 대화상자가 실행되면 행 높이를 '58'로 입력한 후 [확인]을 클릭합니다.

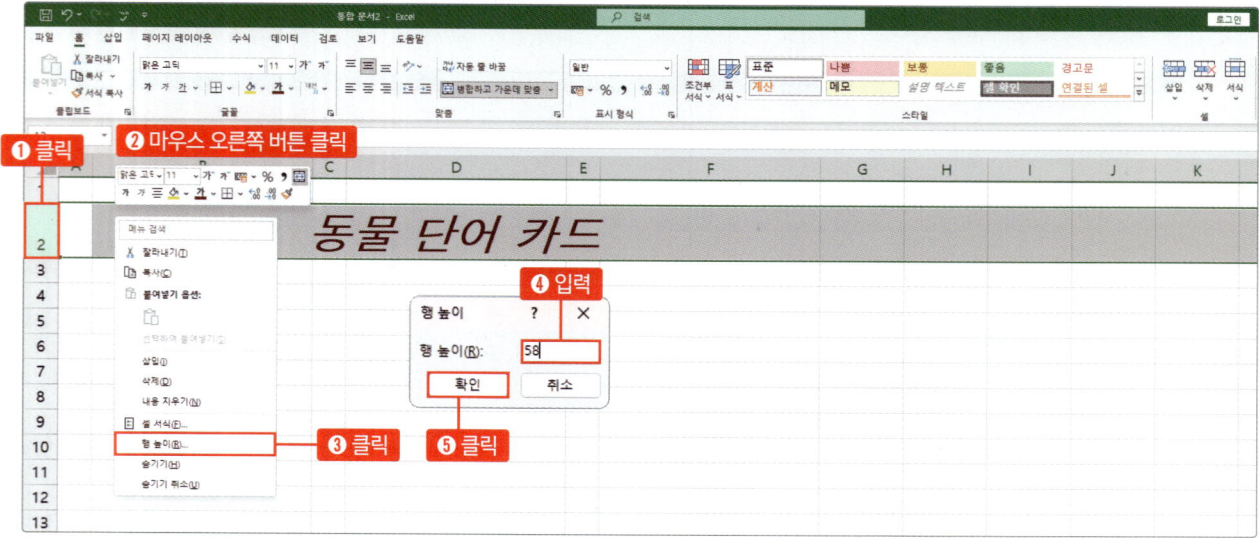

4 ❸과 같은 방법으로 '4', '8'의 행 높이를 '135', '5', '6', '9', '10'의 행 높이를 '25'로 설정합니다.

03 채우기 색 설정 및 그림 삽입하기

셀에 채우기 색을 설정하고 그림을 삽입하여 단어 카드를 완성합니다.

① 'B2'셀을 클릭한 후 [홈] 탭의 [글꼴] 그룹에서 [채우기 색]을 클릭한 다음 '주황, 강조2, 60% 더 밝게'를 클릭합니다.

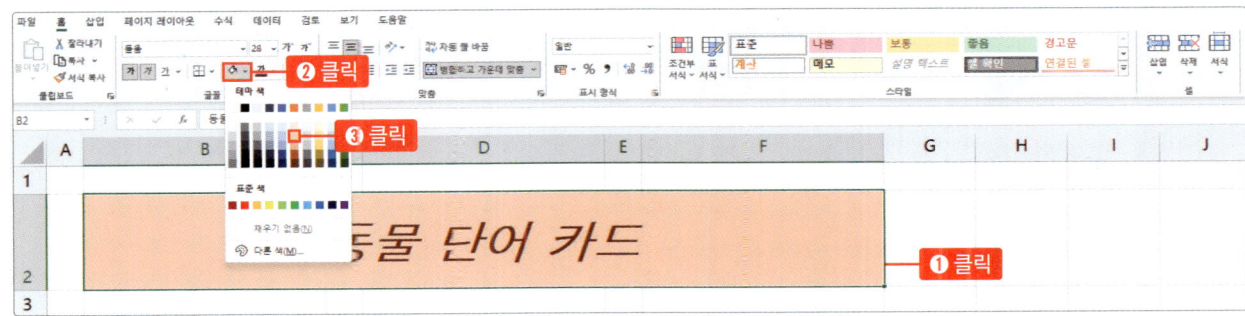

② 'B4'셀을 클릭한 후 Ctrl키를 누른 채로 'D4', 'F4', 'B8', 'D8', 'F8'을 차례로 클릭하여 영역을 지정합니다. 그 다음 [홈] 탭의 [글꼴] 그룹에서 [채우기 색]을 클릭한 다음 '황금색, 강조4, 80% 더 밝게'를 클릭합니다.

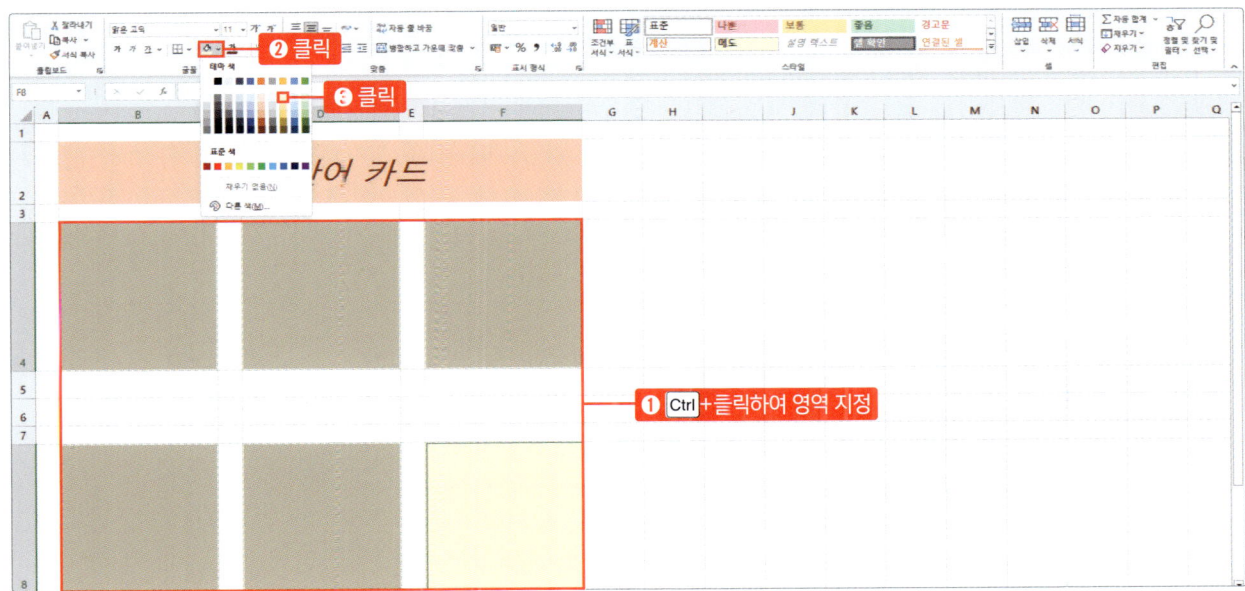

③ [삽입] 탭의 [일러스트레이션] 그룹에서 [그림]-[이 디바이스]를 클릭한 다음 [그림 삽입] 대화상자에서 '동물 1.prg'를 선택하고 [삽입]을 클릭하여 그림을 추가합니다. 그리고 추가된 그림의 크기 및 위치를 조절합니다.

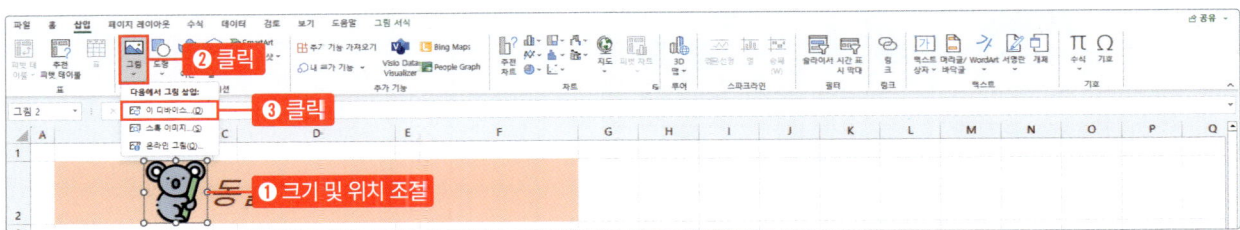

④ ❸과 같은 방법으로 '동물2~8.png'도 삽입한 후 크기 및 위치를 조절합니다.

⑤ 'B4:B6', 'D4:D6', 'F4:F6', 'B8:B10', 'D8:D10', 'F8:F10'을 Ctrl 키를 누른 채 드래그하여 영역을 지정한 후 [홈] 탭의 [글꼴] 그룹에서 [테두리]-[모든 테두리]를 클릭합니다.

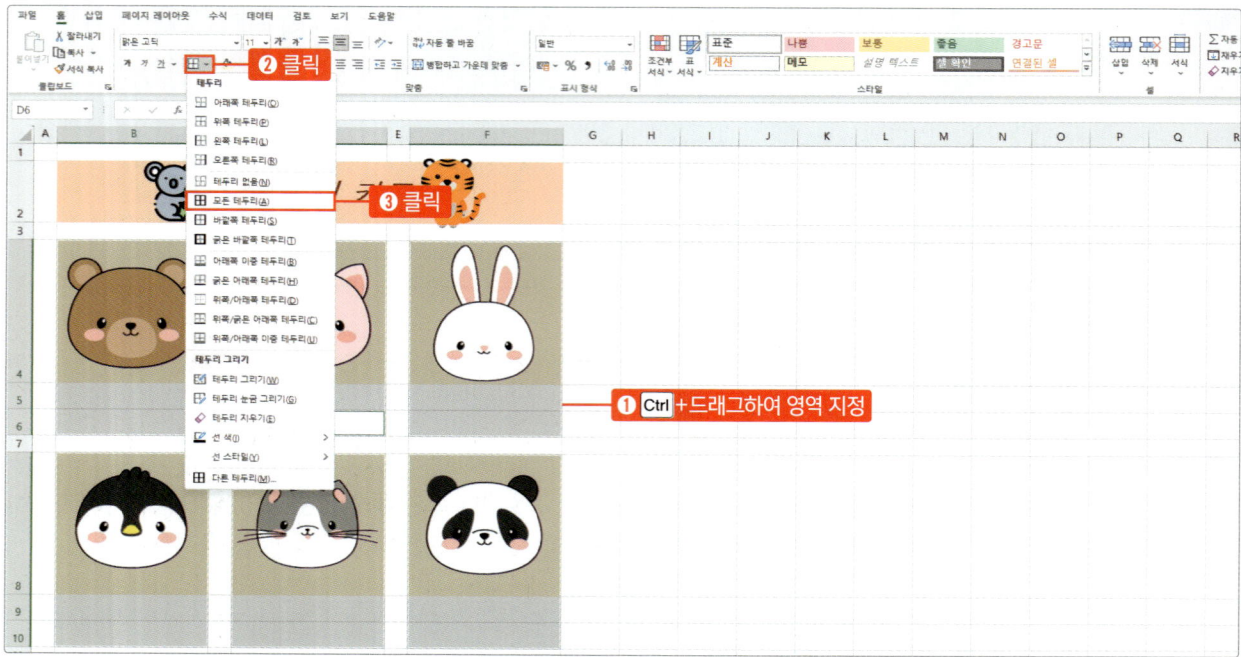

⑥ 그림과 같이 단어를 입력한 후 'B5:B6', 'D5:D6', 'F5:F6', 'B9:B10', 'D9:D10', 'F9:F10'를 Ctrl 키를 누른 채로 드래그하여 영역을 지정합니다. [홈] 탭의 [글꼴] 그룹에서 글꼴 크기를 '16'pt, [홈] 탭의 [맞춤] 그룹에서 [가운데 맞춤]을 설정합니다.

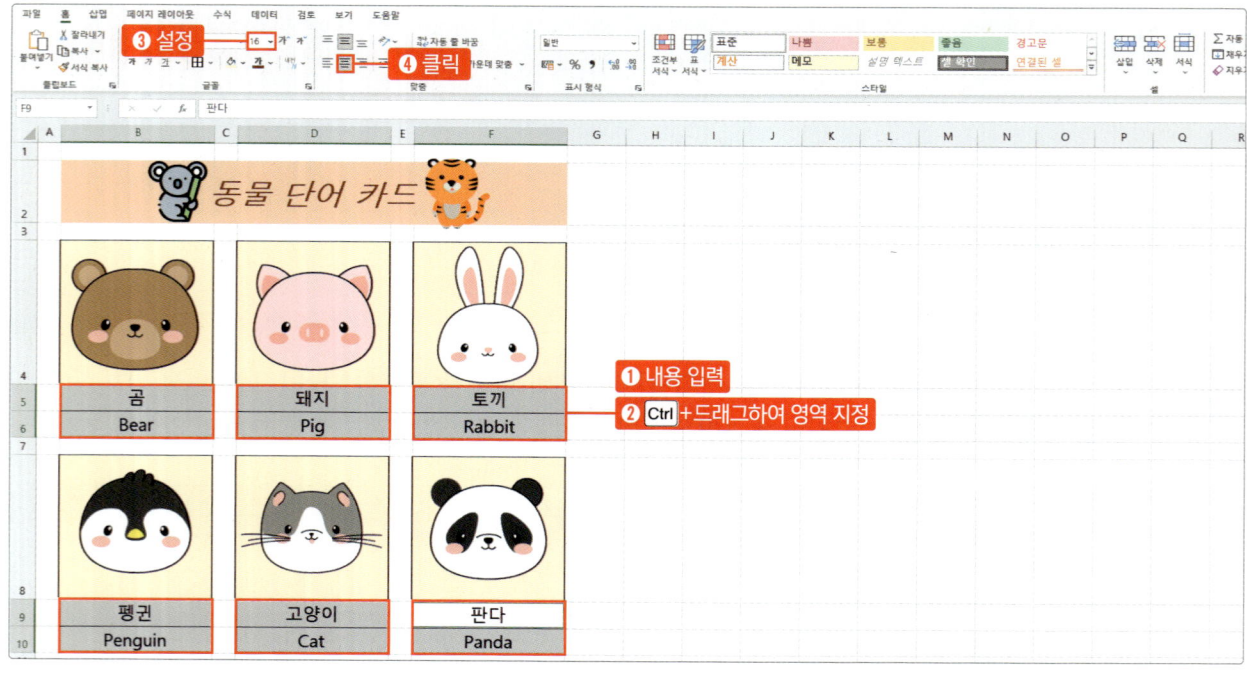

실력 쑥쑥! 창의력 쑥쑥!

1 다음과 같은 단어카드를 완성해 보세요.

예제파일 과일1~3.png 완성파일 과일단어카드(완성).xlsx

❶ 병합하고 가운데 맞춤
 • 'B2:F2'
❷ 행 높이 설정
 • '2' 행 : 40
 • '4' 행 : 120
❸ 열 너비 설정
 • 'B', 'D', 'F' 열 : 25
❹ 그림 삽입
 '과일1~3.png'
❺ 서식 임의지정

2 다음과 같은 이름표를 완성해 보세요.

예제파일 이름표1~4.png 완성파일 이름표(완성).xlsx

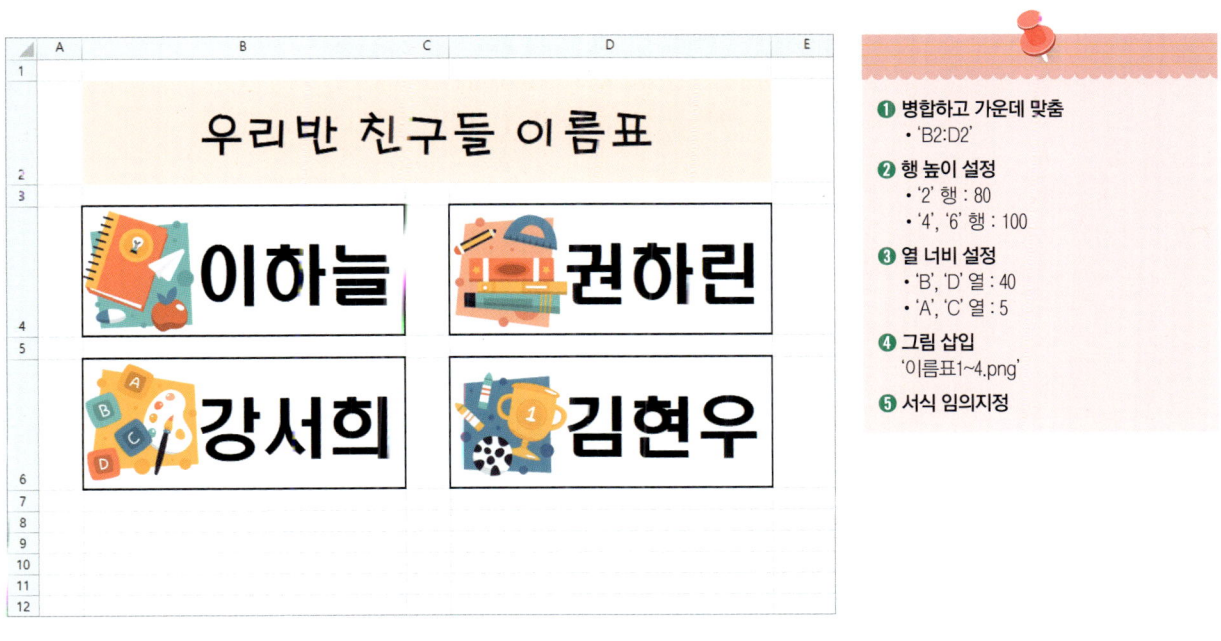

❶ 병합하고 가운데 맞춤
 • 'B2:D2'
❷ 행 높이 설정
 • '2' 행 : 80
 • '4', '6' 행 : 100
❸ 열 너비 설정
 • 'B', 'D' 열 : 40
 • 'A', 'C' 열 : 5
❹ 그림 삽입
 '이름표1~4.png'
❺ 서식 임의지정

슬기로운 시간표

오늘의 미션
- 행 높이와 열 너비 조절하기
- 채우기 색 설정 및 셀 병합하기
- 자동 채우기로 요일 입력하기
- 테두리 색 설정 및 그림 자르기

각 과목의 수업 시간을 요일로 정리하여 작성한 표 형식의 문서를 시간표라고 합니다.
수업 시간표를 이용하면 요일별 수업에 따른 교재나 준비물을 미리 준비할 수 있습니다.

작품 미리보기

 예제파일 그림1~9.png   완성파일 시간표(완성).xlsx

행 높이와 열 너비 조절하기

행 높이와 열 너비를 조절하여 시간표 틀을 만듭니다.

1 Excel 2021을 실행한 후 'B'~'G'열 머리글을 드래그하여 영역을 지정하고 마우스 오른쪽 버튼을 클릭하여 [열 너비]를 클릭합니다. [열 너비] 대화상자가 실행되면 열 너비'를 '10'으로 입력한 후 [확인]을 클릭합니다.

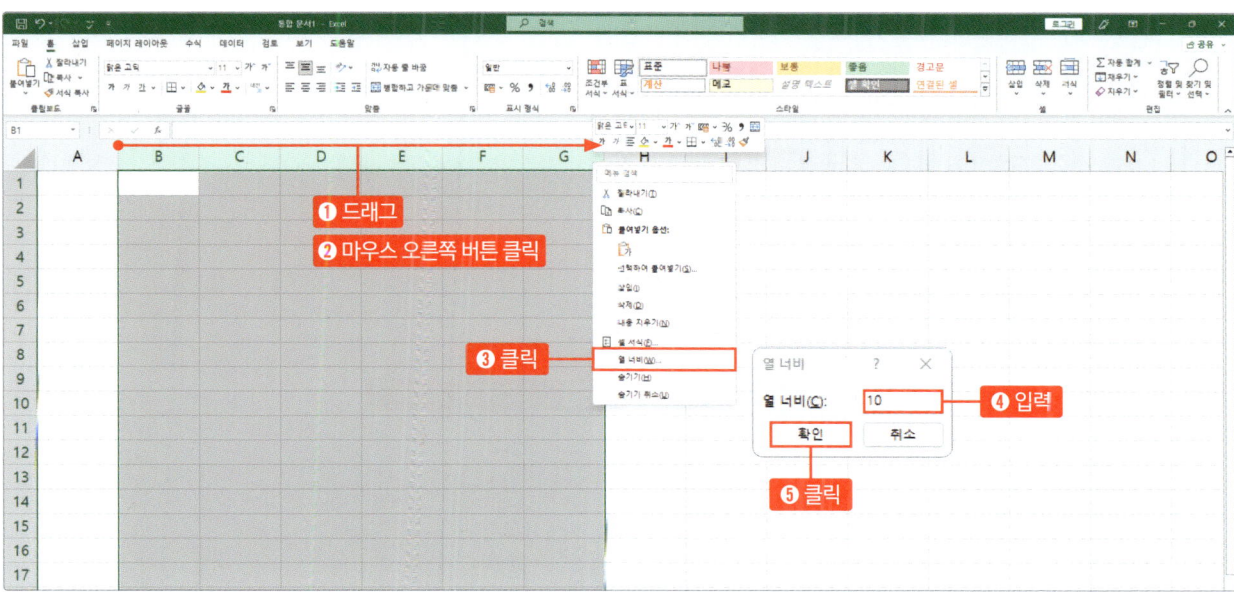

2 ①과 같은 방법으로 'A'열, 'H'열의 열 너비를 '8'로 설정합니다.

3 '1'행, '3'행의 행 높이를 '65', '2'행, '4:10'행의 행 높이를 '40', '11'행의 행 높이를 '100'으로 설정합니다.

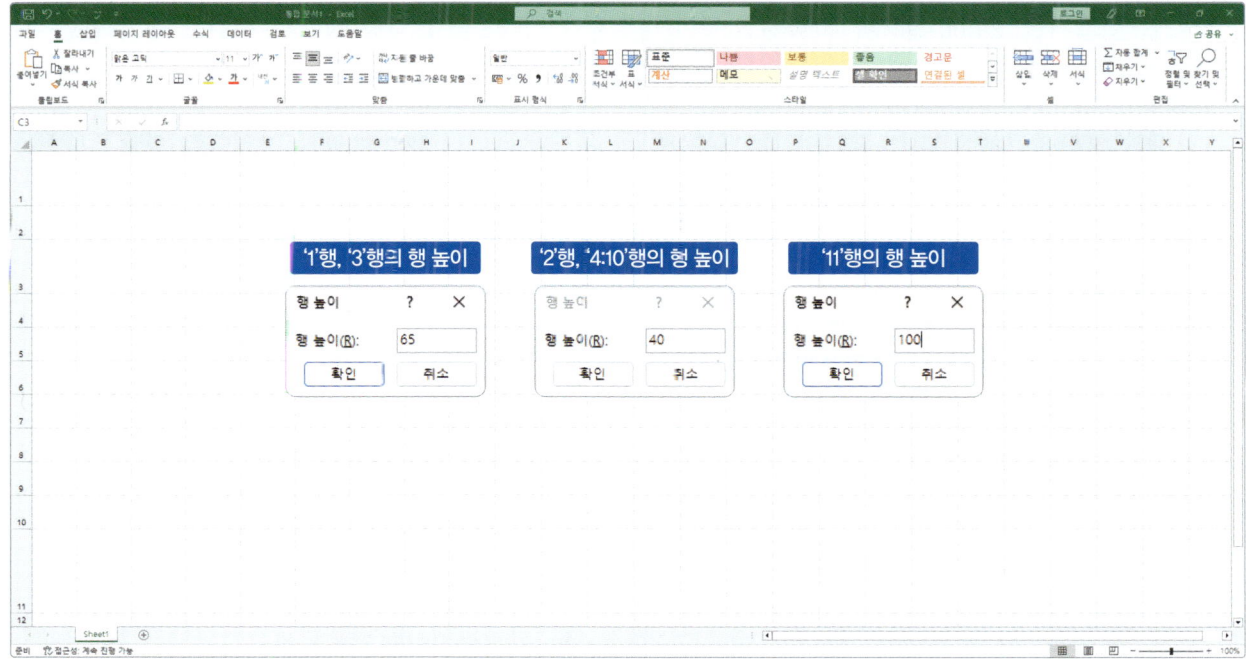

채우기 색 설정 및 셀 병합하기

셀에 채우기 색을 설정하고 제목을 입력하기 위해 셀을 병합합니다.

1 'A1:H1', 'A2:A11', 'H2:H11', 'B3:G3', 'B11:G11'을 드래그하여 영역을 지정한 후 [홈] 탭의 [글꼴] 그룹에서 [채우기 색]을 '황금색, 강조4, 60% 더 밝게'로 설정합니다.

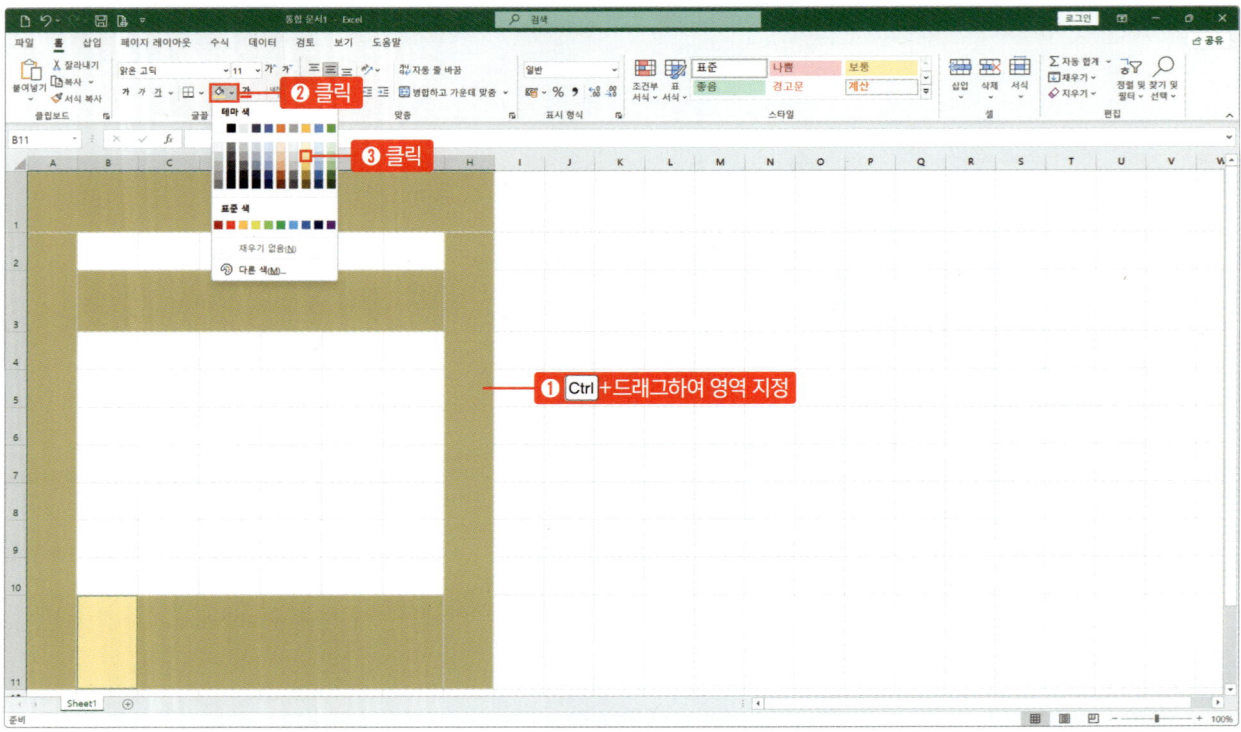

2 'B2:G2', 'B3:G3'을 [병합하고 가운데 맞춤]한 후 'B2:G2'셀에 '슬기로운 학교 생활'을 입력하고 글꼴을 '돋움', 글꼴 크기를 '24'pt, '굵게', '기울임꼴'로 설정합니다. 그 다음 'B3:G3'에 '3-2 시간표'를 입력한 후 글꼴을 '굴림', 글꼴 크기를 '36'pt, 글꼴 색을 '녹색, 강조6', '굵게'로 설정합니다.

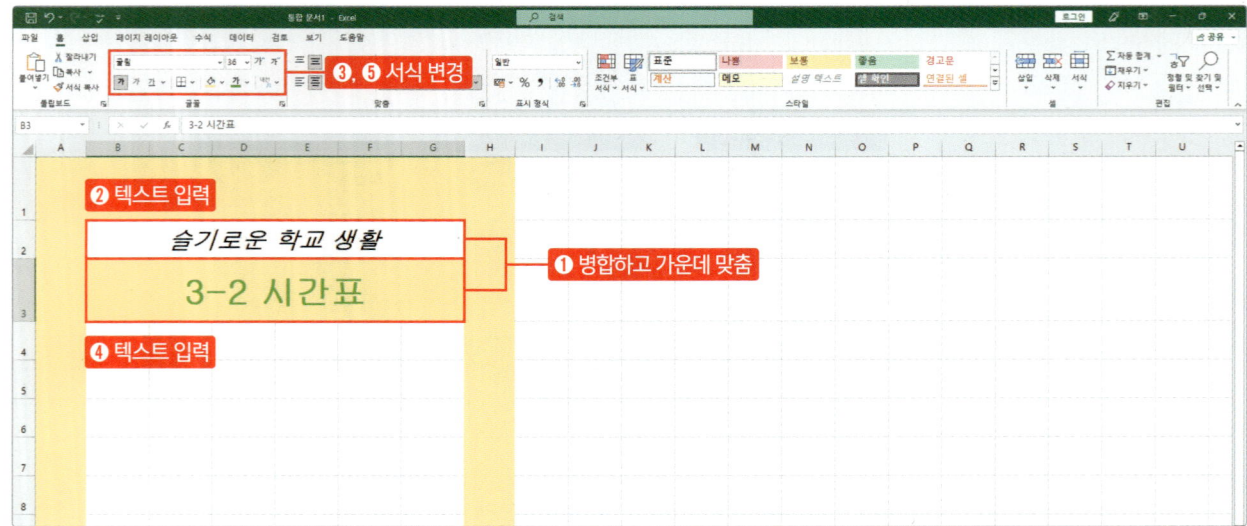

자동 채우기로 요일 입력하기

자동 채우기 기능을 이용하여 빠르게 요일을 입력합니다.

1 요일을 자동으로 채우기 위해 'C4'셀에 '월요일'을 입력한 후 글꼴을 '굴림', 글꼴 크기를 '11'pt, '굵게', '가운데 맞춤'을 설정합니다. 그 다음 채우기 핸들을 'G4'셀까지 드래그합니다.

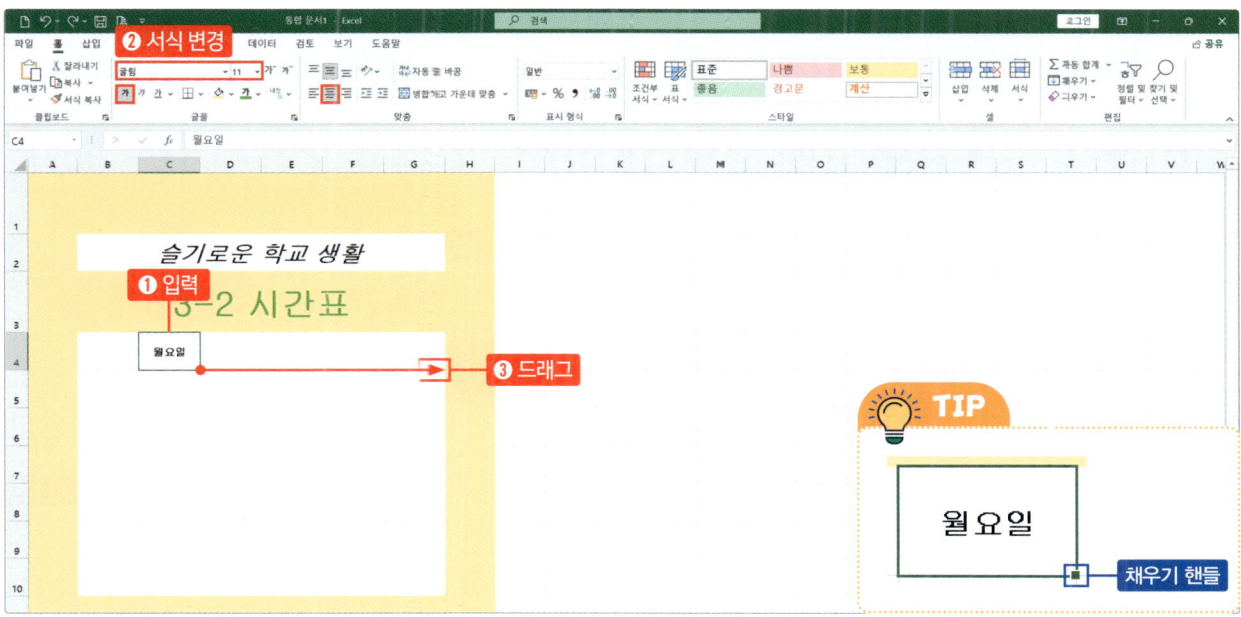

2 ❶과 같은 방법으로 'B5'셀에 '1교시'를 입력한 후 글꼴을 '굴림', 글꼴 크기를 '11'pt, '굵게', '가운데 맞춤'으로 설정합니다. 그 다음 채우기 핸들을 'B10'셀까지 드래그합니다.

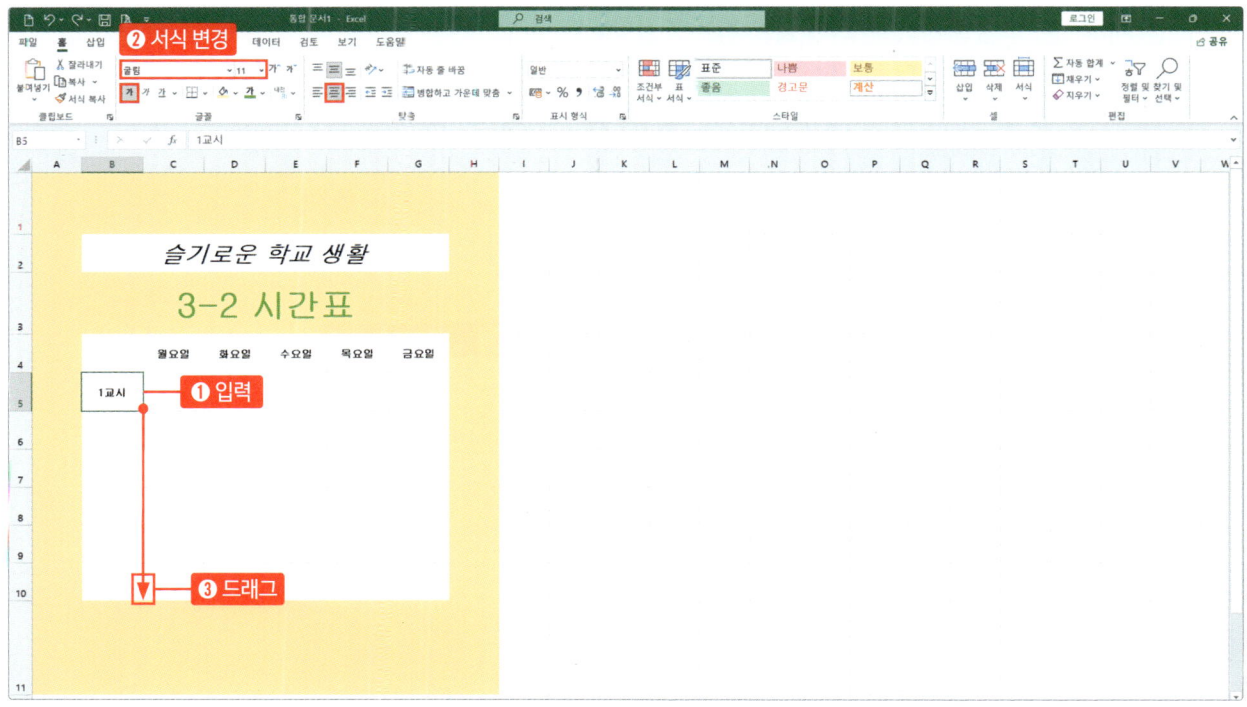

04 테두리 색 설정 및 그림 자르기

시간표의 테두리 색을 설정하고 그림을 추가하여 편집합니다.

① 'B4:G10'을 드래그하여 영역을 지정한 후 [홈] 탭의 [셀] 그룹-[서식]-[셀 서식]을 클릭합니다. [셀 서식] 대화 상자가 실행되면 [테두리] 탭을 클릭하고 색을 '밝은 회색, 배경2, 25% 더 어둡게'로 설정하고 '윤곽선', '안쪽'을 클릭한 후 [확인]을 클릭합니다.

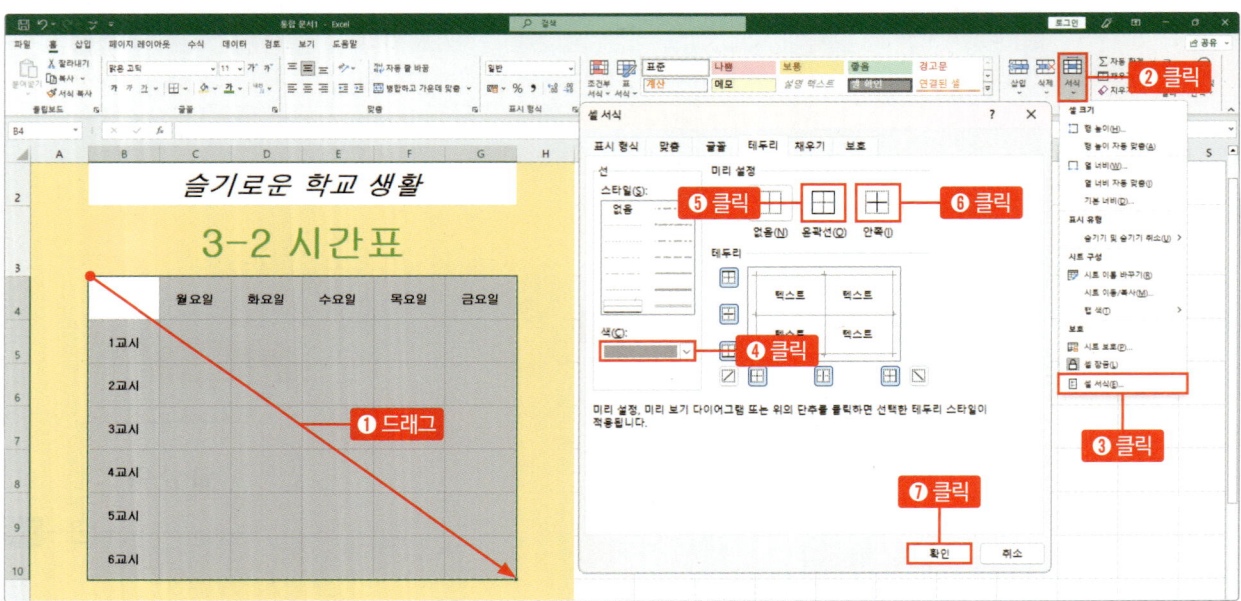

② [삽입] 탭의 [일러스트레이션] 그룹에서 [그림]-[이 디바이스]를 클릭한 다음 '그림1.png'를 삽입하고 Ctrl 키를 누른 채 드래그하여 복사합니다. 그 다음 [그림 도구]-[서식] 탭의 [크기] 그룹에서 [자르기]를 클릭하고 마우스로 드래그하여 그림을 자른 후 크기 및 위치를 조절합니다.

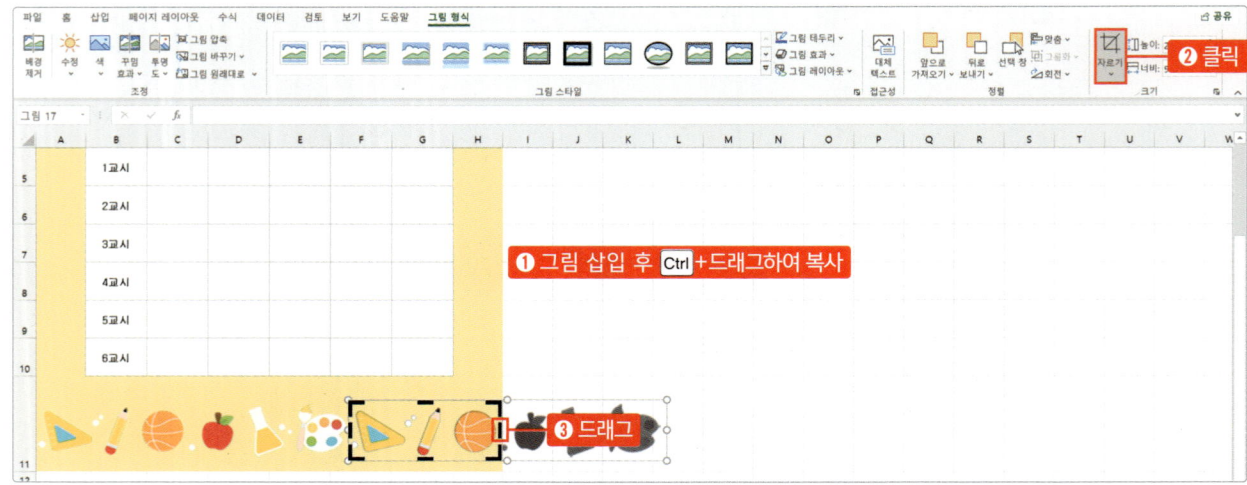

③ ②와 같은 방법으로 '그림2~9.png'도 추가하여 크기 및 위치를 조절합니다.

실력 쑥쑥! 창의력 쑥쑥!

1 다음과 같은 식단표를 완성해 보세요.

예제파일 식단1~2.png **완성파일** 식단표(완성).xlsx

	A	B	C	D	E	F	G	H
1								
2		🍴 우리집 주간 저녁 식단표 🥗						
3								
4		월요일	화요일	수요일	목요일	금요일	토요일	일요일
5		잡곡밥	흑미밥	기장밥	흰쌀밥	잡곡밥	보리밥	흑미밥
6		콩나물국	해물탕	순두부찌개	카레	계란국	미역국	김치찌개
7		계란찜	시금치	연근조림	샐러드	콩나물	계란말이	불고기
8		브로콜리	생선까스	소시지	단무지	멸치볶음	김치전	어묵볶음
9		김	샐러드	물김치	깍두기	김치	열무김치	고등어구이

❶ 병합하고 가운데 맞춤
• 'B2:H2'
❷ 행 높이 설정
• '2' 행 : 60
• '4'~'9' 행 : 35
❸ 자동 채우기
• 'B4':'H4'
❹ 그림 삽입
'식단1~2.png'
❺ 서식 임의지정

2 다음과 같은 구구단표를 완성해 보세요.

예제파일 구구단1~10.png **완성파일** 구구단(완성).xlsx

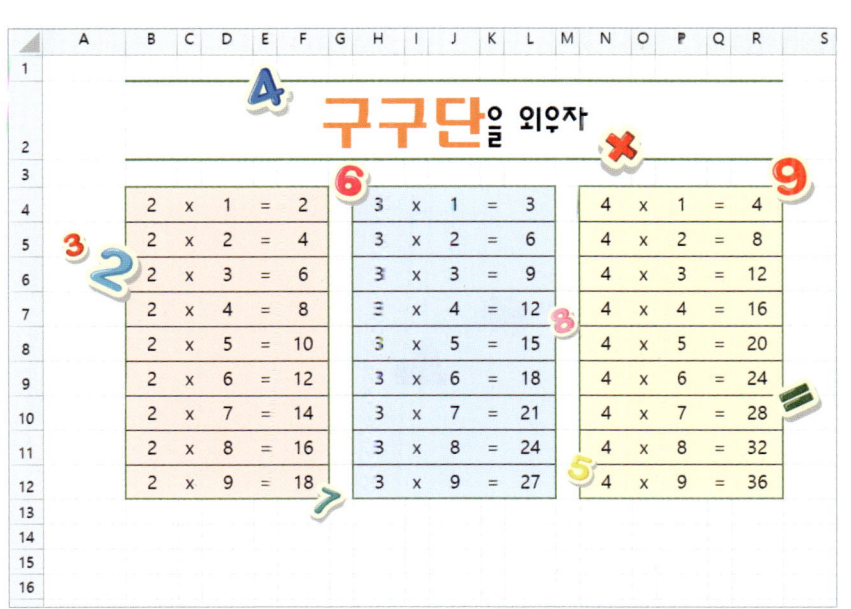

❶ 병합하고 가운데 맞춤
• 'B2:R2'
❷ 행 높이 설정
• '2' 행 : 52
• '4'~'12' 행 : 22
❸ 열 너비 설정
• 'B', 'D', … 'F', 'R' 열 : 5
• 'C', 'E', … 'O', 'Q' 열 : 2
❹ 자동 채우기
• 'B4':'B12'
❺ Ctrl +자동 채우기
• 'D4':'D12'
❻ 그림 삽입
'구구단1~10.png'
❼ 서식 임의 지정

CHAPTER 04 온라인 서식으로 달력 만들기

오늘의 미션
- 온라인 서식 검색하여 열기
- 서식을 변경하여 달력 꾸미기

1년의 날짜를 순서에 맞게 월, 일, 요일로 표시한 것을 달력이라고 합니다. 달력에는 반복되는 많은 숫자와 글자들이 있어 엑셀 프로그램에서 제공하는 온라인 서식을 이용하면 쉽게 달력을 만들 수 있습니다.

작품 미리보기

예제파일 크리스마스1~3.png, 봄1~3.png, 여름1~3.png, 가을1~3.png   **완성파일** 달력(완성).xlsx

01 온라인 서식 검색하여 열기

엑셀 프로그램에서 제공하는 온라인 서식을 검색합니다.

① Excel 2021을 실행한 다음 [새로 만들기]를 클릭한 후 '추천 검색어:'에서 '캘린더'를 클릭합니다.

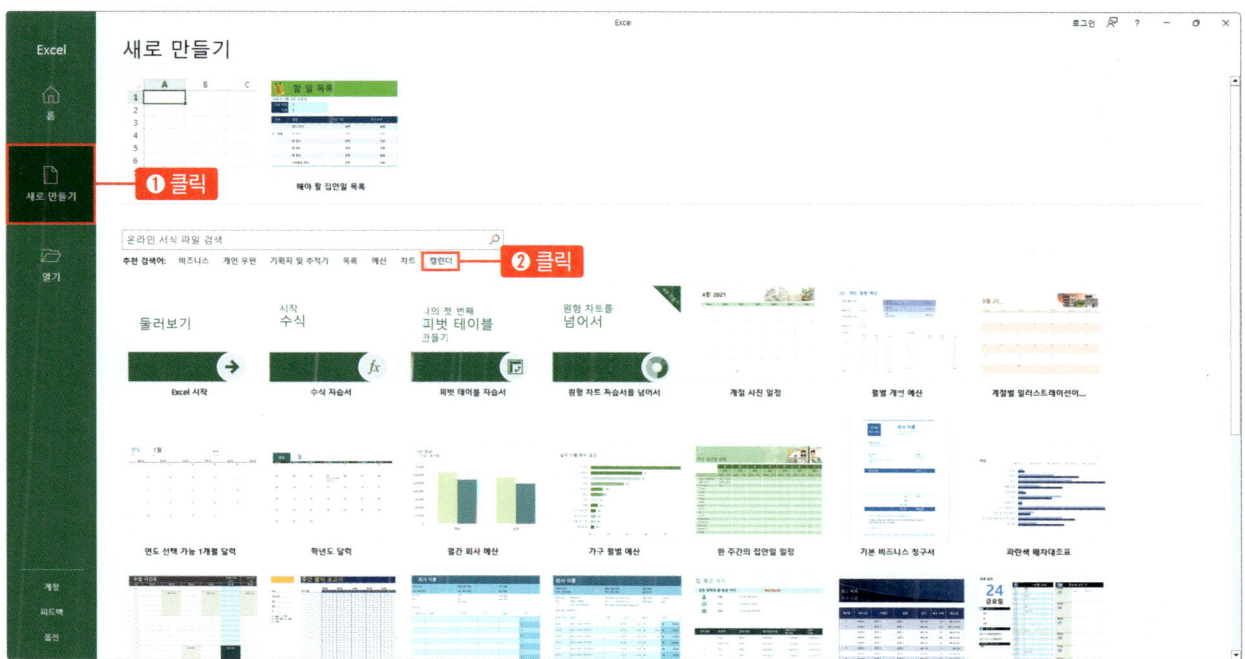

② 여러 서식 중 '계절 사진 일정' 서식을 클릭한 후 [만들기]를 클릭합니다.

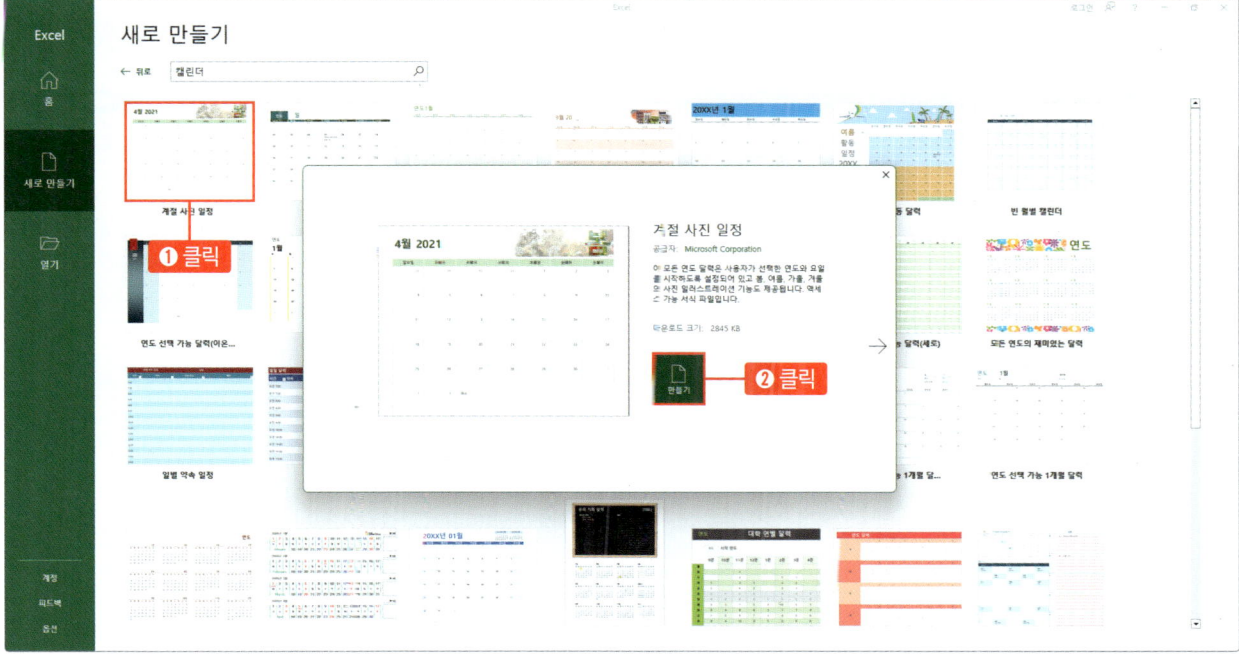

CHAPTER 04 - 온라인 서식으로 달력 만들기

서식을 변경하여 달력 꾸미기

달력의 연도를 수정하고 서식을 편집한 후 다른 이름으로 저장합니다.

① '1월' 시트의 달력 설정의 '연도'가 적힌 'K5'셀에 사용하고자 하는 연도를 입력한 후 각각의 시트에 날짜가 자동으로 변경된 것을 확인합니다.

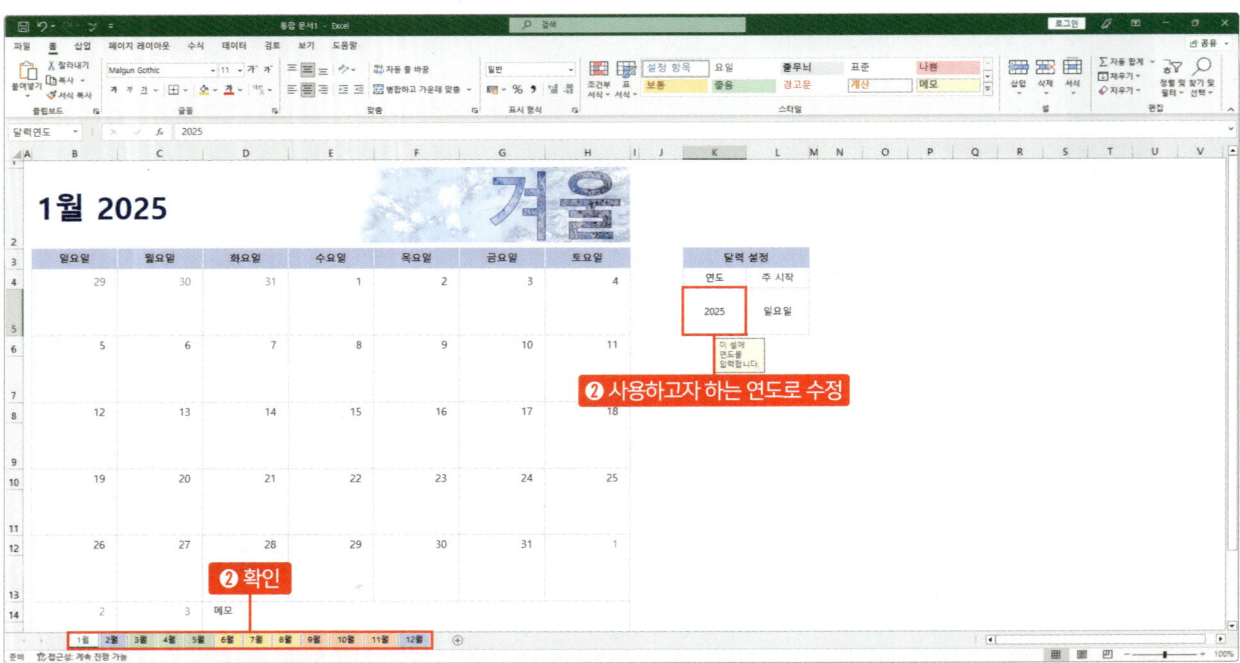

② [12월] 시트 탭을 클릭한 후 삽입되어 있는 그림을 선택하고 Delete 키를 눌러 삭제합니다. 그 다음 '크리스마스1.png'를 삽입하고 [그림 형식] 탭의 [크기] 그룹에서 [자르기]를 이용하여 그림을 크기에 맞게 잘라냅니다.

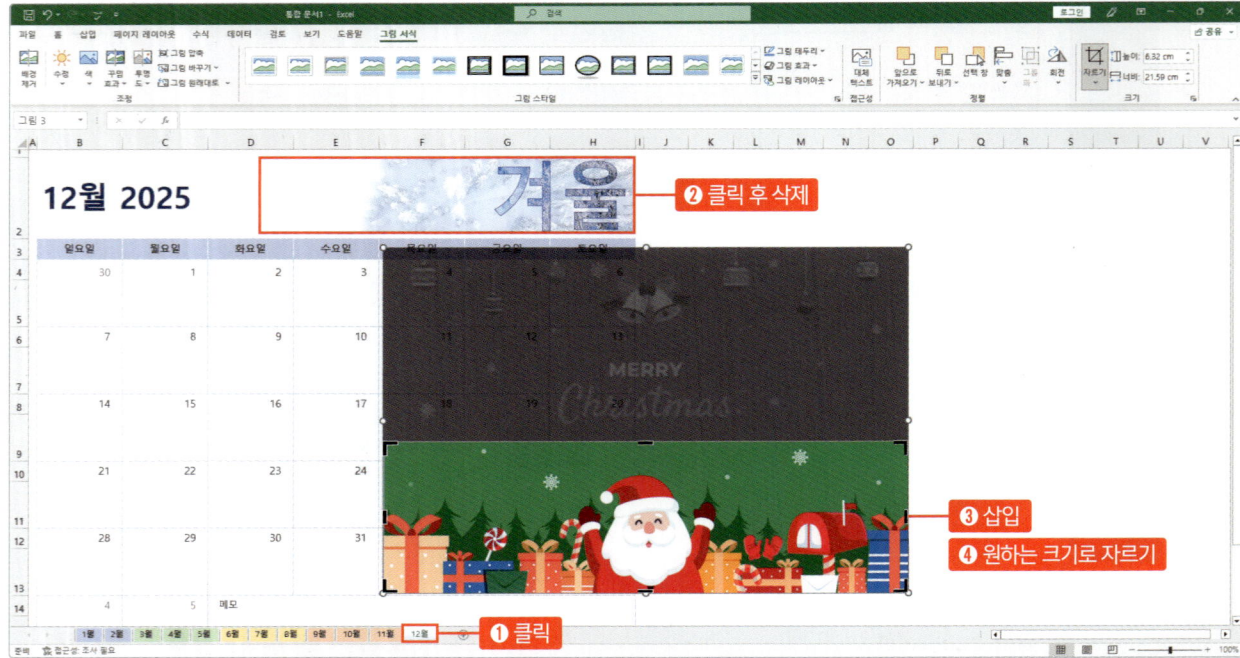

③ [그림 서식] 탭의 [정렬] 그룹에서 [회전] 메뉴의 [좌우 대칭]을 클릭하여 그림을 좌우 대칭으로 회전한 후 위치 및 크기를 조절합니다.

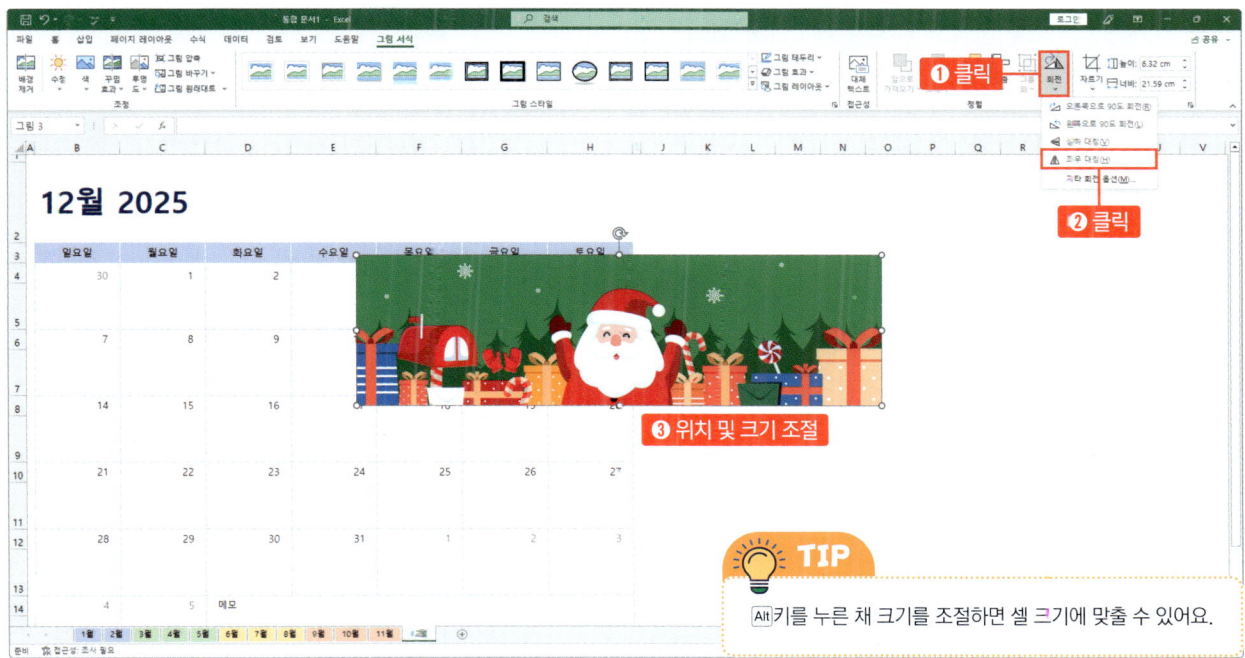

④ 그림과 같이 '25일'이 적힌 셀의 아래 셀에 '크리스마스'를 입력합니다. 그 다음 'B6', 'B8', 'B10', 'B12'와 'F10', 'F11'의 글꼴 색을 '빨강'으로 'H4', 'H6', 'H8', 'H10'의 글꼴 색을 '파랑'으로 설정합니다. 이어서 '크리스마스2~3.png'를 삽입한 후 크기 및 위치를 변경합니다.

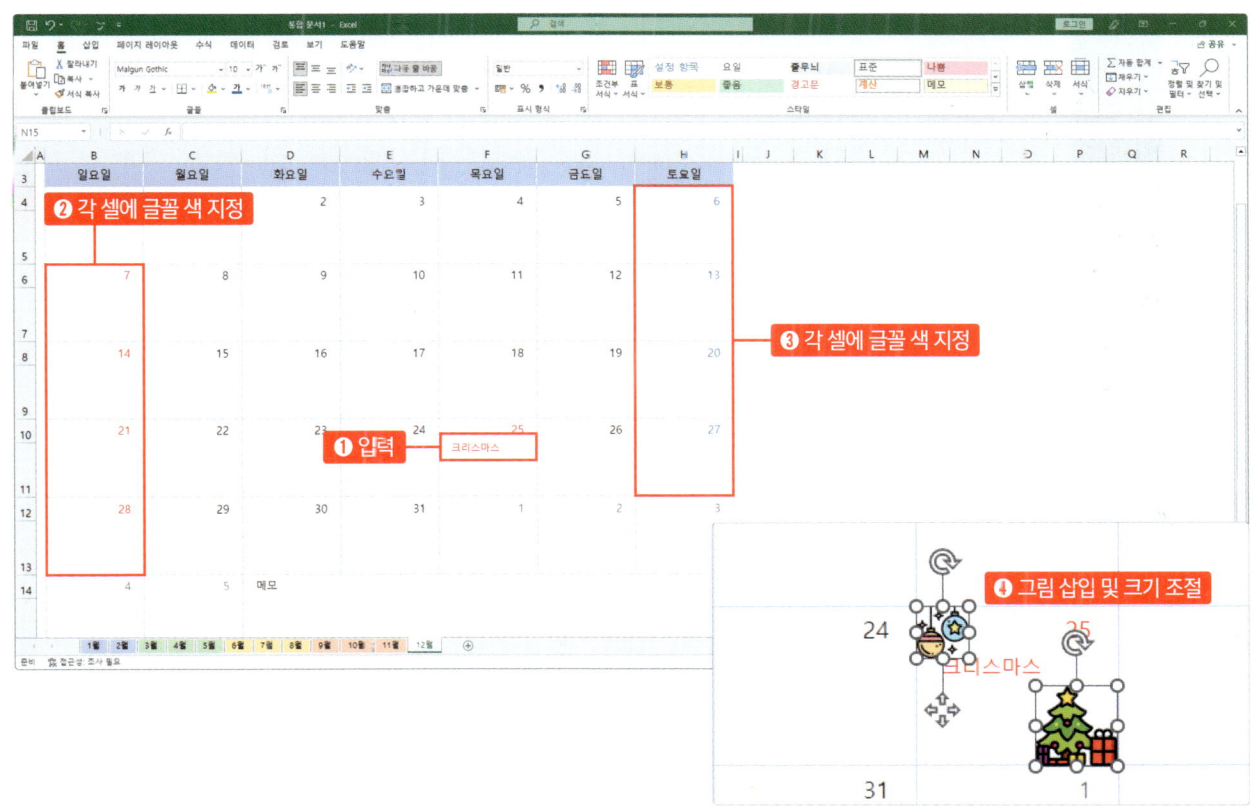

CHAPTER 04 · 온라인 서식으로 달력 만들기

5 ❶~❹와 같은 방법으로 각각의 시트를 클릭하여 그림 삽입 및 글꼴 서식을 변경하고 달력을 꾸밉니다.

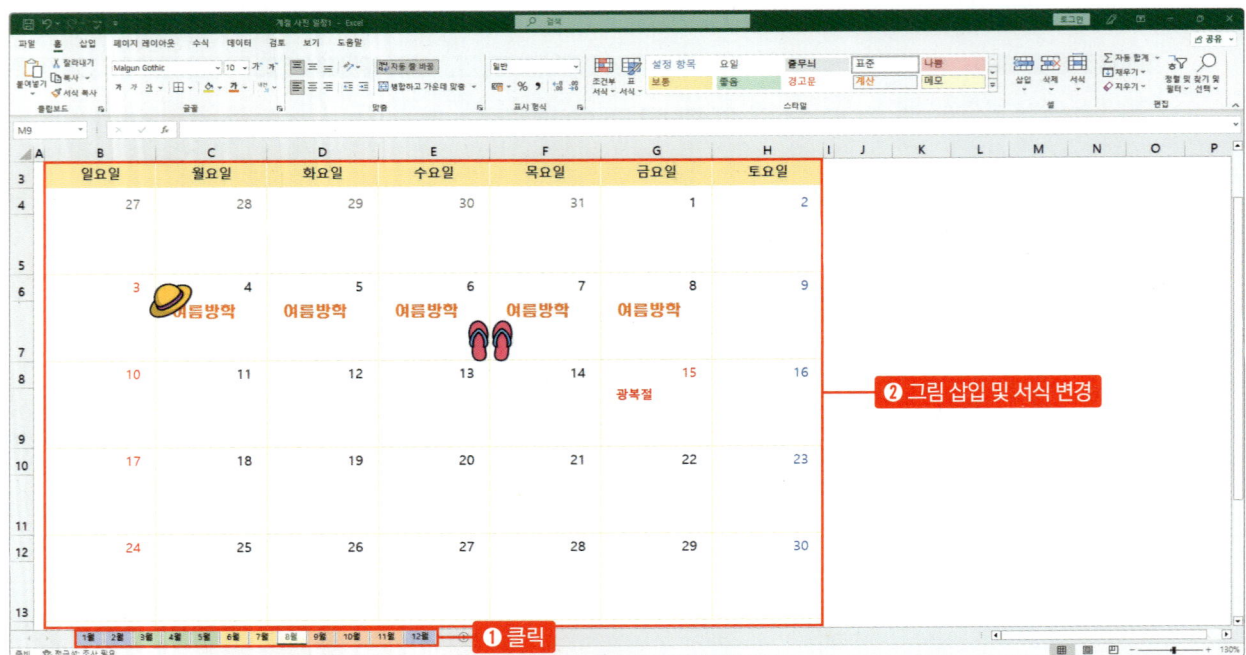

6 [파일] 탭의 [다른 이름으로 저장]을 클릭하여 완성한 달력 파일의 이름을 지정하고 [저장]을 클릭합니다.

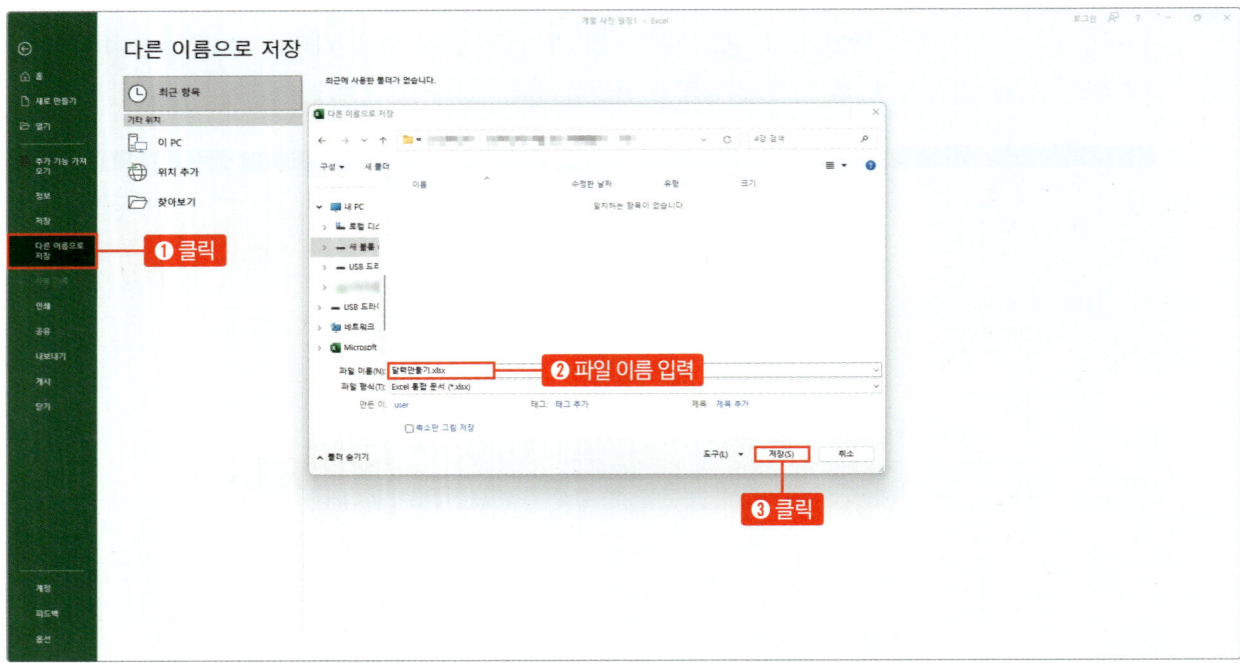

실력 쑥쑥! 창의력 쑥쑥!

1 다음과 같은 생일 선물 계획표를 완성해 보세요.

예제파일: 없음 완성파일: 생일선물계획(완성).xlsx

❶ 온라인 서식 파일
- '선물 계획' 검색

❷ 서식 임의지정

2 다음과 같은 학생증을 완성해 보세요.

예제파일: 내얼굴.png 완성파일: 학생증(완성).xlsx

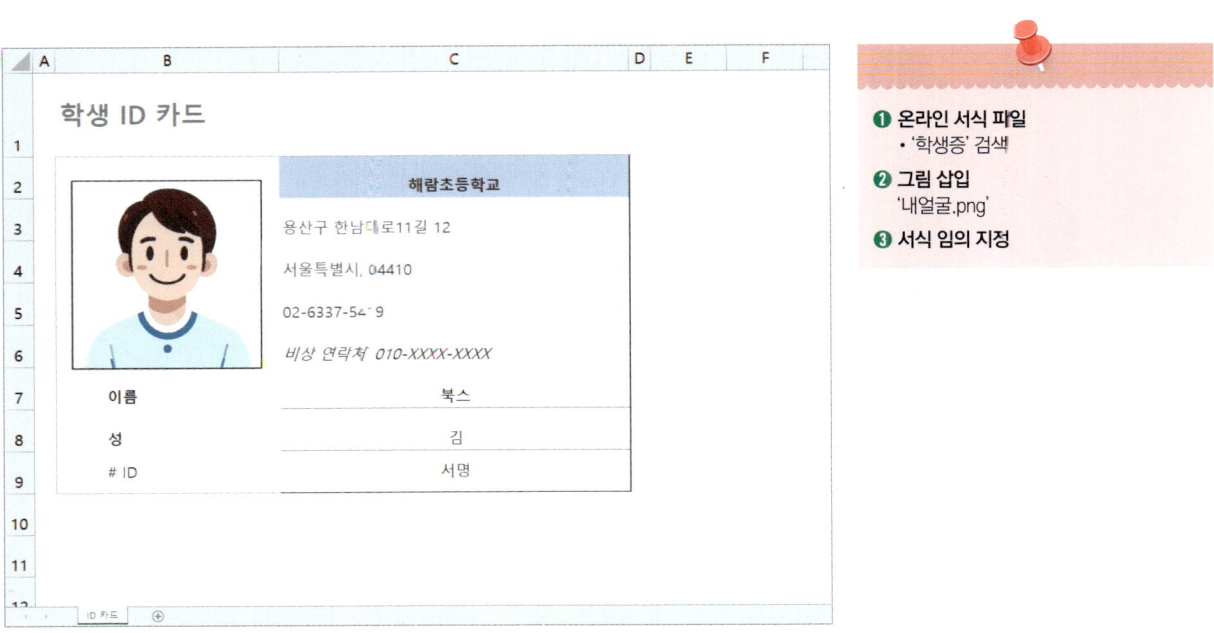

❶ 온라인 서식 파일
- '학생증' 검색

❷ 그림 삽입
'내얼굴.png'

❸ 서식 임의 지정

CHAPTER 05 건강체력평가표

오늘의 미션
- 셀 서식 설정하기
- 사용자 지정 표시 형식 설정하기

사람이 건강하게 살아가는데 기초가 되는 신체적 능력을 건강체력이라고 합니다. 학교에서는 의무적으로 근력, 심폐 지구력, 유연성, 근지구력 등 능력과 지방, 뼈, 근육 등의 비율을 통한 신체 조성율 등을 확인하는 종합 체력 평가 제도를 시행합니다.

작품 미리보기

예제파일 달리기.png, 키재기.png   **완성파일** 건강체력평가(완성).xlsx

건 강 체 력 평 가 표

번호	이름	키	몸무게	100m 달리기	제자리 멀리뛰기	윗몸 일으키기
1	다영	150cm	44kg	15초	148cm	43회
2	민재	153cm	48kg	16초	153cm	54회
3	시우	159cm	53kg	13초	162cm	57회
4	아영	147cm	40kg	18초	147cm	41회
5	예준	154cm	49kg	15초	155cm	53회
6	지아	147cm	39kg	17초	149cm	39회
7	하은	149cm	41kg	16초	154cm	40회
8	현준	155cm	48kg	16초	160cm	56회

01 셀 서식 설정하기

행 높이, 열 너비 및 테두리, 맞춤 등의 셀 서식을 설정하여 체력 평가표 틀을 만듭니다.

① Excel 2021을 실행하여 [Sheet1] 시트의 'B4:H12'에 다음과 같이 데이터를 입력한 후 글꼴을 'HY중고딕', 글꼴 크기를 '14'pt, '가운데 맞춤', '모든 테두리'를 설정합니다. 그 다음 'B4:H4'에 채우기 색을 '황금색, 강조4, 80% 더 밝게'로 설정하고 열 너비를 적절히 조절합니다.

② '2'행의 행 높이를 '40', '4:12'행의 행 높이를 '25'로 설정합니다. 그 다음 'B2:H2'를 드래그하여 영역을 지정한 후 [병합하고 가운데 맞춤]하고 '건강체력평가표'를 입력합니다.

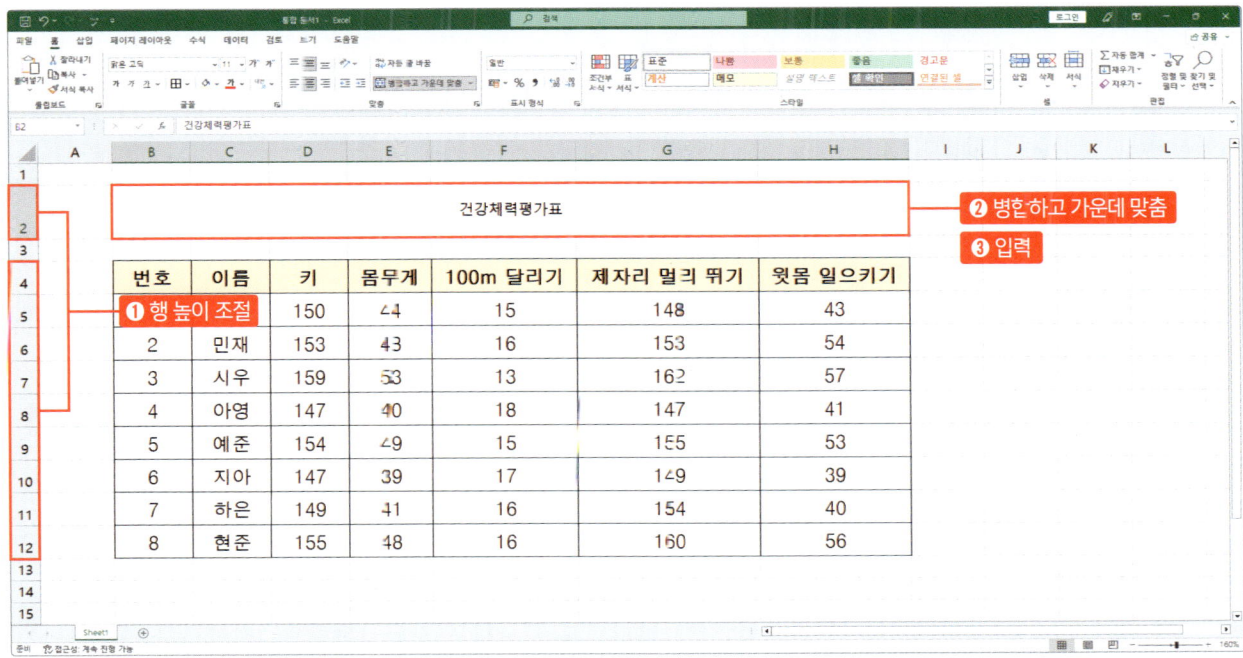

CHAPTER 05 · 건강체력평가표　031

3 'B2'셀을 선택하고 글꼴을 'HY목각파임B', 글자 크기를 '28'pt로 설정한 후 마우스 오른쪽 버튼을 클릭하여 [셀 서식]을 클릭합니다.

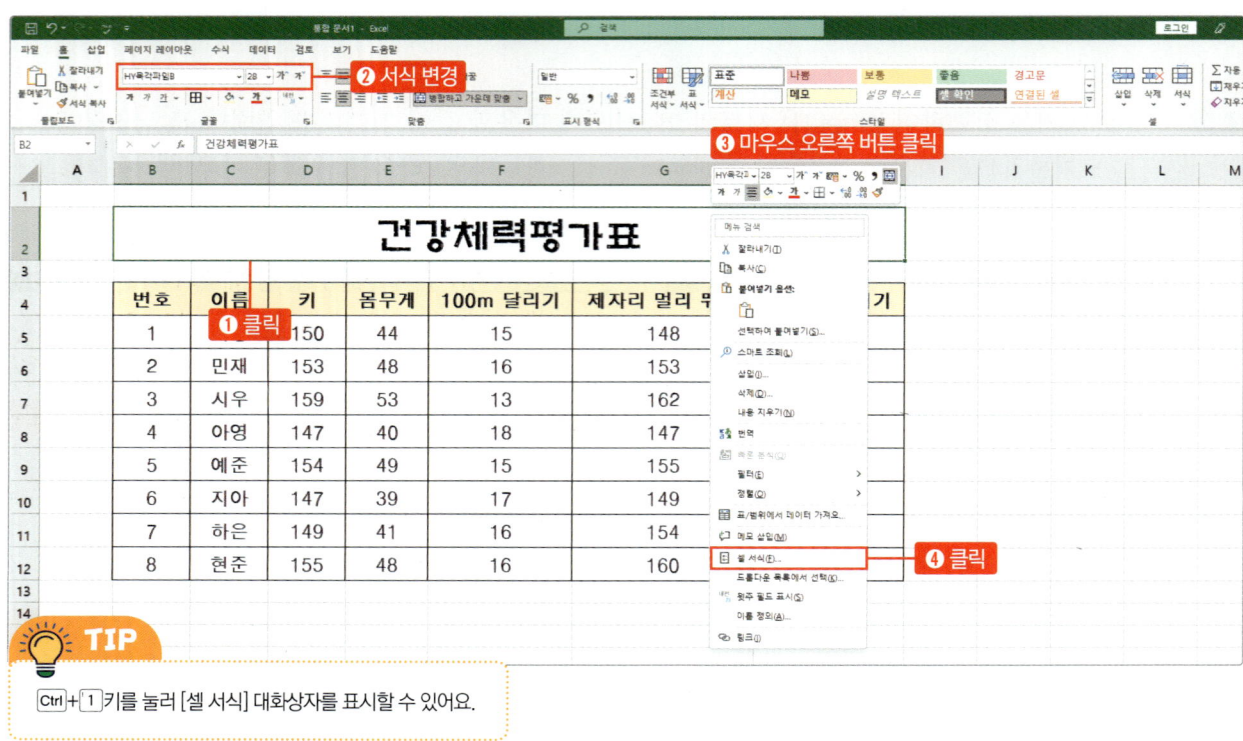

TIP
Ctrl + 1 키를 눌러 [셀 서식] 대화상자를 표시할 수 있어요.

4 [셀 서식] 대화상자에서 [맞춤] 탭을 클릭한 후 텍스트 맞춤의 가로를 '균등 분할(들여쓰기)'로 선택한 다음 들여쓰기를 '5'로 설정하고 [확인]을 클릭합니다.

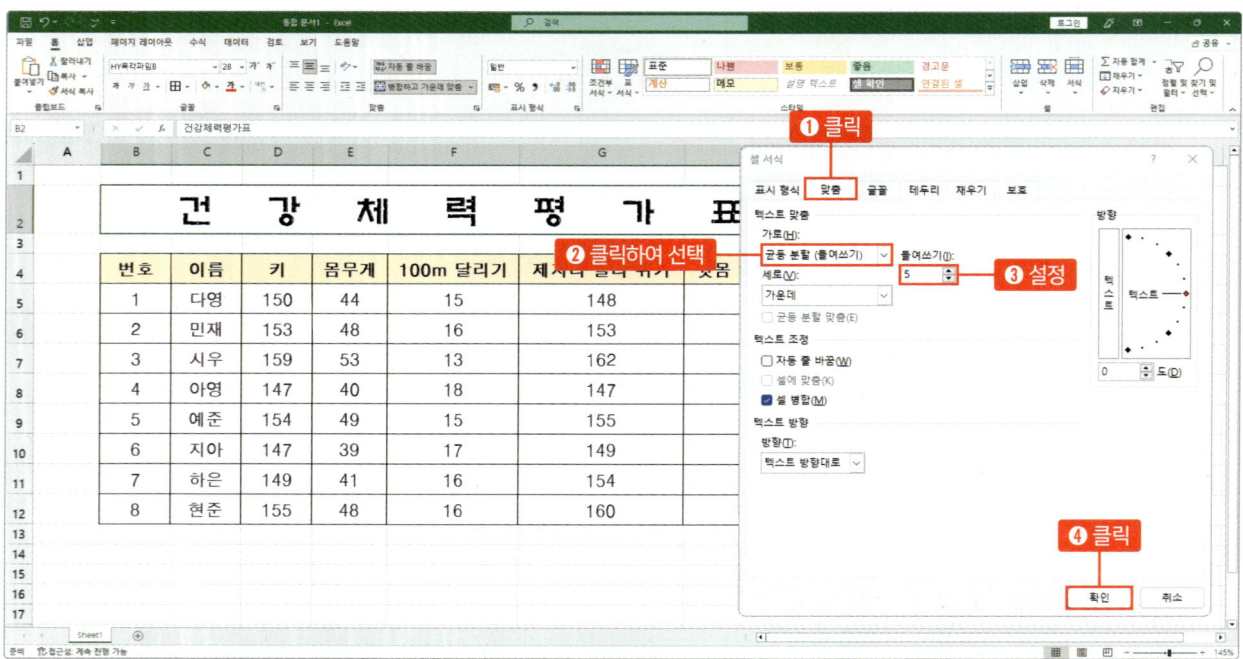

02 사용자 지정 표시 형식 설정하기

입력한 데이터에 사용자 지정 표시 형식을 설정하여 단위를 표현합니다.

1 'E5:E12'를 드래그하여 영역을 지정한 후 Ctrl + 1 키를 눌러 [셀 서식] 대화상자가 실행합니다. [표시 형식] 탭을 클릭한 후 범주는 '사용자 지정'을 클릭하고 형식은 'G/표준"kg"'을 입력한 후 [확인]을 클릭합니다.

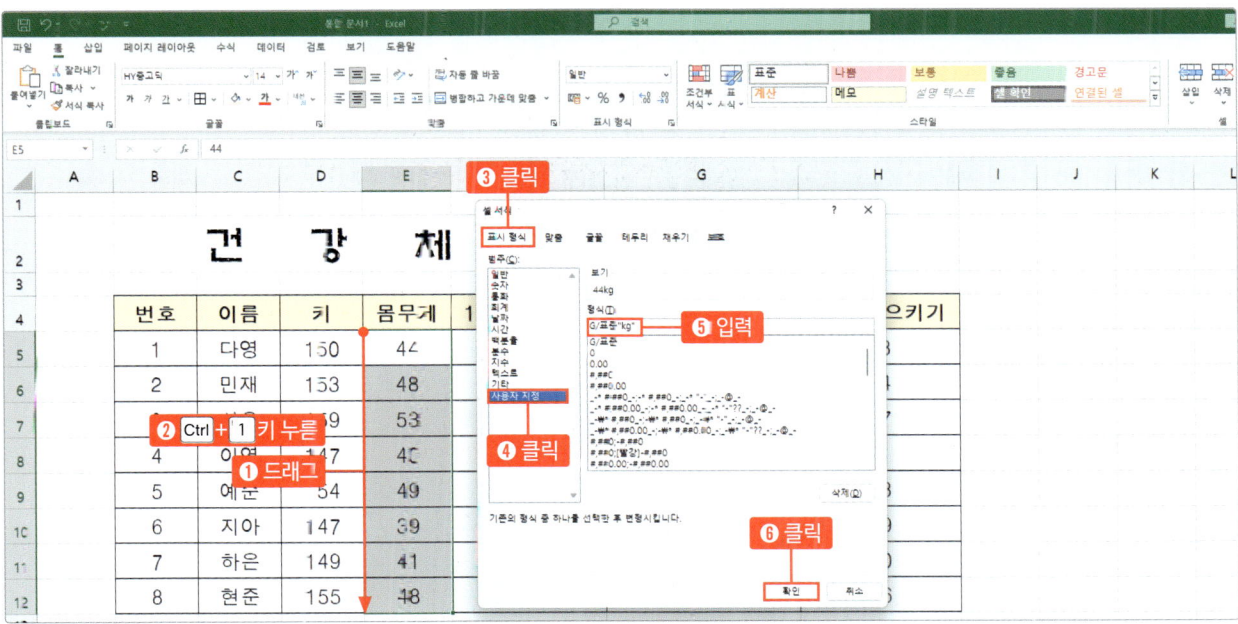

2 'D5:D12'와 'G5:G12'를 Ctrl 을 누른 채로 드래그하여 영역을 지정한 다음 [셀 서식] 대화상자를 실행하고 [표시 형식] 탭을 클릭한 후 범주는 '사용자 지정'을 클릭하고 형식은 'G/표준"cm"'를 입력한 후 [확인]을 클릭합니다.

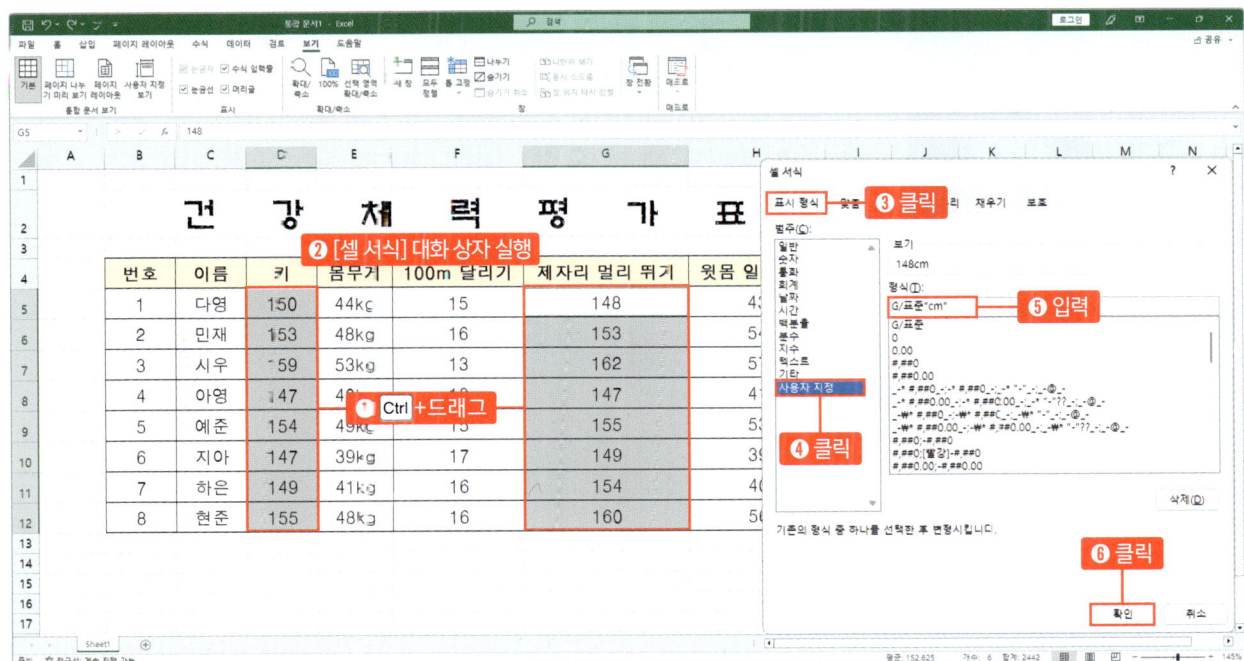

3 ❶~❷와 같은 방법으로 'F5:F12'를 선택한 후 사용자 지정 표시 형식은 'G/표준"초"'로, 'H5:H12'를 선택한 후 사용자 지정 표시 형식은 'G/표준"회"'로 설정합니다.

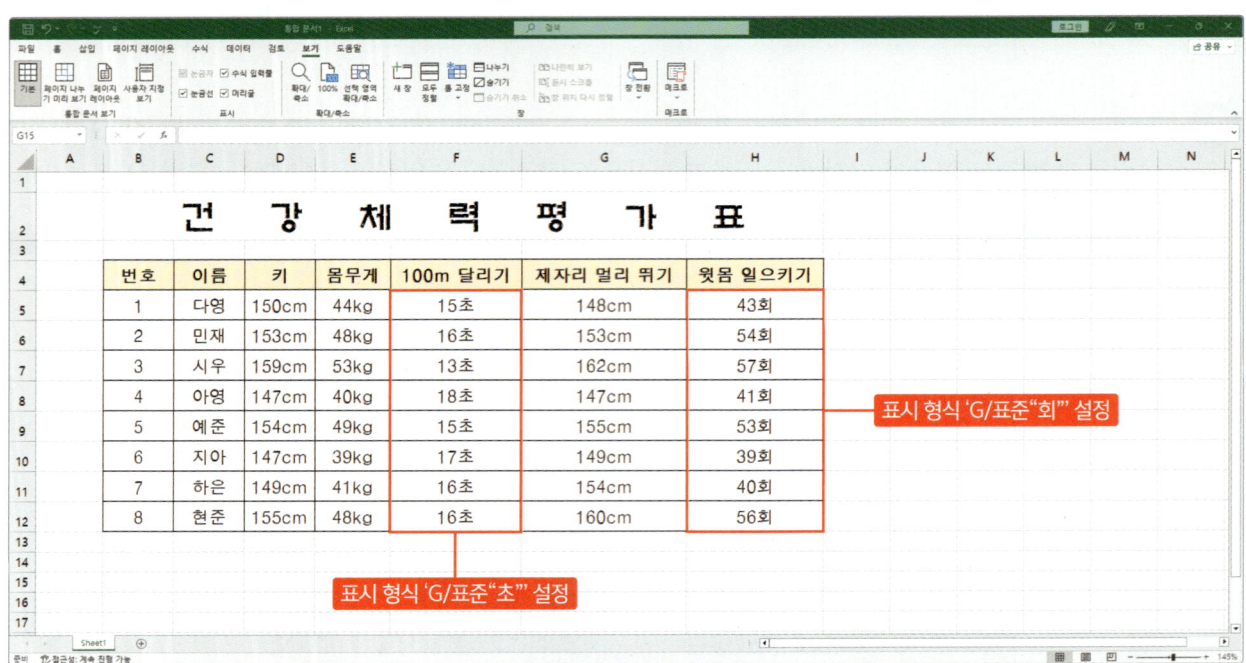

4 평가표를 꾸미기 위해 '달리기.png', '키재기.png' 그림을 삽입한 후 크기 및 위치를 변경합니다. 그림의 크기와 위치에 따라 'A'열의 열 너비를 적절히 조절합니다.

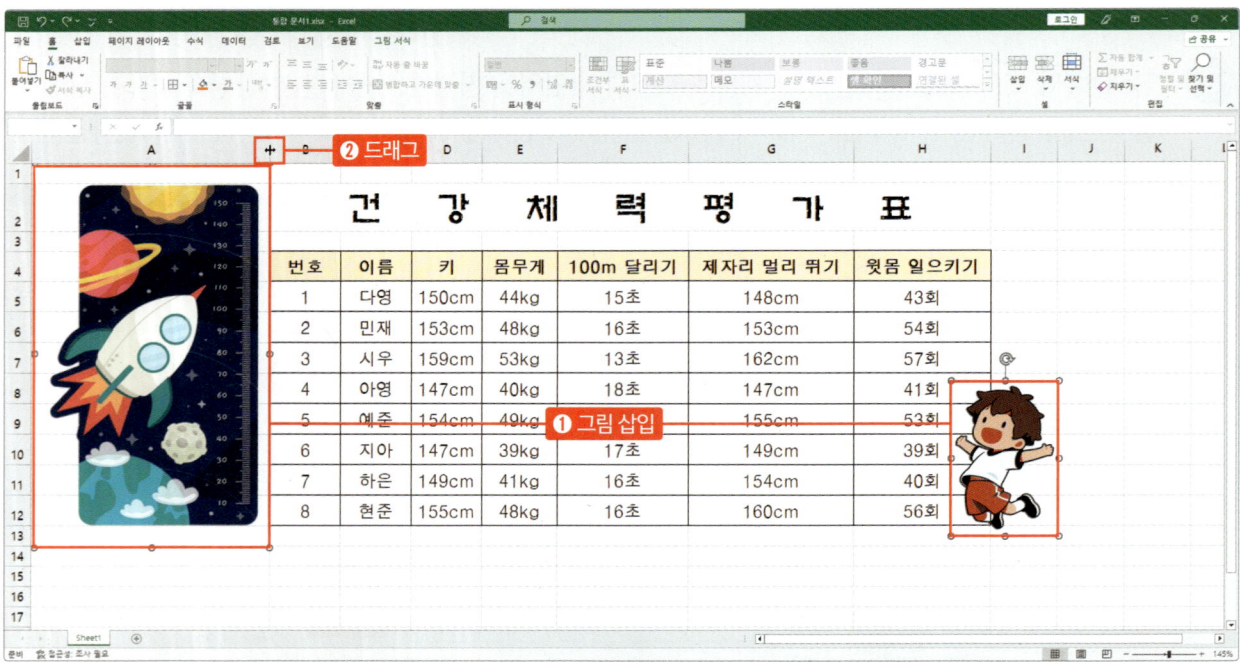

실력 쑥쑥! 창의력 쑥쑥!

1 다음과 같은 약국 처방전 목록표를 완성해 보세요.

예제파일 약.png　　*완성파일* 약국처방전(완성).xlsx

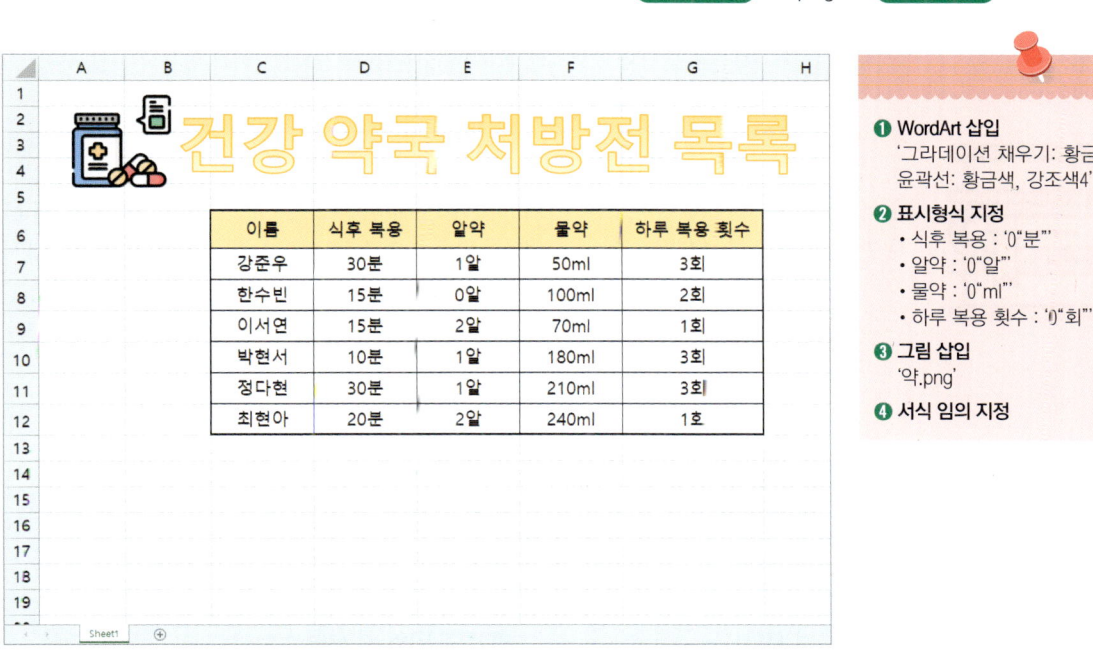

- **① WordArt 삽입**
  '그라데이션 채우기: 황금색, 강조색4, 윤곽선: 황금색, 강조색4'
- **② 표시형식 지정**
  - 식후 복용 : '0"분"'
  - 알약 : '0"알"'
  - 물약 : '0"ml"'
  - 하루 복용 횟수 : '0"회"'
- **③ 그림 삽입**
  '약.png'
- **④ 서식 임의 지정**

2 다음과 같은 축구대회 결과표를 완성해 보세요.

예제파일 축구공.png　　*완성파일* 축구대회(완성).xlsx

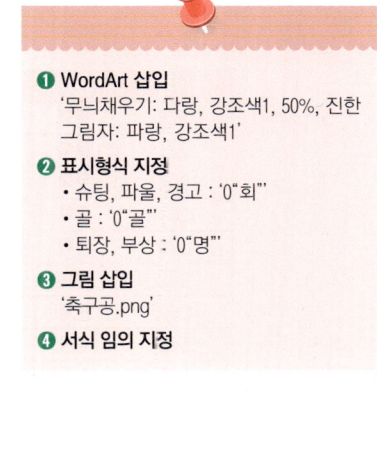

- **① WordArt 삽입**
  '무늬채우기: 다량, 강조색1, 50%, 진한 그림자: 파랑, 강조색1'
- **② 표시형식 지정**
  - 슈팅, 파울, 경고 : '0"회"'
  - 골 : '0"골"'
  - 퇴장, 부상 : '0"명"'
- **③ 그림 삽입**
  '축구공.png'
- **④ 서식 임의 지정**

CHAPTER 06 차례차례 도서 목록

오늘의 미션
- 그림 삽입 후 그림 효과 설정하기
- WordArt 텍스트 효과 설정하기
- 목록 정렬하기

도서목록은 도서관 등 많은 책을 가지고 있는 곳에서는 도서를 관리하기 위해 만듭니다. 책의 정보를 적고 분류별·저자별로 도서 목록을 정리하면 한 눈에 파악하기 쉽습니다.

작품 미리보기

예제파일 도서목록.xlsx, 도서관1.jpg, 도서관2.png   **완성파일** 도서목록(완성).xlsx

도서번호	분류	저자	저자 국적	제목
208	문학	루리	한국	긴긴밤
221	문학	김리리	한국	왕구리네 떡집
254	문학	미하엘 엔데	독일	마법의 설탕 두조각
261	문학	로알드 달	영국	마틸다
270	문학	로알드 달	영국	멋진 여우씨
282	문학	미하엘 엔데	독일	모모
297	문학	로알드 달	영국	찰리와 초콜릿 공장
546	역사	유이영	한국	우리 역사에 숨어 있는 양성평등의 씨앗
589	역사	설민석	한국	한국을 빛낸 100명의 위인들
842	과학	송준섭	한국	재미있는 인공지능 이야기
855	과학	장성익	한국	탄소 중립이 뭐예요?
874	과학	한영식	한국	잠자리의 가을 여행
888	과학	도미닉 윌콕스	영국	어린이를 위한 첫 발명 수업

그림 삽입 후 그림 효과 설정하기

그림을 삽입한 후 꾸밈 효과, 선명도 등 효과를 설정합니다.

1 Excel 2021을 실행한 다음 [열기]에서 '도서목록.xlsx' 파일을 불러옵니다. '1'행 높이를 '100'으로, '2'행 높이를 '70'으로 변경한 후 [삽입] 탭의 [일러스트레이션] 그룹에서 [그림]-[이 디바이스]를 클릭하여 '도서관1.jpg' 그림을 삽입합니다.

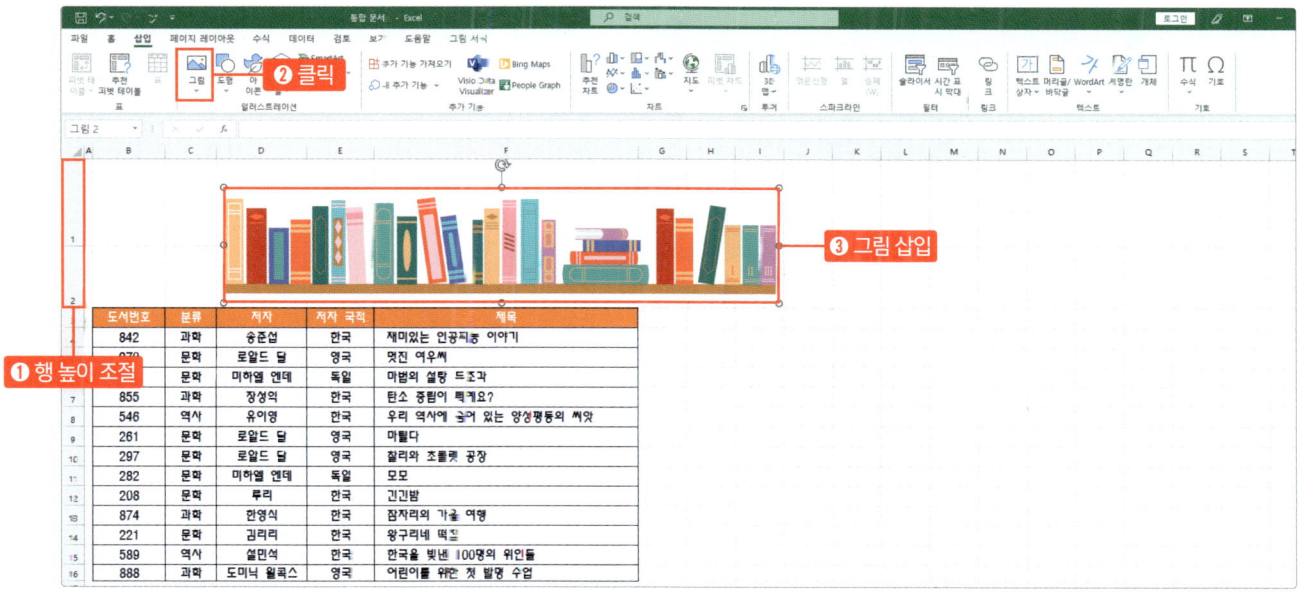

2 삽입된 그림을 선택한 후 [그림 형식] 탭의 [조정] 그룹에서 [꾸밈 효과]를 클릭한 후 '시멘트' 효과를 클릭합니다. 이어서 'B1:F1'에 맞추어 크기와 위치를 조절합니다.

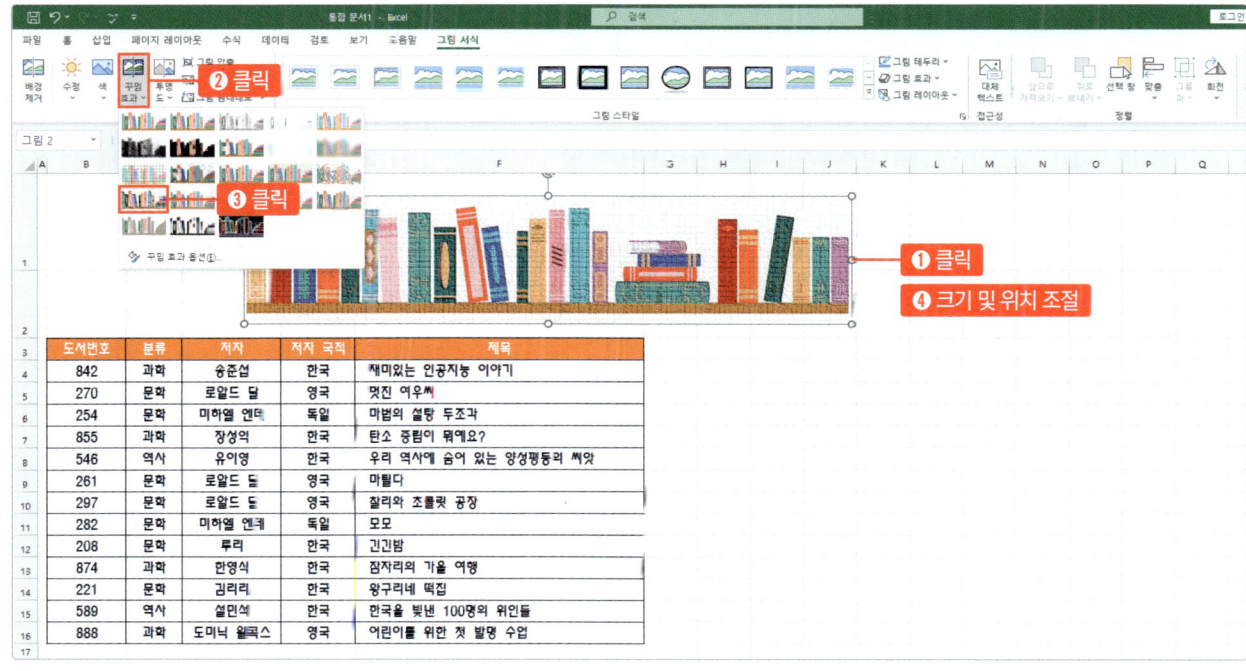

CHAPTER 06 - 차례차례 도서 목록　037

❸ [삽입] 탭의 [일러스트레이션] 그룹에서 [그림]-[이 디바이스]를 클릭하여 '도서관2.png' 그림을 삽입한 다음 [그림 형식] 탭의 [조정] 그룹에서 [수정]을 클릭한 후 선명도 조절의 '선명하게 : 50%'를 클릭합니다.

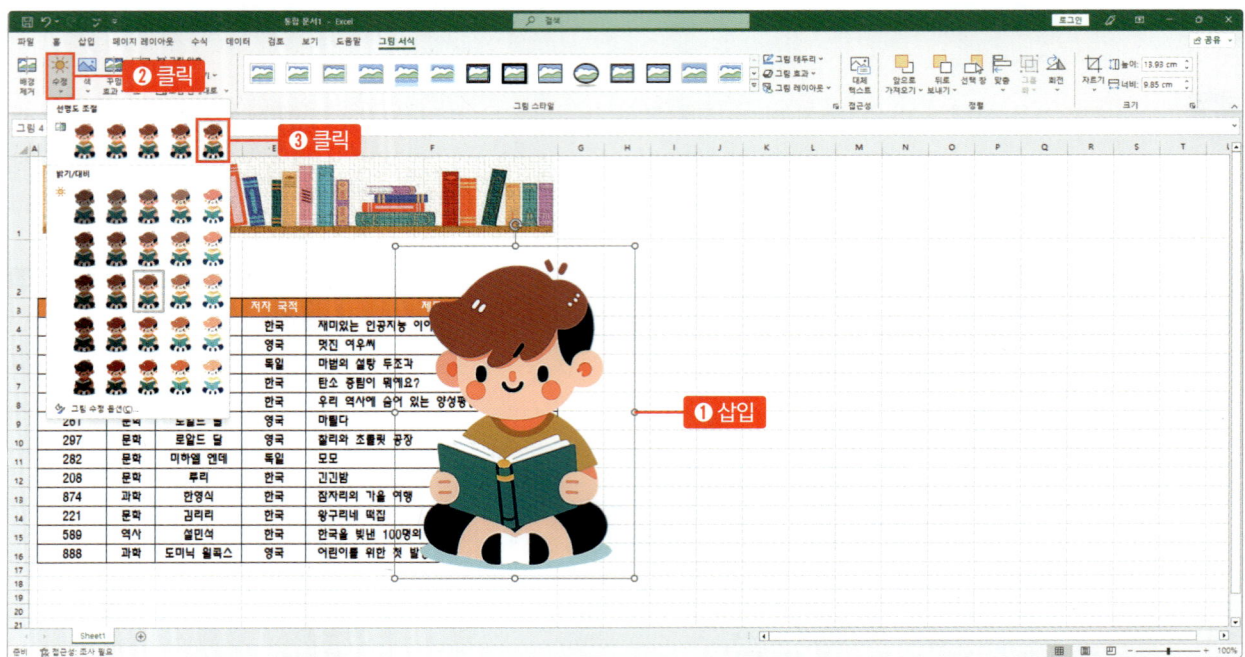

❹ 이어서 [그림 형식] 탭의 [조정] 그룹에서 [수정]을 클릭한 후 밝기/대비의 '밝기: +20% 대비: -40%'를 클릭한 다음 위치와 크기를 조절합니다.

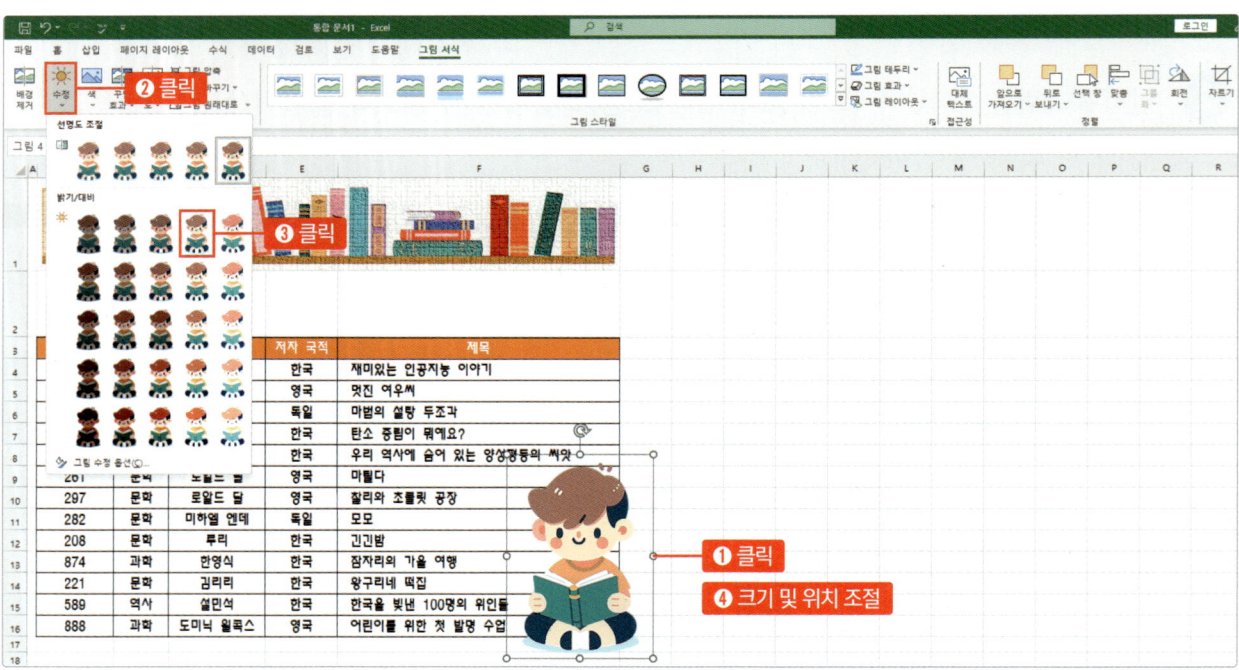

02 WordArt 텍스트 효과 설정하기

WordArt를 삽입한 후 네온 효과를 설정합니다.

① [삽입] 탭의 [텍스트] 그룹에서 [WordArt]를 클릭한 다음 '채우기: 주황, 강조색2, 윤곽선: 주황, 강조색2'를 선택한 후 '해람초등학교 도서 목록 현황'을 입력하고 글꼴을 'HY엽서M', 글꼴 크기를 '44'pt로 설정합니다.

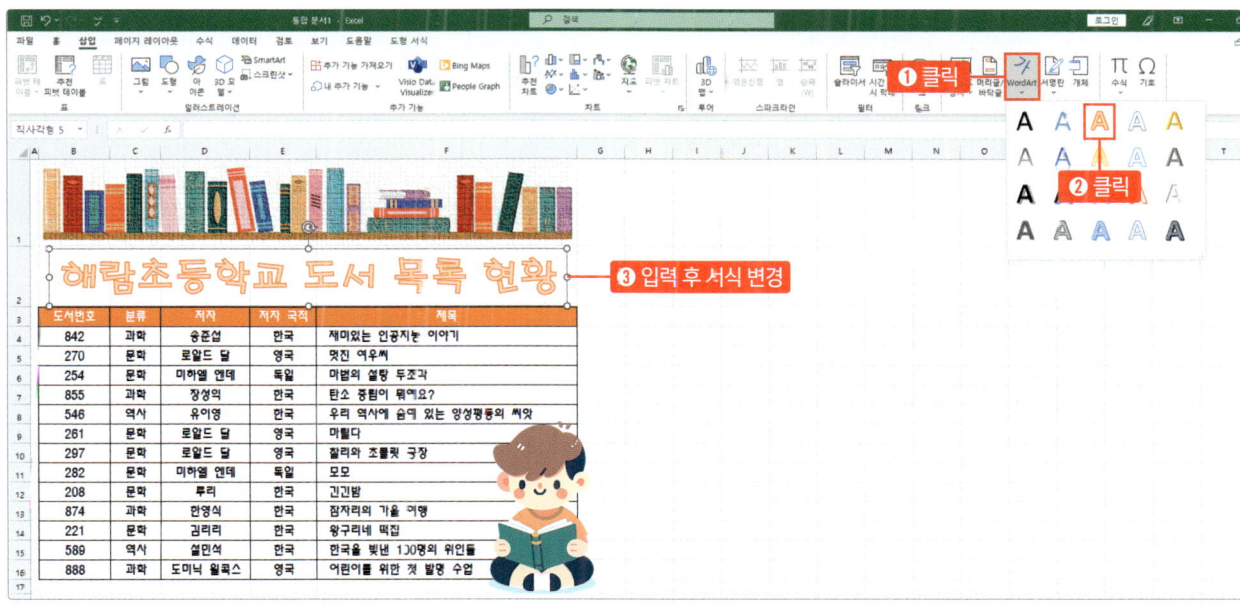

② 삽입된 WordArt를 클릭한 후 [도형 서식] 탭의 [WordArt 스타일] 그룹에서 [텍스트 효과]를 클릭한 다음 [네온]을 클릭하고 '네온: 8pt, 초록색, 강조색 6'를 클릭합니다.

CHAPTER 06 - 차례차례 도서 목록

03 도서 목록 정렬하기

정렬 기능을 사용하여 도서번호와 분류, 저자별로 정렬해 봅니다.

① 'B3'셀을 클릭한 후 [데이터] 탭의 [정렬 및 필터] 그룹에서 [텍스트 오름차순 정렬]을 클릭하여 '도서번호' 항목을 오름차순으로 정렬합니다.

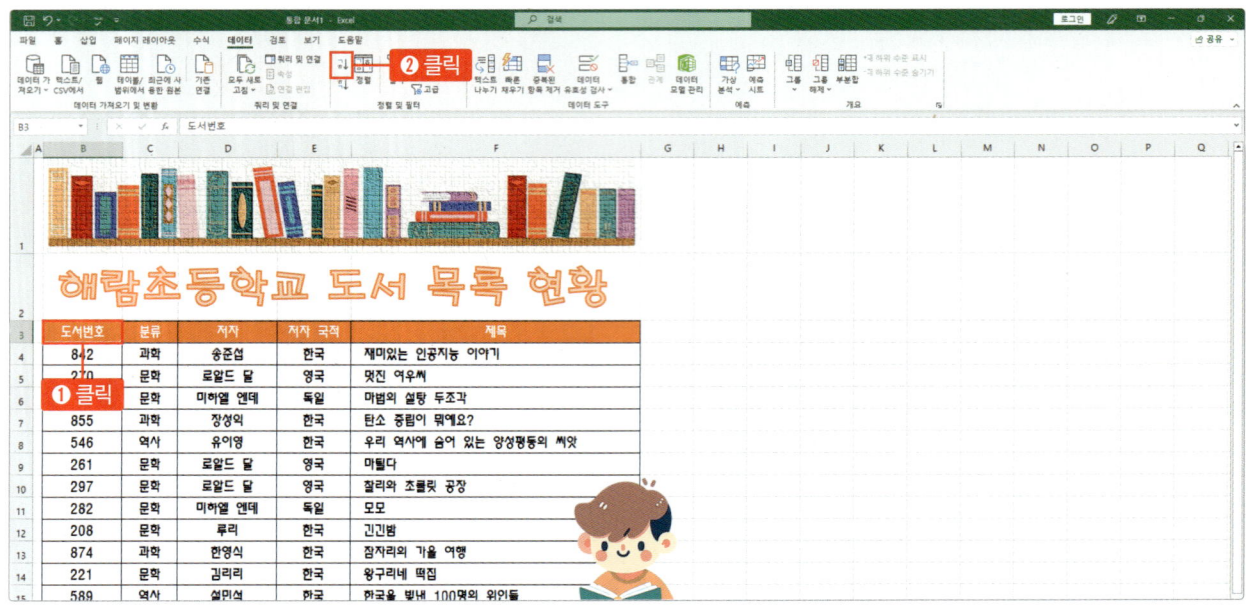

② [데이터] 탭의 [정렬 및 필터] 그룹에서 [정렬]을 클릭한 후 [정렬] 대화상자에서 [기준 추가]를 클릭하고 '다음 기준'을 '저자'로, '정렬'을 '오름차순'으로 지정하여 [확인]을 클릭합니다.

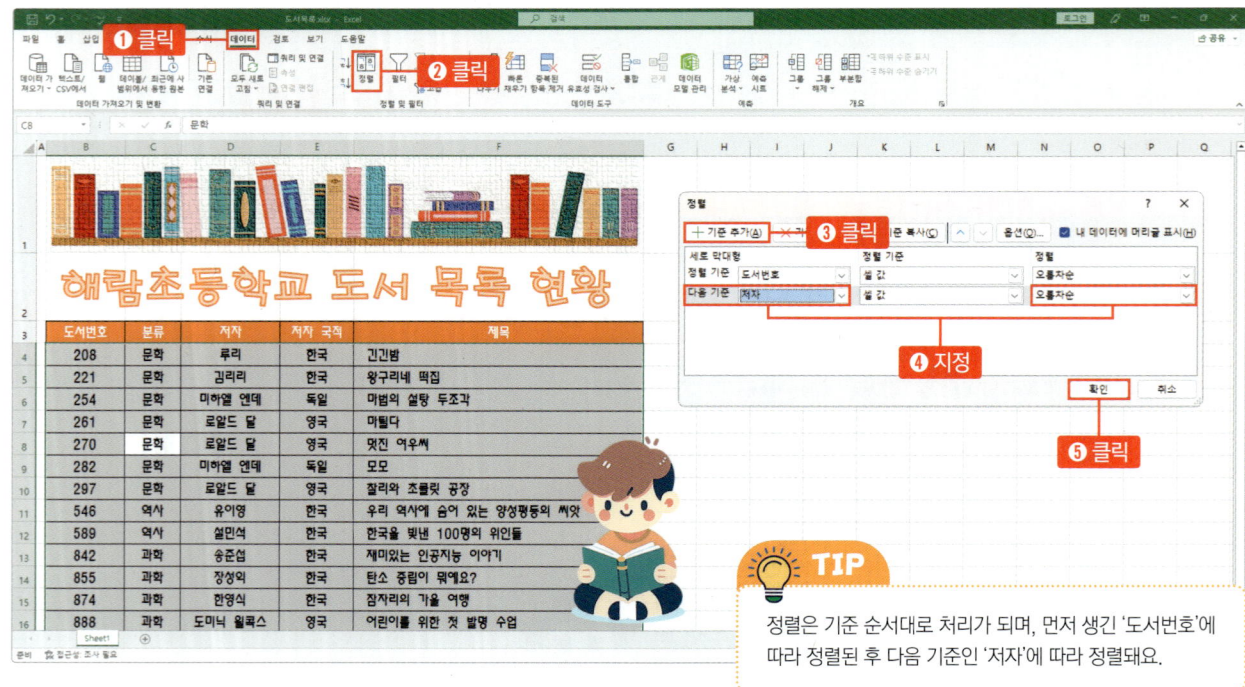

TIP 정렬은 기준 순서대로 처리가 되며, 먼저 생긴 '도서번호'에 따라 정렬된 후 다음 기준인 '저자'에 따라 정렬돼요.

실력 쑥쑥! 창의력 쑥쑥!

1 다음과 같은 태권도 시합 참가자 명단표를 완성해 보세요.

예제파일: 태권도.png, 태권도시합.xlsx 완성파일: 태권도시합(완성).xlsx

❶ WordArt 삽입
'무늬 채우기: 청회색, 어두운 상향 대각선 줄무늬, 진한 그림자'

❷ 'C3:G21' 정렬
• 정렬 기준 : '이름', 셀 값, 오름차순
• 다음 기준 : '품띠', 셀 값, 오름차순

❸ 그림 삽입
'태권도.png'

2 다음과 같은 미술 작품 분류표를 완성해 보세요.

예제파일: 미술.xlsx, 미술1~2.png 완성파일: 미술(완성).xlsx

❶ 'B6:E26' 정렬
• 정렬 기준 : '화법', 값, 오름차순
• 다음 기준 : '제작 년도', 값, 오름차순

❷ 그림 삽입
'미술1~2.png'

❸ 그림 서식
색, 꾸밈효과 적용

CHAPTER 07 도서대장 관리하기

오늘의 미션
- 표 서식 적용하기
- 필터 기능으로 원하는 자료 검색하기
- 필터 기능으로 원하는 기간의 자료 검색하기

도서관은 **책 대여시 빌린 사람과 빌린 날짜, 책의 이름 등을 기록하는 도서대출대장을** 관리합니다. 도서대출대장을 통해 책 도서번호나 대출일 등 원하는 날짜를 선별하고 효율적인 도서관리를 할 수 있습니다.

🔍 작품 미리보기

예제파일 도서대출.xlsx, 책1~2.png   **완성파일** 도서대출(완성).xlsx

4학년 5반 학급 도서 대출 현황

도서번호	분류	저자	저자 국적	제목	대출자	대출일	반납일
842	과학	송준섭	한국	재미있는 인공지능 이야기	김재현	04월 15일	4월 22일
270	문학	로알드 달	영국	멋진 여우씨	유이서	04월 15일	4월 22일
254	문학	미하엘 엔데	독일	마법의 설탕 두조각	안소희	04월 17일	4월 24일
855	과학	장성익	한국	탄소 중립이 뭐예요?	유창민	04월 18일	4월 25일
546	역사	유이영	한국	우리 역사에 숨어 있는 양성평등의 씨앗	김지원	04월 19일	4월 26일
261	문학	로알드 달	영국	마틸다	박정우	04월 19일	
297	문학	로알드 달	영국	찰리와 초콜릿 공장	고미지	04월 19일	4월 26일
282	문학	미하엘 엔데	독일	모모	안혜진	04월 22일	
208	문학	루리	한국	긴긴밤	이사랑	04월 23일	4월 24일
874	과학	한영식	한국	잠자리의 가을 여행	나태산	04월 24일	5월 2일
221	문학	김리리	한국	왕구리네 떡집	김민규	04월 24일	4월 30일
589	역사	설민석	한국	한국을 빛낸 100명의 위인들	김태하	04월 24일	5월 2일
888	과학	도미닉 윌콕스	영국	어린이를 위한 첫 발명 수업	한아름	04월 24일	4월 30일

01 표 서식 적용하기

표 서식 스타일을 설정하여 꾸밉니다.

1 Excel 2021을 실행한 다음 '도서대출.xlsx' 파일을 불러온 후 빈 칸의 내용을 자유롭게 입력합니다.

2 이어서 [홈] 탭의 [스타일] 그룹에서 [표 서식]을 클릭하고 '황금색, 표 스타일 보통 5'를 클릭한 후 [표 서식] 대화상자의 범위를 '=$B$4:$I$22'로 지정하고 [확인]을 클릭합니다.

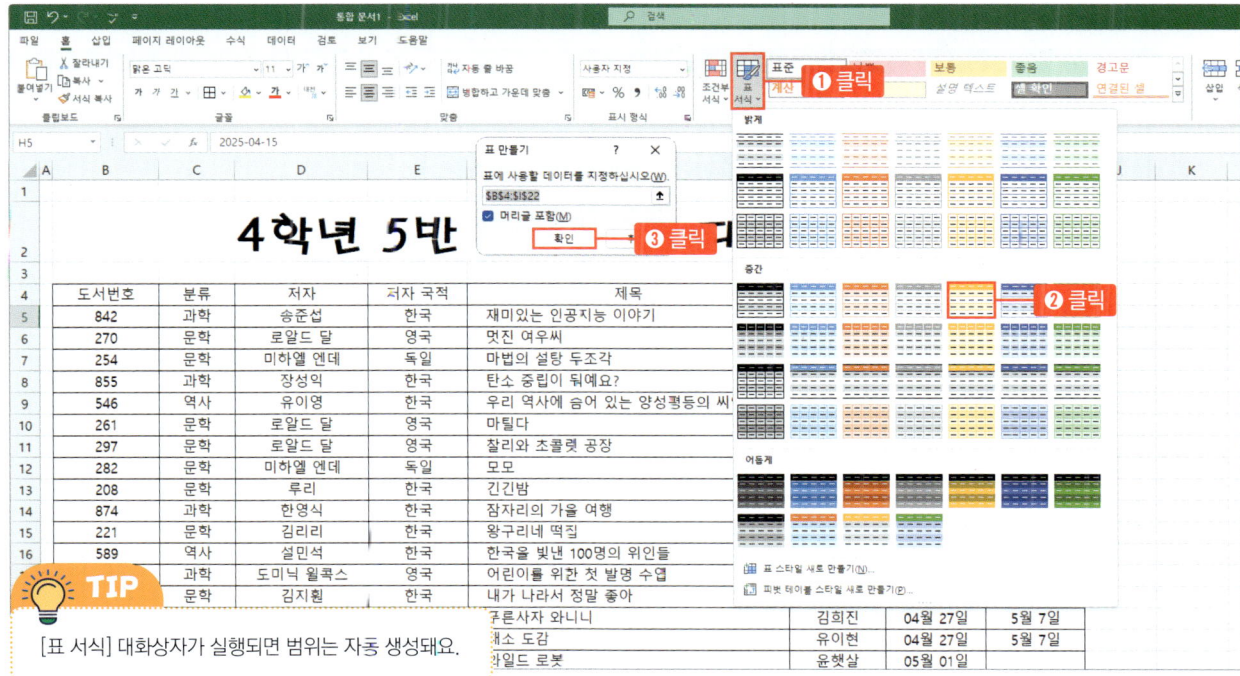

TIP

[표 서식] 대화상자가 실행되면 범위는 자동 생성돼요.

CHAPTER 07 - 도서대장 관리하기 **043**

02 필터 기능으로 원하는 자료 검색하기

필터 기능을 이용하여 항목별로 지정한 자료를 검색합니다.

1 '분류' 항목의 필터를 클릭하고 '(모두 선택)' 항목의 체크를 해제한 후 '문학' 항목만 체크하고 [확인]을 클릭하여 문학 목록만 표시되도록 합니다.

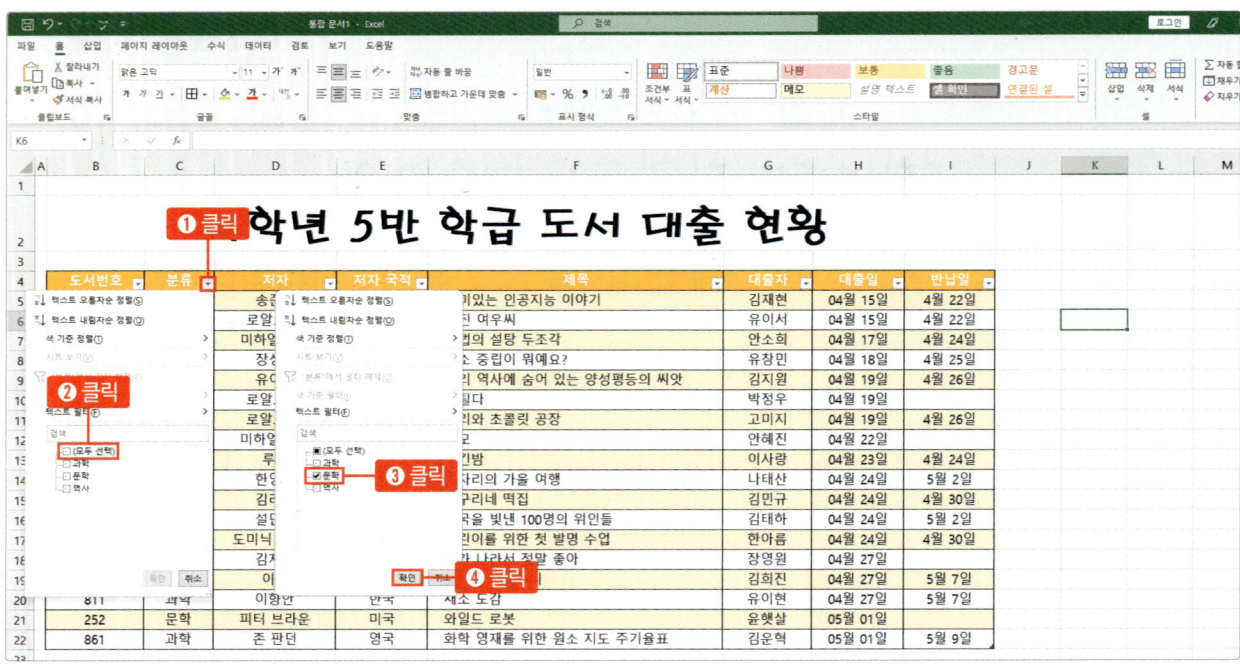

2 이어서 '저자 국적' 항목의 필터를 클릭하고 '(모두 선택)' 항목의 체크를 해제한 후 '영국' 항목만 체크하고 [확인]을 클릭하여 영국 목록만 표시되도록 합니다.

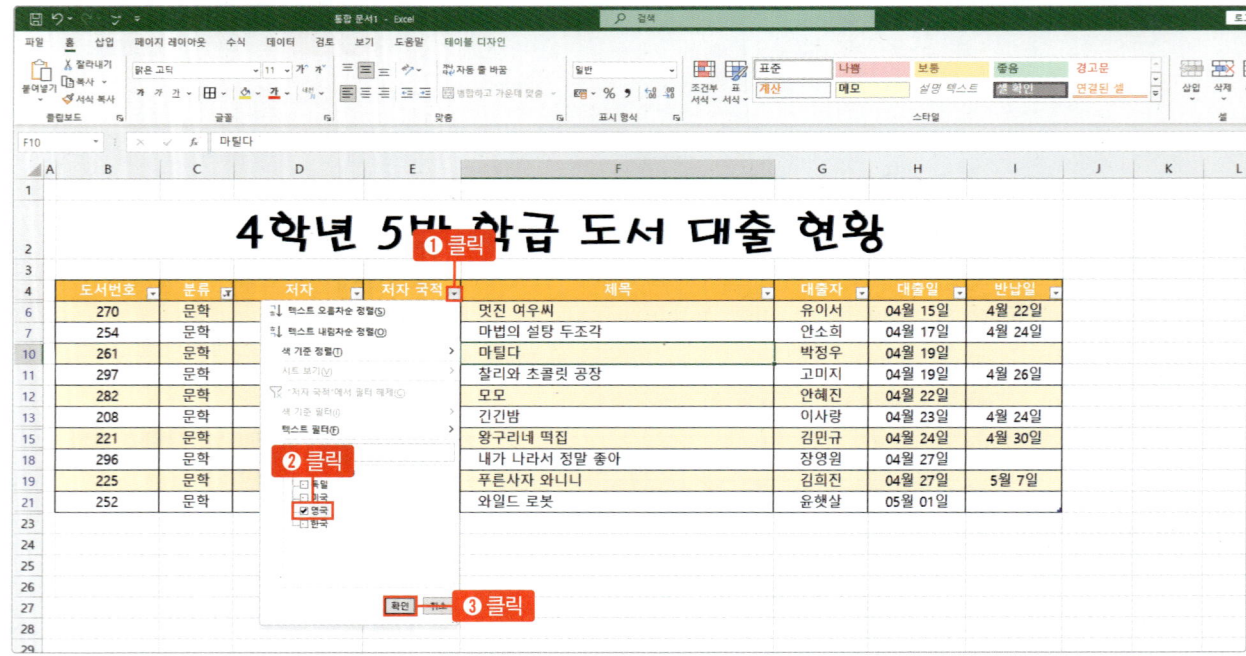

03 필터 기능으로 원하는 기간의 자료 검색하기

필터 기능을 이용하여 특정한 날짜 이전의 자료를 검색합니다.

1 [데이터] 탭의 [정렬 및 필터] 그룹에서 [지우기]를 클릭하여 앞에서 설정한 필터를 해제한 후 '대출일' 항목의 필터를 클릭해서 [날짜 필터]의 [이전]을 클릭합니다.

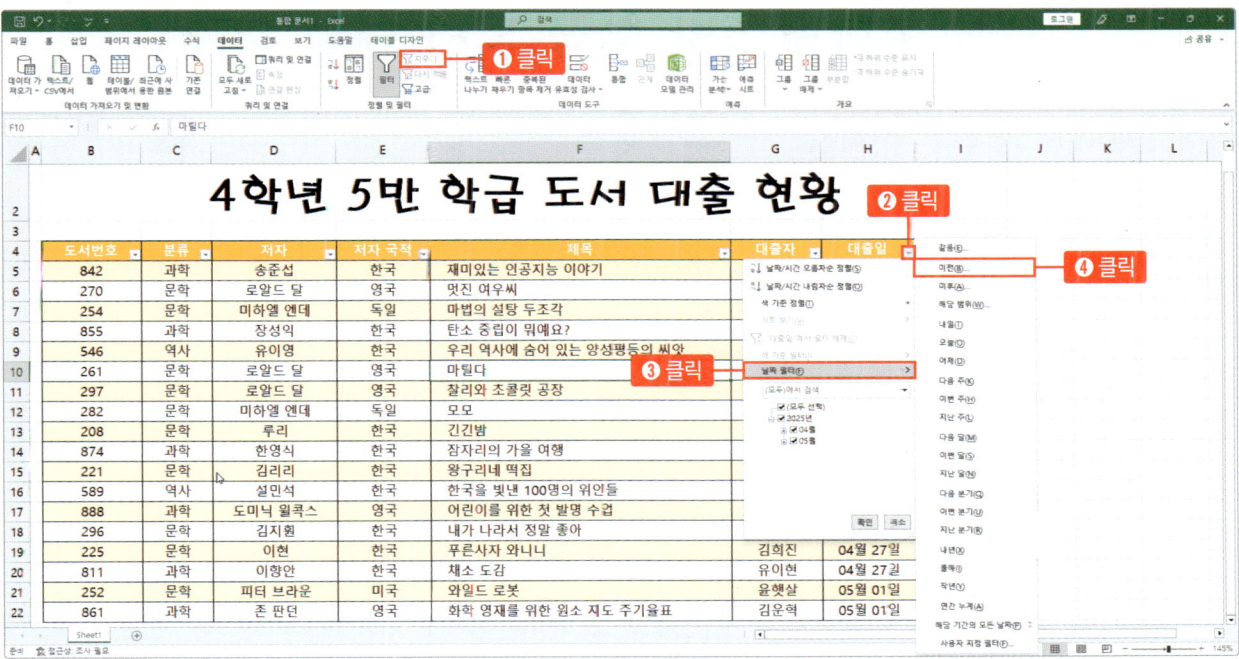

2 [사용자 지정 자동 필터] 대화상자가 실행되면 '대출일' 이전에 해당하는 입력 칸에 '2025-04-27'를 입력하고 [확인]을 클릭하여 2025년 04월 27일 이전 대출일 목록만 표시되도록 합니다.

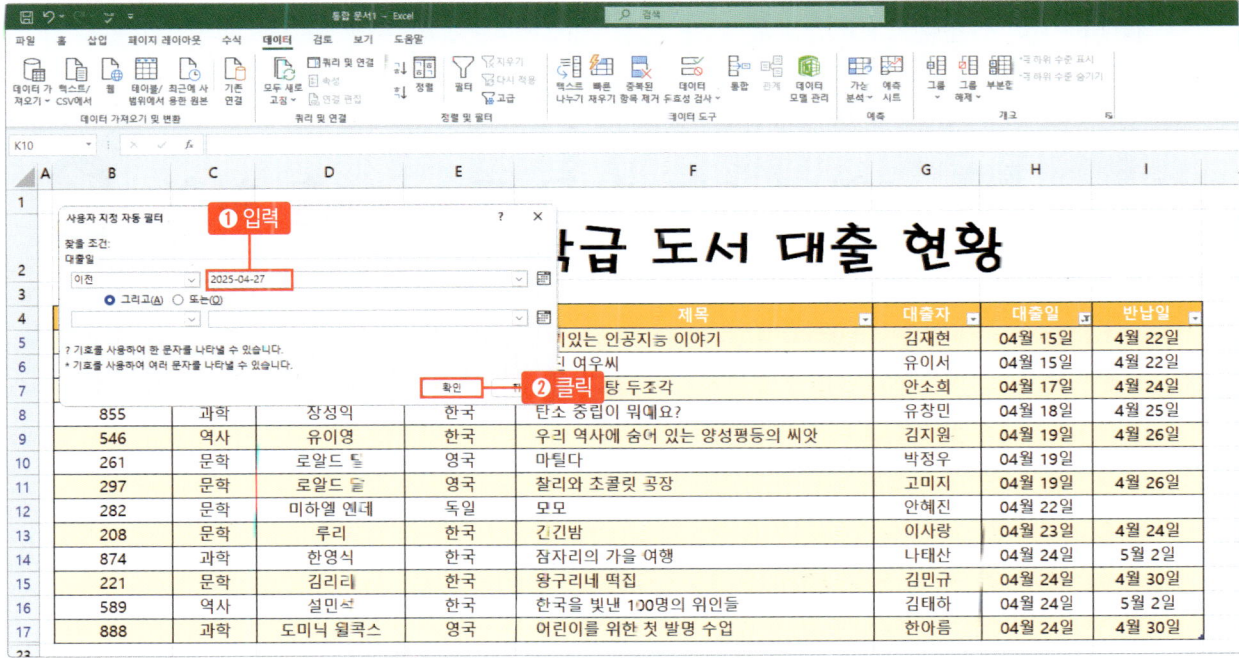

③ 이어서 '도서번호' 항목의 필터를 클릭한 다음 [숫자 오름차순 정렬]을 클릭하여 도서번호를 오름차순으로 정렬합니다.

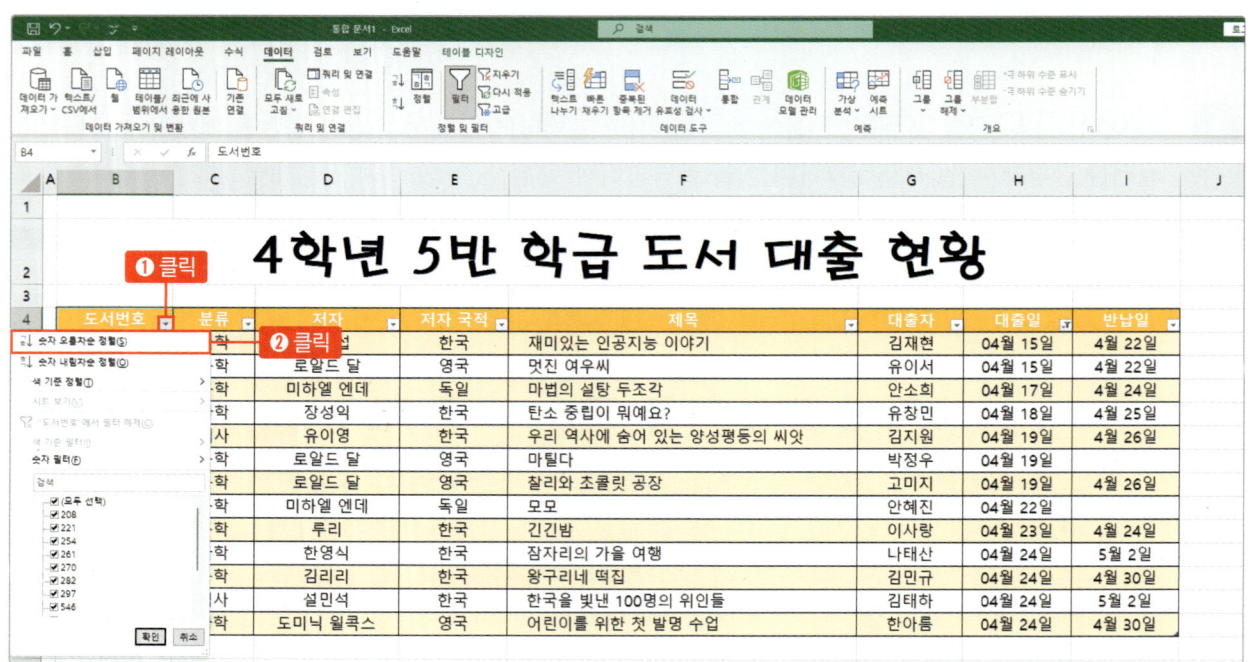

 TIP
적용한 필터를 지우지 않고 다른 항목의 필터를 적용하면 전체 데이터가 아닌 먼저 설정한 필터가 적용된 상태에서 적용돼요.

④ [삽입] 탭의 [그림]-[이 디바이스]를 클릭하여 '책1.png', '책2.png' 그림을 삽입한 후 크기 및 위치를 변경하고 그림 효과를 지정합니다.

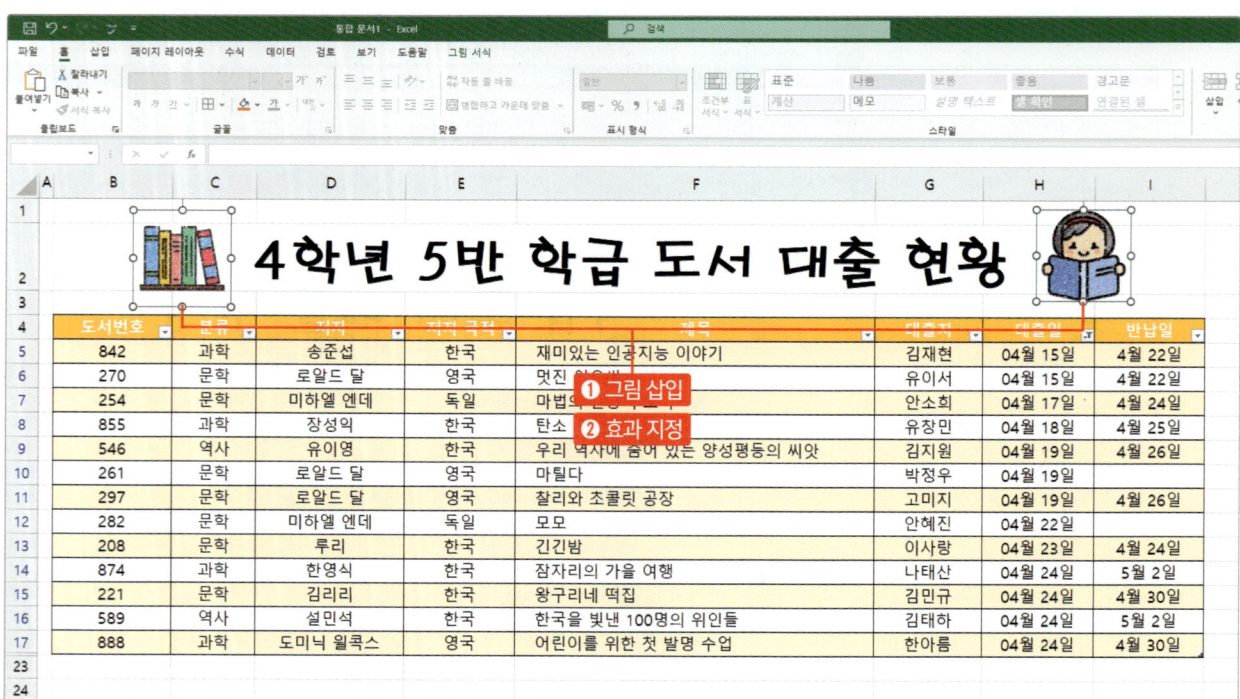

실력 쑥쑥! 창의력 쑥쑥!

1 다음과 같이 조건에 맞는 태권도 시합 참가자 명단을 완성해 보세요.

예제파일 태권도필터.xlsx   **완성파일** 태권도필터(완성).xlsx

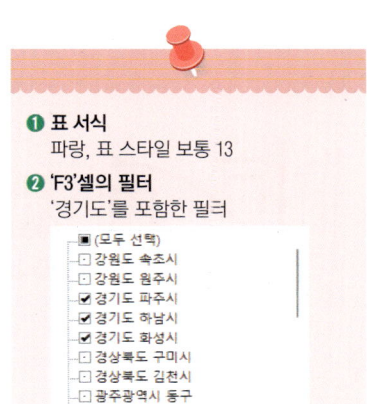

❶ 표 서식
파랑, 표 스타일 보통 13

❷ 'F3'셀의 필터
'경기도'를 포함한 필터

---

2 다음과 같이 조건에 맞는 미술 작품 분류표를 완성해 보세요.

예제파일 미술필터.xlsx   **완성파일** 미술필터(완성).xlsx

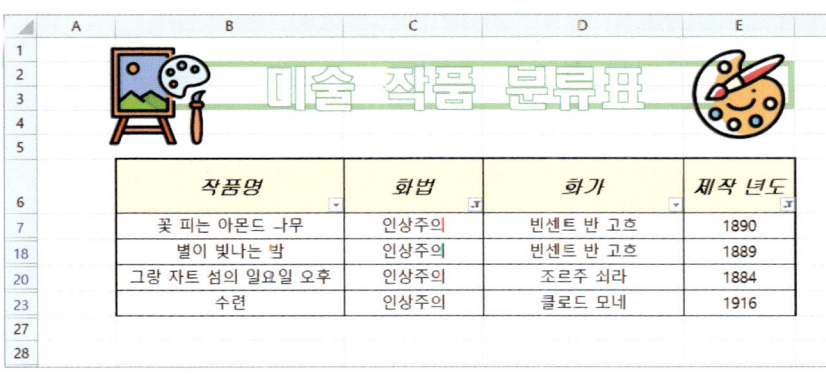

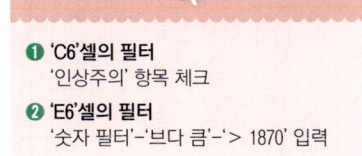

❶ 'C6'셀의 필터
'인상주의' 항목 체크

❷ 'E6'셀의 필터
'숫자 필터'-'보다 큼'-'> 1870' 입력

CHAPTER 08 우리반 성적표

오늘의 미션
- 총점과 평균 구하기
- 최고점수와 최저점수 구하기
- 그림 삽입 후 투명한 색 설정하기

자료 전체의 합을 자료의 개수로 나누어 나오는 값을 **평균**이라고 합니다. 값들의 중간이 되는 값이기도 한 평균을 알면 어떤 값이 평균 이상인지, 이하인지 구분할 수 있는 기준이 됩니다.

작품 미리보기

예제파일 성적표.xlsx, 학생.png **완성파일** 성적표(완성).xlsx

우리반 성적표

성명	국어	수학	사회	과학	영어	총점	평균
이재현	87	91	77	63	87	405	81.00
최한빛	78	93	93	74	66	404	80.80
강찬우	68	93	74	70	87	392	78.40
장한나	87	73	93	98	90	441	88.20
방시은	94	88	74	89	90	435	87.00
김나라	96	81	85	70	76	408	81.60
진대호	89	90	79	84	97	439	87.80
박찬미	75	82	98	76	68	399	79.80
한정우	99	81	79	85	90	434	86.80
최고점수	99	93	98	98	97		
최저점수	68	73	74	63	66		

01 총점과 평균 구하기

자동 합계 기능으로 총점과 평균을 구합니다.

1 Excel 2021을 실행한 다음 '성적표.xlsx'파일을 불러온 후 'H5'셀을 클릭하고 [수식] 탭의 [함수 라이브러리] 그룹에서 [자동 합계]를 클릭합니다. 'H5'셀에 '=SUM(C5:G5)'가 자동으로 입력되면 확인 후 Enter 키를 누릅니다.

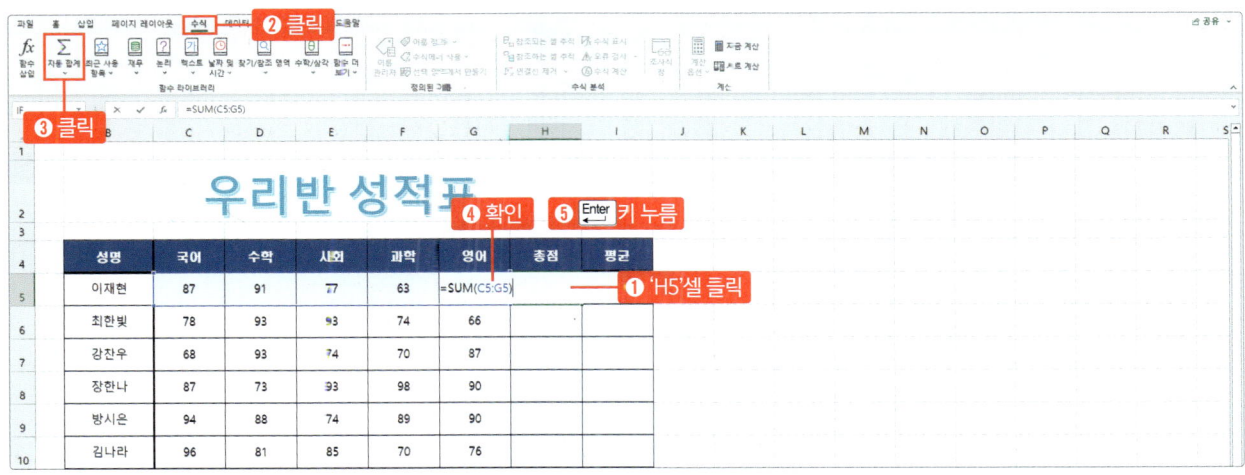

2 'I5'셀을 클릭한 다음 [수식] 탭의 [함수 라이브러리] 그룹에서 '자동 합계'의 드롭 다운 메뉴에서 [평균]을 클릭합니다. 'I5'셀에 '=AVERAGE(C5:H5)'가 자동으로 입력되면 셀 범위를 다시 드래그하여 'C5:G5'로 영역을 지정한 후 Enter 키를 누릅니다.

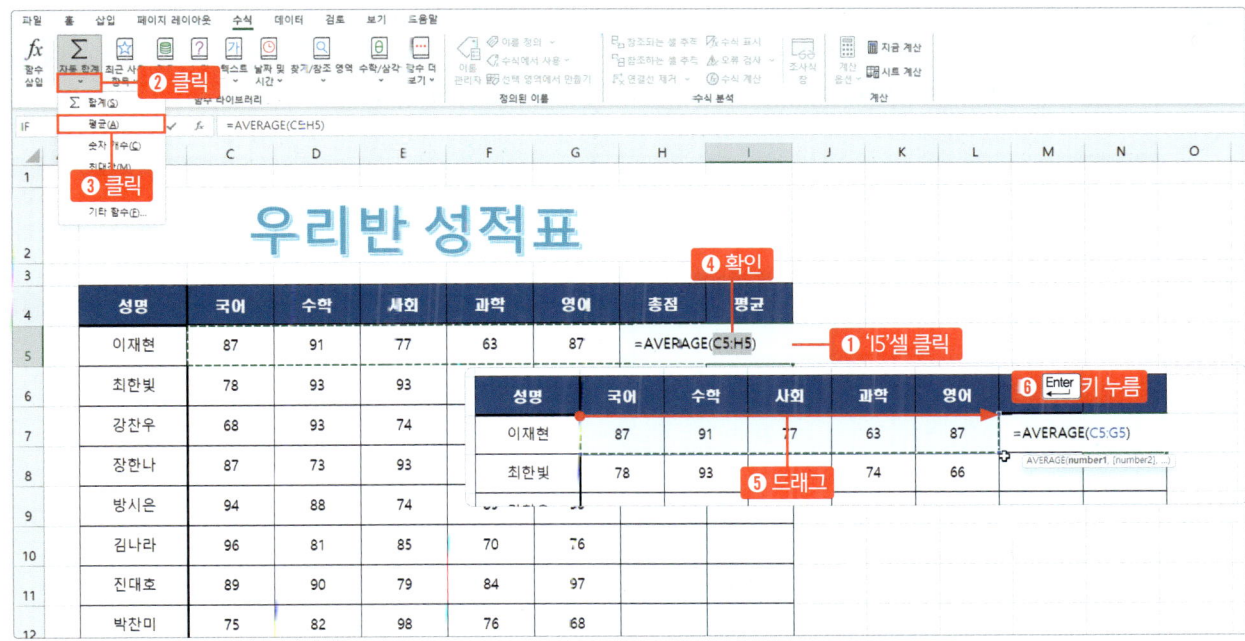

3 'H5:I5'를 영역지정한 후 채우기 핸들을 사용하여 'H13:I13'까지 드래그하여 입력합니다.

02 최고 점수와 최저 점수 구하기

함수를 사용하여 과목별 최고 점수와 최저 점수를 구합니다.

① 'C14'셀을 클릭한 다음 [수식] 탭의 '자동 합계' 드롭 다운 메뉴의 [최대값]을 클릭합니다. '=MAX(C5:C13)'이 자동으로 입력되면 Enter 키를 눌러 최대값을 구하고 'C14'셀의 채우기 핸들을 'G14'셀까지 드래그하여 데이터를 입력합니다.

② 'C15'셀을 클릭한 후 [수식] 탭의 '자동 합계' 드롭 다운 메뉴에서 [최소값]을 선택하면 '=MIN(C5:C14)'가 자동으로 입력됩니다. 이 때 셀 범위를 다시 드래그하여 'C5:C13'으로 영역을 지정한 후 Enter 키를 눌러 최소값을 구하고 'C15'셀의 채우기 핸들을 'G15'셀까지 드래그하여 자동 채우기를 합니다.

03 그림 삽입 후 투명한 색 설정하기

그림을 삽입한 후 그림 중 배경색을 투명하게 설정합니다.

① [삽입] 탭의 [일러스트레이션] 그룹에서 [그림]-[이 디바이스]를 클릭하여 '학생.png' 그림을 삽입한 후 그림을 선택한 상태에서 [그림 서식] 탭의 [조정] 그룹에서 [색]-[투명한 색 설정]을 클릭합니다.

② 변경된 마우스 포인터의 모양을 확인하고 투명하게 설정하고자 하는 배경의 색상(회색 부분)을 클릭하여 설정합니다.

CHAPTER 08 - 우리반 성적표 051

③ 그림을 선택한 상태로 [그림 서식] 탭의 [크기] 그룹에서 [자르기]를 클릭한 후 마우스로 드래그하여 필요한 부분의 영역을 지정하고 그림 영역 밖을 클릭하여 잘라낸 후 크기 및 위치를 조절합니다.

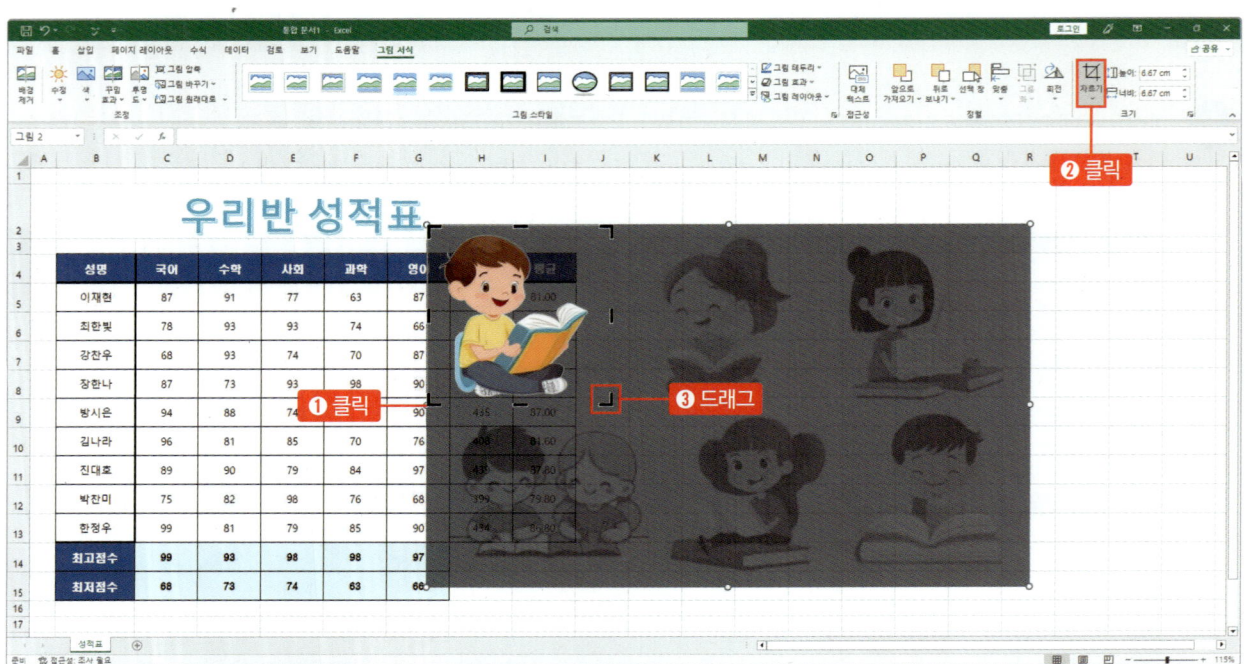

④ ❶~❸과 같은 방법으로 그림을 삽입한 후 투명한 배경을 만들어 원하는 그림을 잘라내고 적절한 위치에 배치합니다.

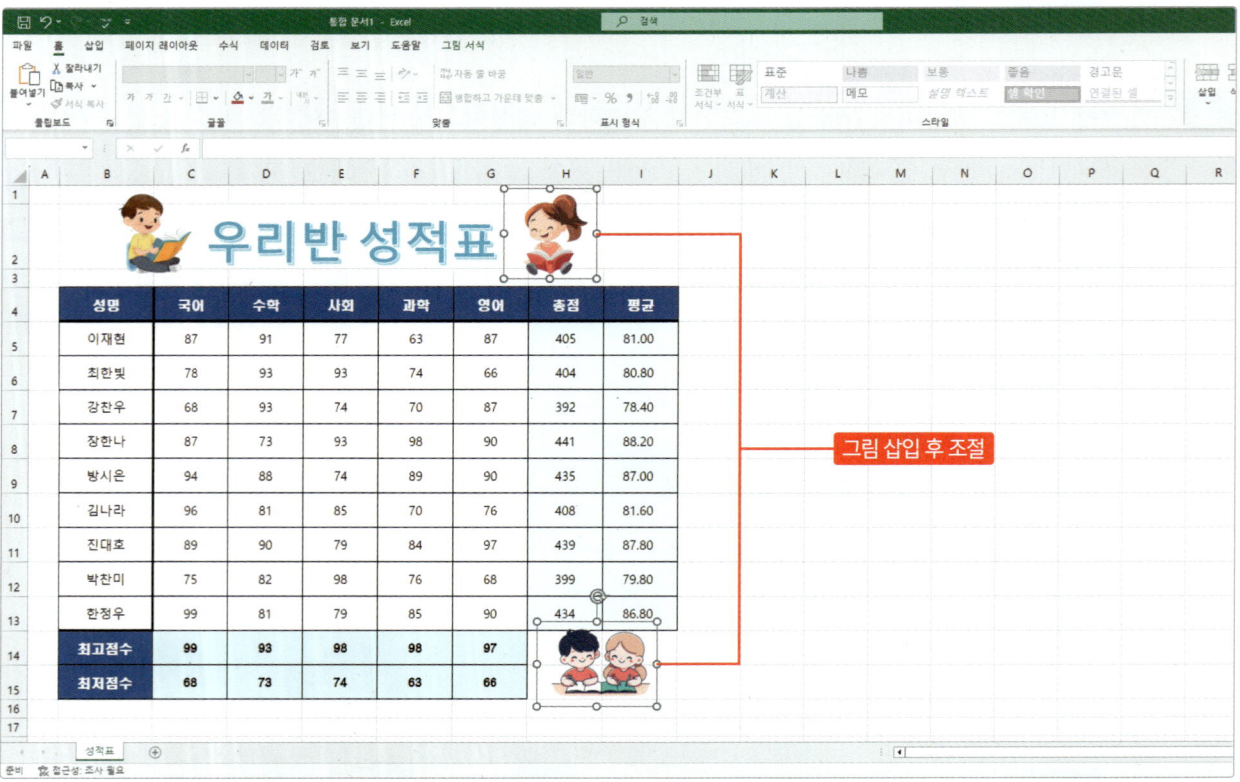

실력 쑥쑥! 창의력 쑥쑥!

1 다음과 같은 코딩 경진대회 점수표를 완성해 보세요.

예제파일 코딩.png　　**완성파일** 코딩대회(완성).xlsx

❶ 병합하고 가운데 맞춤
- 'B2:F2'

❷ 'F5'='SUM(C5:E5)', 채우기 핸들

❸ 그림 삽입
'코딩.png'
- 투명한 색 지정
- 자르기

❹ 서식 임의지정

2 다음과 같은 어린이 코딩 경진대회 최고점, 최저점을 완성해 보세요.

예제파일 코딩대회1.xlsx　　**완성파일** 코딩대회점수(완성).xlsx

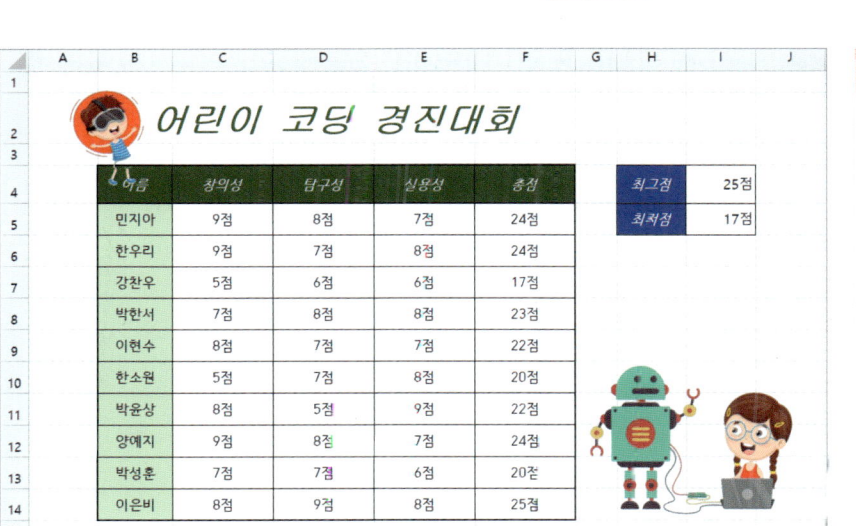
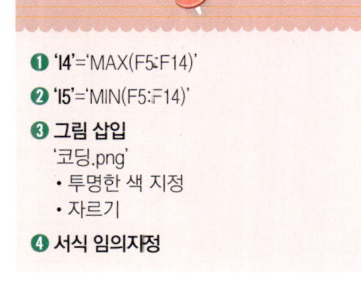

❶ 'I4'='MAX(F5:F14)'

❷ 'I5'='MIN(F5:F14)'

❸ 그림 삽입
'코딩.png'
- 투명한 색 지정
- 자르기

❹ 서식 임의지정

출석체크

오늘의 미션
- 데이터를 입력하고 서식 설정하기
- COUNTA 함수를 사용하기
- COUNTBLANK 함수를 사용하기

출석부는 주로 학교에서 사용하며 학생들의 수업 참석 여부를 작성하는 장부를 말합니다. 학생의 출결상황을 한눈에 볼 수 있도록 정리되어 있어 학급 학생들의 성실함을 알 수 있는 자료이기도 합니다.

 작품 미리보기

예제파일 학용품1~6.png   **완성파일** 출석부(완성).xlsx

5학년 해람반 출석부

번호	이름	9월 22일	9월 23일	9월 24일	9월 25일	9월 26일	출석일	결석일
1	강해린	O	O		O	O	4일	1일
2	김민지	O		O	O	O	4일	1일
3	나재민	O	O	O	O		4일	1일
4	도경수	O		O		O	3일	2일
5	민경훈	O	O	O			3일	2일
6	박지원	O		O	O	O	4일	1일
7	배수지	O	O	O		O	4일	1일
8	송하영	O	O			O	3일	2일
9	오세훈	O	O		O	O	4일	1일
10	이수현	O		O	O		3일	2일
11	정채연	O		O	O	O	4일	1일
12	한유진	O	O	O		O	4일	1일

01 데이터를 입력하고 서식 설정하기

데이터를 입력하고 글꼴, 채우기 등 서식 설정 및 그림을 삽입합니다.

1. Excel 2021을 실행하고 [새 통합 문서]를 클릭한 후 [Sheet1] 시트의 'B2:J16'에 데이터를 입력합니다. 그 다음 'B2:J2'를 드래그하여 영역을 지정한 후 [홈] 탭의 [맞춤] 그룹에서 [병합하고 가운데 맞춤]을 클릭합니다.

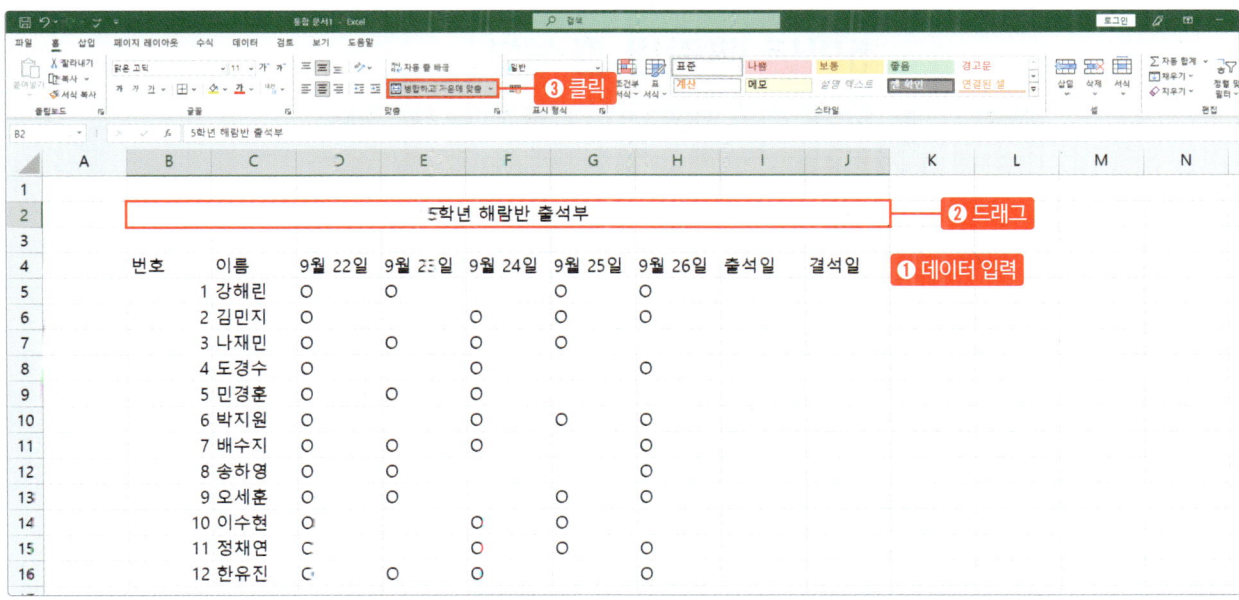

2. 'B2'셀의 글꼴을 'HY헤드라인M', 글꼴 크기를 '28'pt로 설정합니다. 그 다음 'B4:J16'을 드래그하여 영역을 지정하고 글꼴을 '맑은 고딕', 글꼴 크기를 '11'pt, [가운데 맞춤]으로 설정한 다음 열 너비와 행 높이를 적절히 조절합니다.

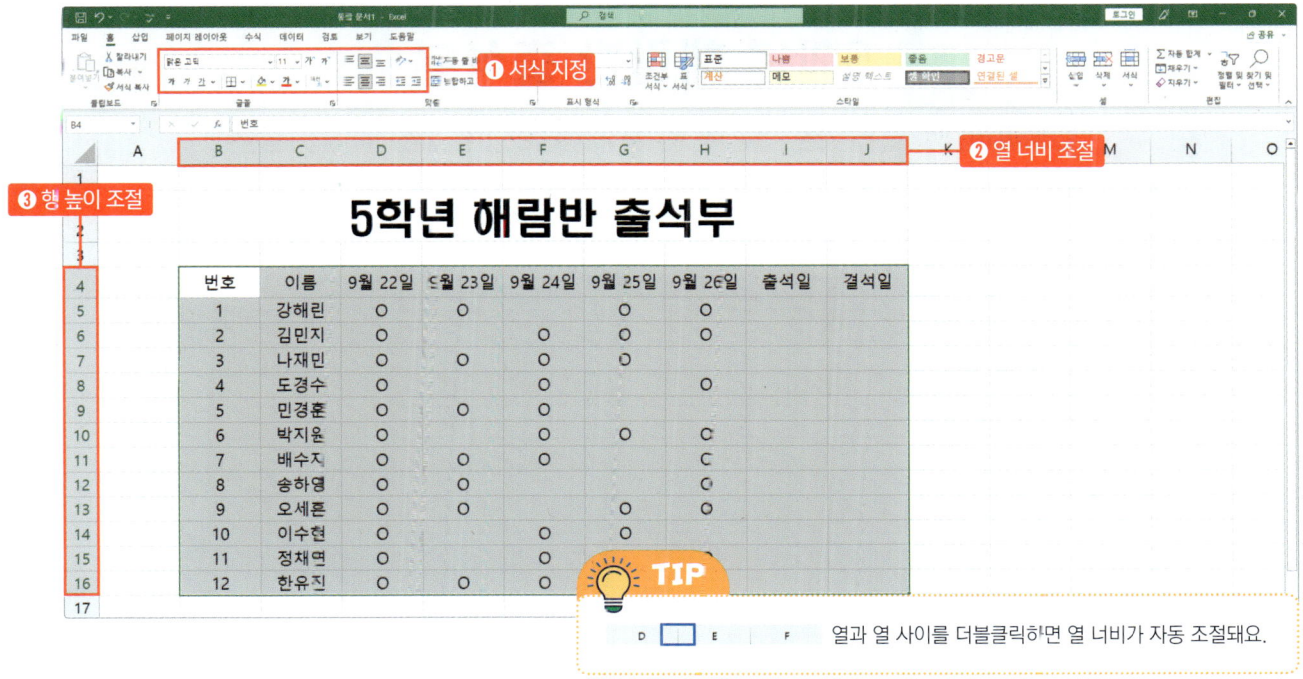

TIP: 열과 열 사이를 더블클릭하면 열 너비가 자동 조절돼요.

③ 'B4:J16'를 드래그하여 선택한 후 [모든 테두리]를 설정합니다. 그 다음 'B4:J4'을 선택하여 '굵게', 채우기 색-'녹색, 강조 6'를 설정한 후 그 외의 셀에는 그림과 같이 '황금색, 강조 4, 80% 더 밝게', '황금색, 강조 4, 60% 더 밝게' 등을 설정합니다.

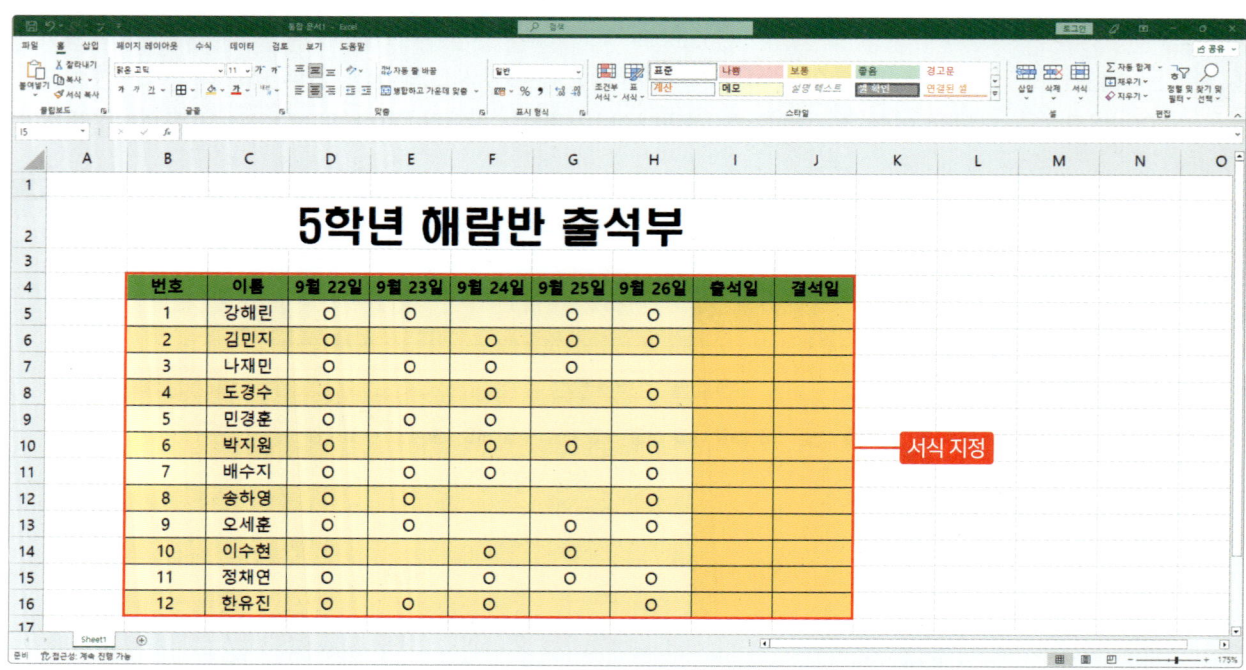

④ 그림 '학용품1~6.png'를 삽입한 후 그림과 같이 크기 및 위치를 변경합니다.

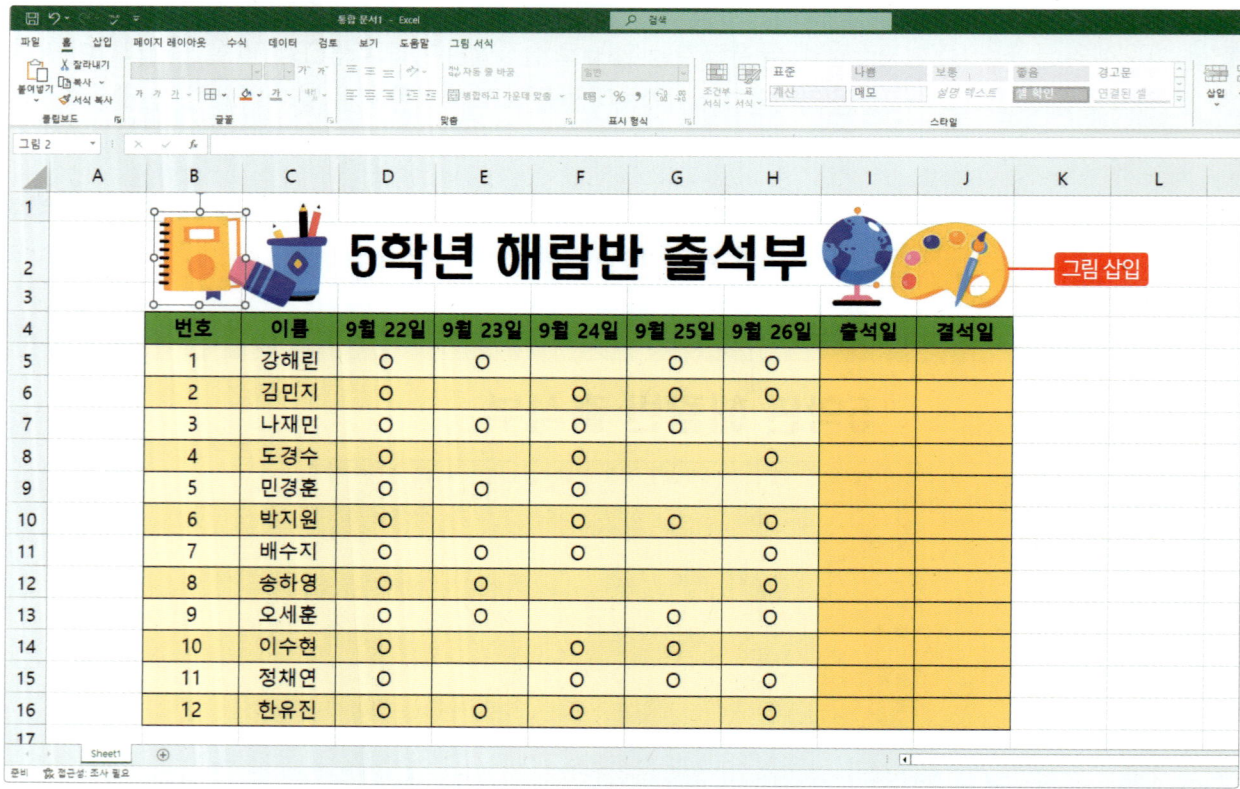

02 COUNTA 함수를 사용하기

COUNTA 함수를 사용하여 출석일을 계산합니다

① 'I5'셀을 클릭한 후 [수식] 탭의 [함수 라이브러리] 그룹에서 [함수 더 보기]의 [통계]를 클릭허 [COUNTA]를 클릭합니다. [함수 인수] 대화상자가 실행되면 Value1의 입력칸에 'D5:H5'를 입력 또는 드래그한 후 [확인]을 클릭합니다.

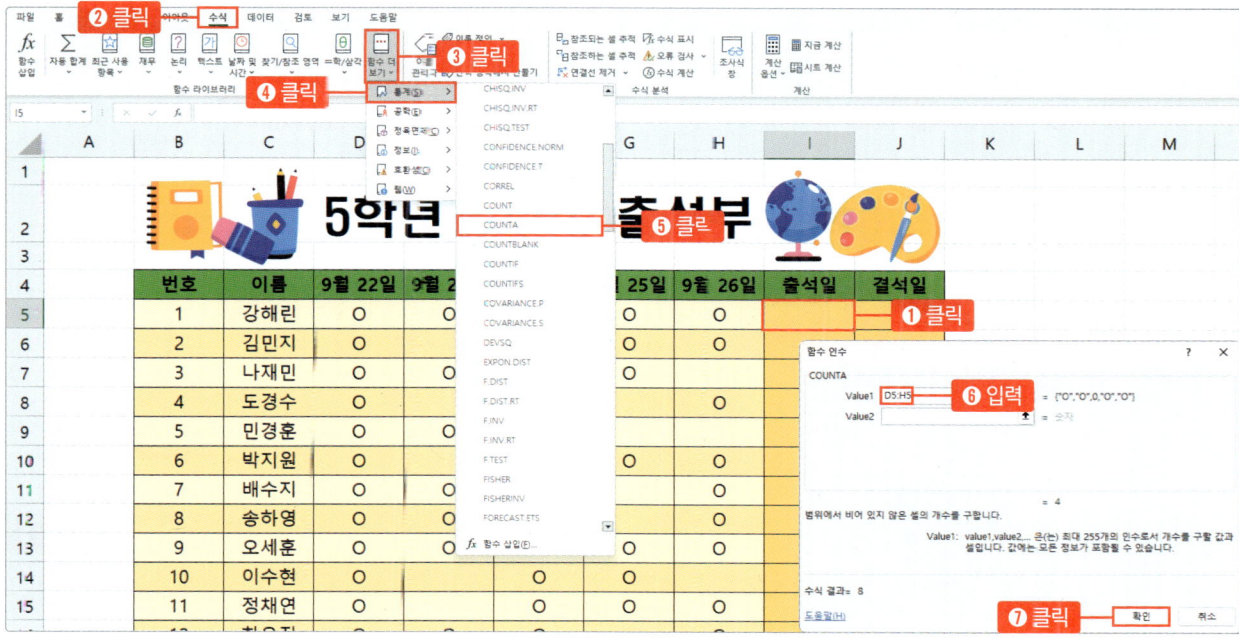

② 'I5'셀 클릭하고 Ctrl+1 키를 누릅니다. [셀 서식] 대화상자가 실행되면 [표시 형식] 탭을 클릭한 후 범주는 '사용자 지정', 형식은 'G/표준"일"'로 입력한 후 [확인]을 클릭합니다. 이어서 'I5'셀의 채우기 핸들을 'I16'셀까지 드래그 합니다.

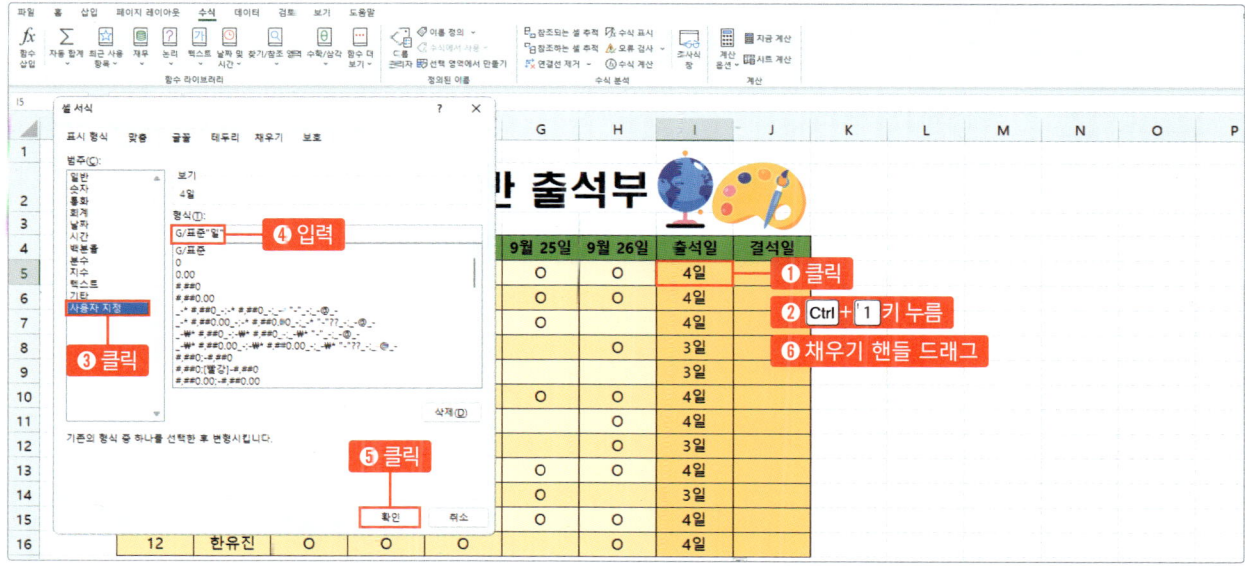

03 COUNTBLANK 함수를 사용하기

COUNTBLANK 함수를 사용하여 결석일을 계산합니다.

① 'J5'셀을 클릭한 후 [수식] 탭의 [함수 라이브러리] 그룹에서 [함수 더 보기]의 [통계]를 클릭해 [COUNTBLANK]를 클릭합니다. [함수 인수] 대화 상자가 실행되면 Range의 입력칸에 'D5:H5'를 입력 또는 드래그한 후 [확인]을 클릭합니다.

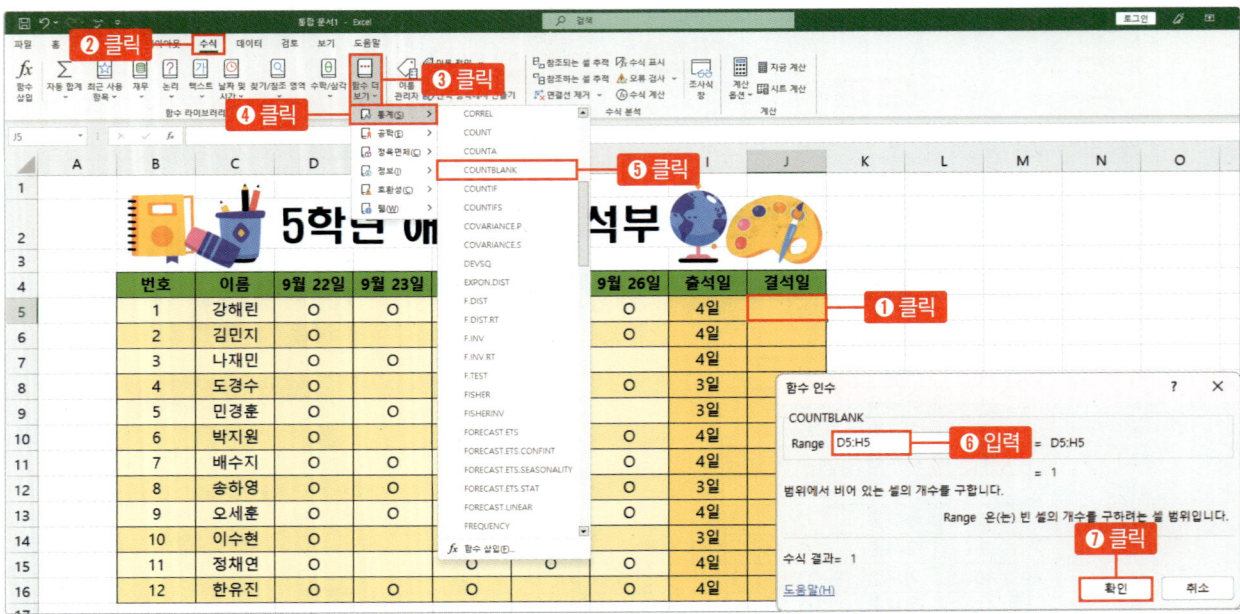

② 'J5'셀을 클릭한 후 Ctrl+1 키를 눌러 [셀 서식] 대화상자가 실행합니다. [표시 형식] 탭을 클릭한 후 범주는 '사용자 지정', 형식은 'G/표준"일"'로 입력한 후 [확인]을 클릭합니다. 'J5'셀의 채우기 핸들을 'J16'셀까지 드래그 합니다.

실력 쑥쑥! 창의력 쑥쑥!

1 다음과 같은 운동현황표를 완성해 보세요.

예제파일: 운동1~2.png   완성파일: 운동(완성).xlsx

① 병합하고 가운데 맞춤
  • 'B2:J2'
② 'J5' : '=COUNTA(C5:I5)'
③ 표시형식 지정
  'G/표준"회"'
④ 그림 삽입
  '운동1~2.png'

2 다음과 같은 봉사활동 참여현황표를 완성해 보세요.

예제파일: 봉사1~2.png   완성파일: 봉사활동(완성).xlsx

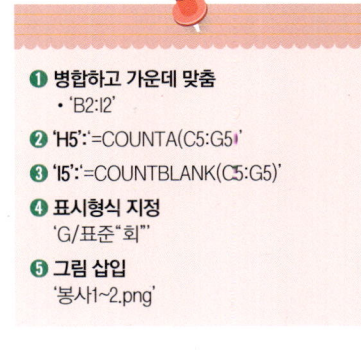

① 병합하고 가운데 맞춤
  • 'B2:I2'
② 'H5' : '=COUNTA(C5:G5)'
③ 'I5' : '=COUNTBLANK(C5:G5)'
④ 표시형식 지정
  'G/표준"회"'
⑤ 그림 삽입
  '봉사1~2.png'

CHAPTER 10
차곡차곡 독서기록장

오늘의 미션
- 데이터를 입력하고 서식 설정하기
- CHOOSE 함수와 WEEKDAY 함수를 사용하기
- 그림 삽입하고 꾸미기
- 특수 문자 입력하기

어떠한 책을 읽고 난 다음 그 책에 관련된 내용을 기록한 문서를 독서기록장이라고 합니다. 독서 기록장에는 책에 관한 정보와 책을 읽은 날짜 등을 기록합니다.

작품 미리보기

예제파일 나무.png, 풀.png, 책.png　　**완성파일** 독서기록장(완성).xlsx

데이터를 입력하고 서식 설정하기

데이터를 입력하고 독서기록장의 모양에 따라 서식을 설정합니다.

1 Excel 2021을 실행한 후 [새 통합 문서]를 클릭하고 'A'열의 너비를 '2', 'B'열의 너비를 '17', 'C~F'열의 너비를 '14.5'로 설정합니다. 그 다음 '2'~'4'행의 높이를 '42', '5'행의 높이를 '10', '6'행의 높이를 '400', '7'~'12'행의 높이를 '30'으로 설정합니다.

2 'B2:F4'를 드래그하여 영역을 지정한 후 [홈] 탭의 [글꼴] 그룹에서 [테두리]를 클릭하여 [모든 테두리]를 클릭합니다.

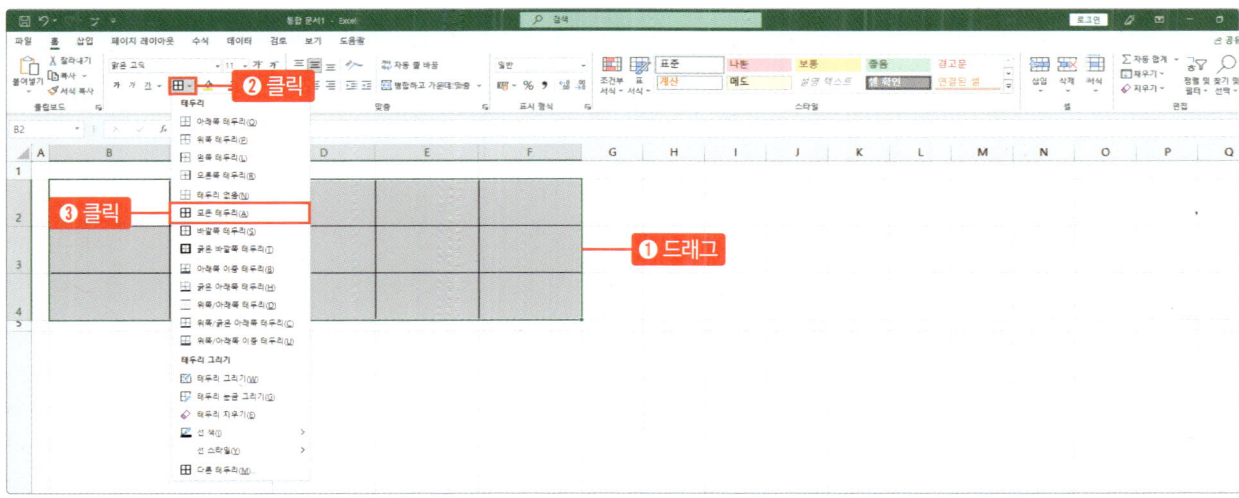

3 'B2:F4', 'B6:F6', 'B7:F12'를 각각 드래그하여 영역을 지정한 후 [홈] 탭의 [글꼴] 그룹에서 [굵은 바깥쪽 테두리]를 클릭합니다.

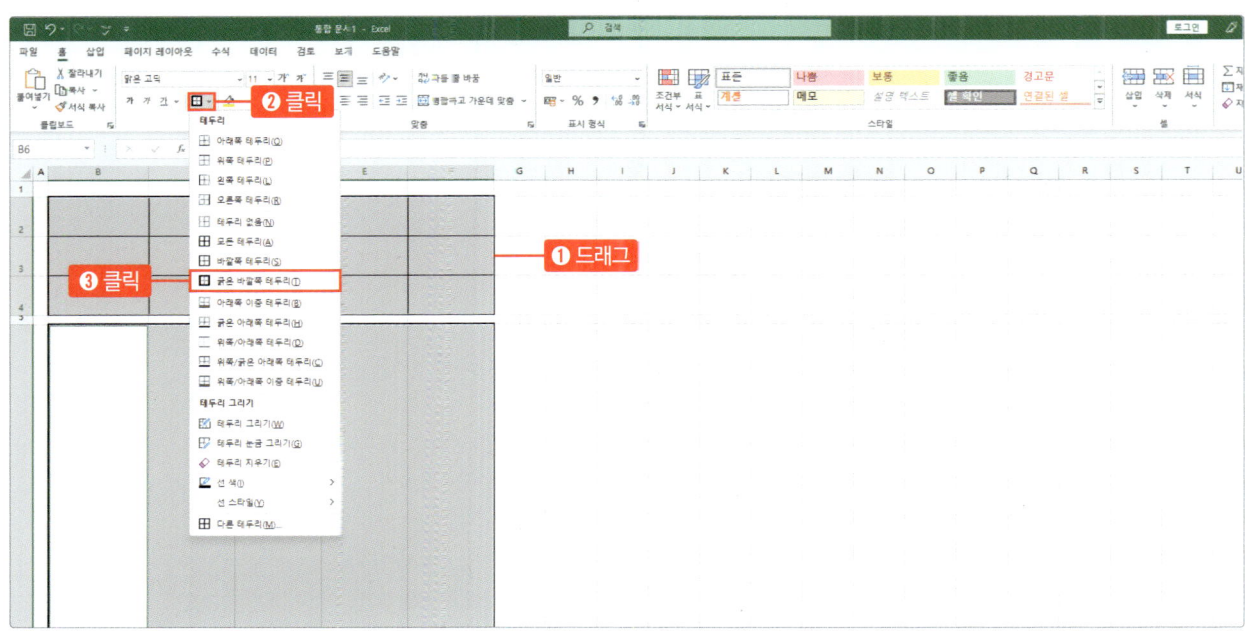

4 'B7:F12'를 드래그하여 영역을 지정한 후 Ctrl+1 키를 눌러 [셀 서식] 대화상자가 실행되면 [테두리] 탭에서 선 스타일을 '점선'으로 클릭하고 테두리의 '가운데 안쪽'을 클릭하여 지정한 후 [확인]을 클릭합니다.

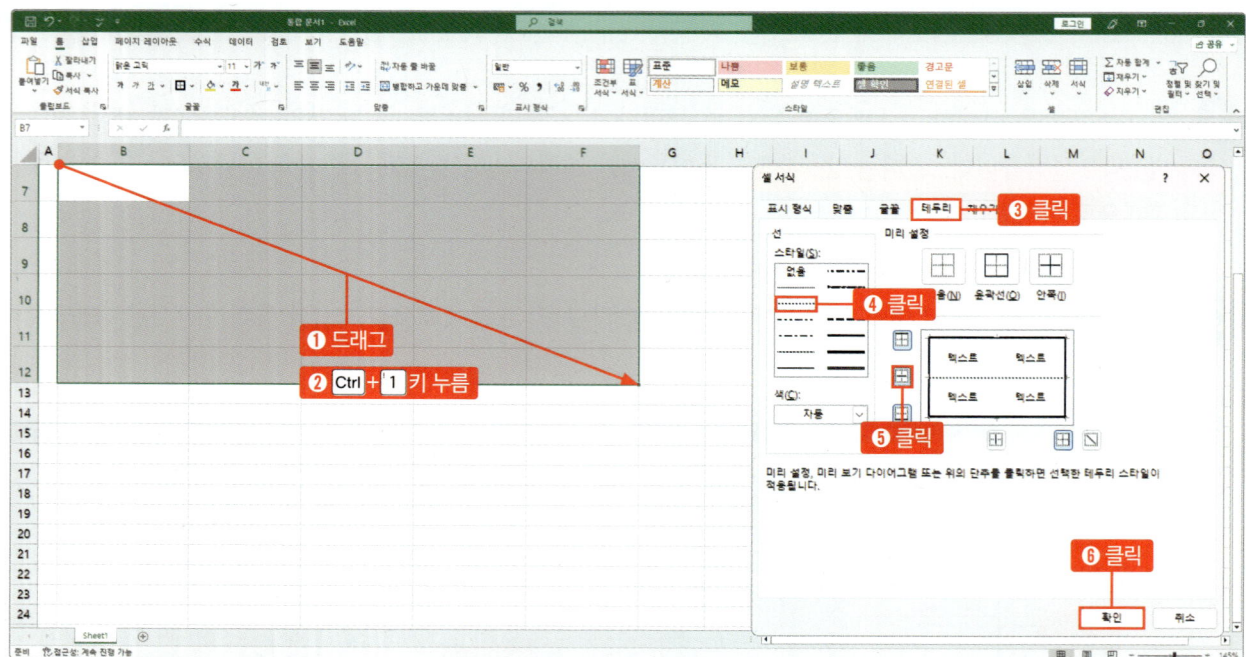

5 그림과 같이 'B2:B4', 'D2:E2', 'D3:F3', 'B6:F6'을 [병합하고 가운데 맞춤]하고, 'C2:C4', 'E4'에는 채우기 색을 임의의 색으로 설정합니다. 이어서 'C2:F4'에 데이터를 입력한 후 글꼴 '휴먼모음T', 글꼴 크기 '14'pt, '가운데 맞춤'을 설정합니다.

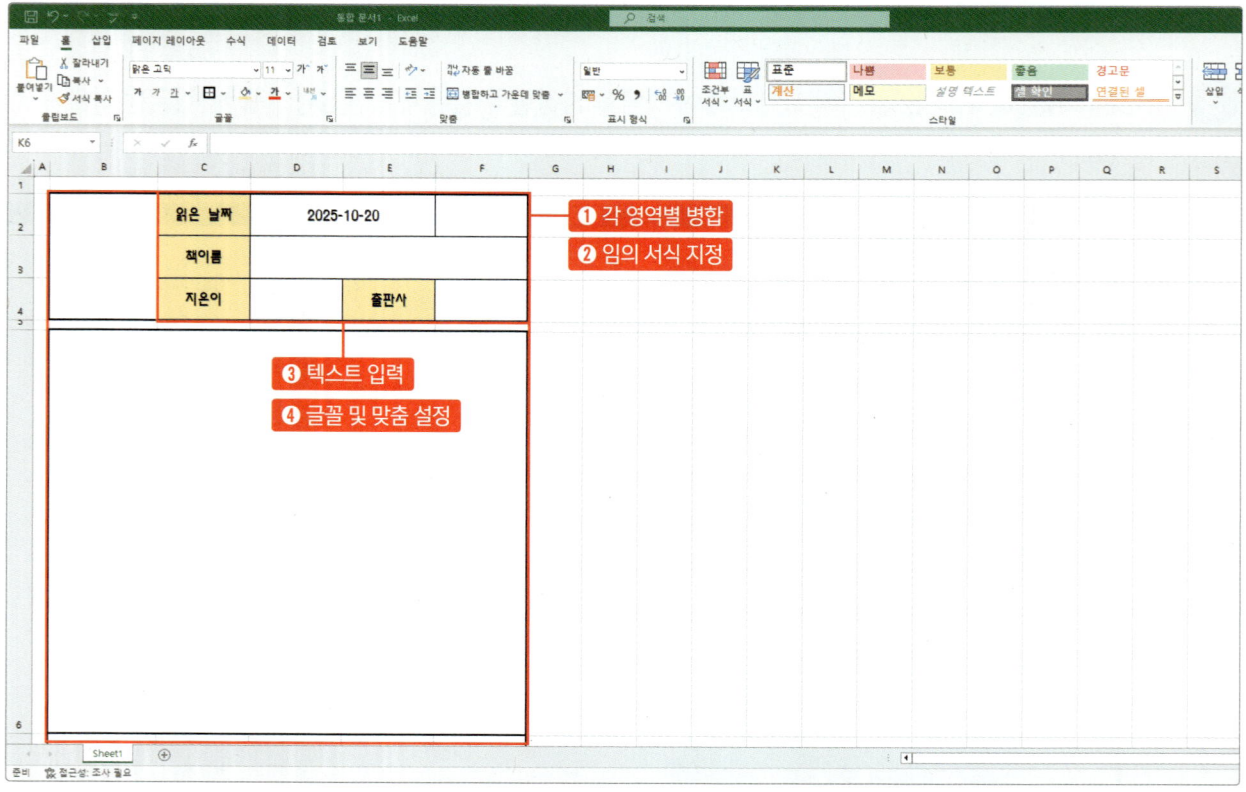

CHOOSE 함수와 WEEKDAY 함수를 사용하기

CHOOSE 함수와 WEEKDAY 함수를 사용하여 요일을 계산합니다.

1. 'F2'셀을 클릭하고 [수식] 탭의 [함수 라이브러리] 그룹에서 [찾기/참조 영역]을 클릭한 후 [CHOOSE]를 클릭합니다. [함수 인수] 대화 상자가 실행되면 Index_num의 입력칸을 클릭하여 커서를 위치시킨 후 [이름상자]를 클릭하여 [함수 추가...]를 클릭합니다.

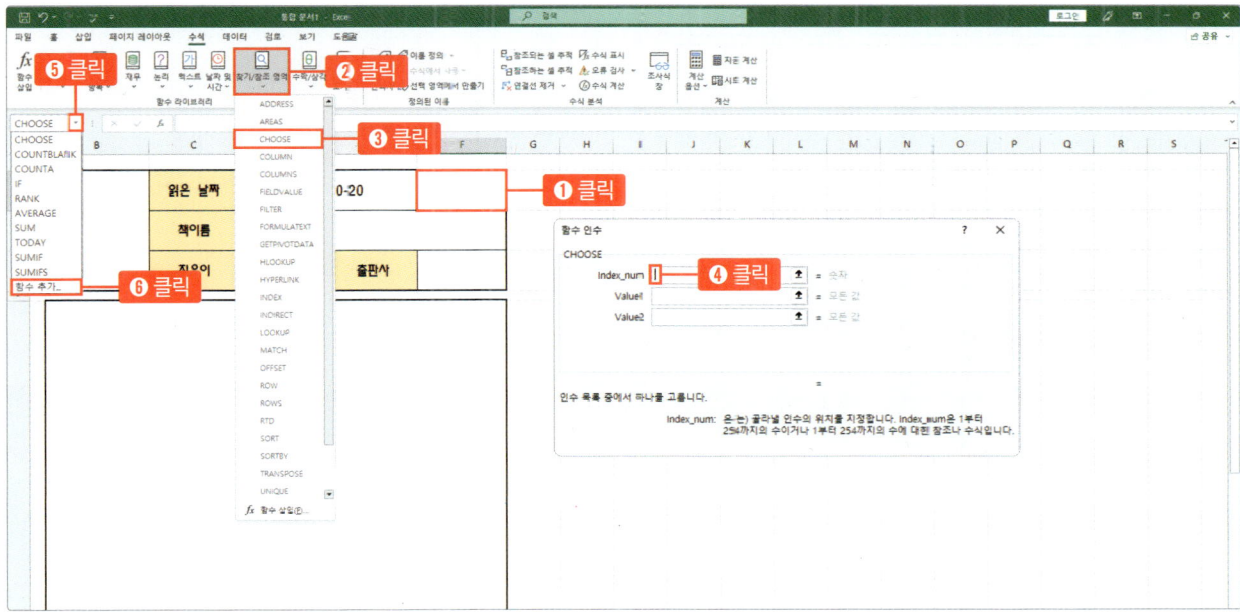

2. [함수 마법사] 대화상자가 실행되면 함수 검색 창에 'WEEKDAY'를 입력한 후 [검색]을 클릭합니다. 함수 선택의 목록 중 'WEEKDAY'를 클릭하고 [확인]을 클릭합니다.

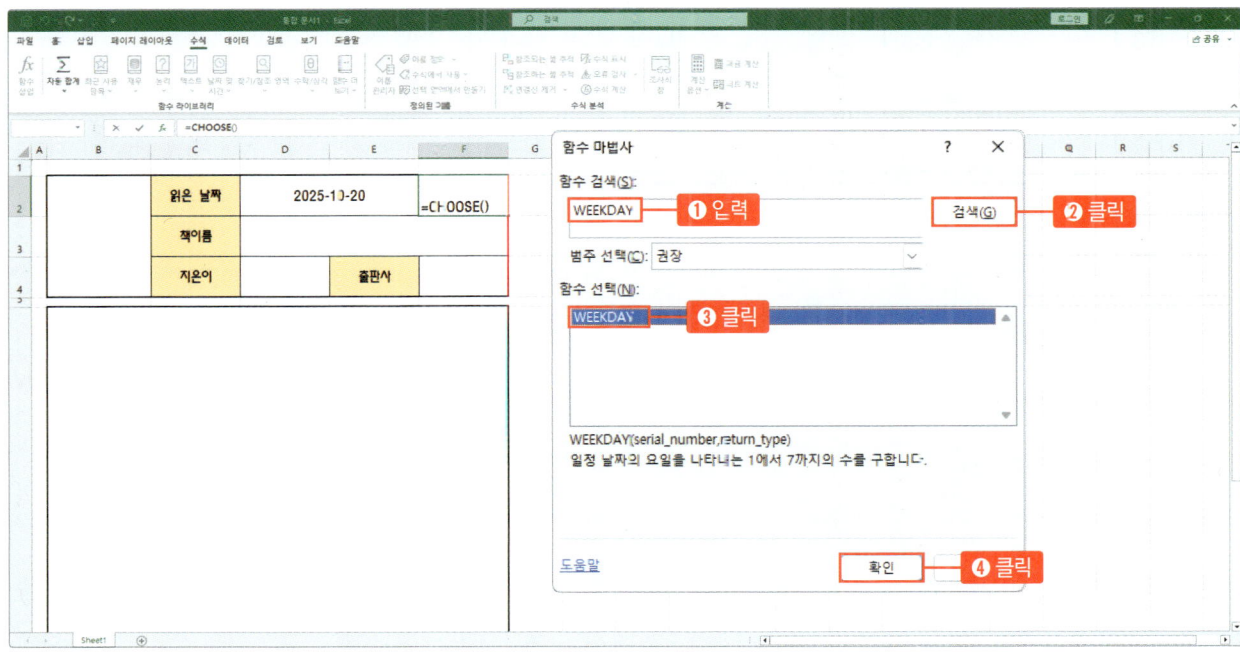

CHAPTER 10 - 차곡차곡 독서기록장

3 WEEKDAY의 [함수 인수] 창이 실행되면 Serial_number의 입력칸을 클릭한 후 'D2'셀을 클릭하여 'D2'를 입력하고, Return_type에 '2'를 입력합니다. 그 다음 [주소 표시줄]에 입력된 'CHOOSE'를 클릭합니다.

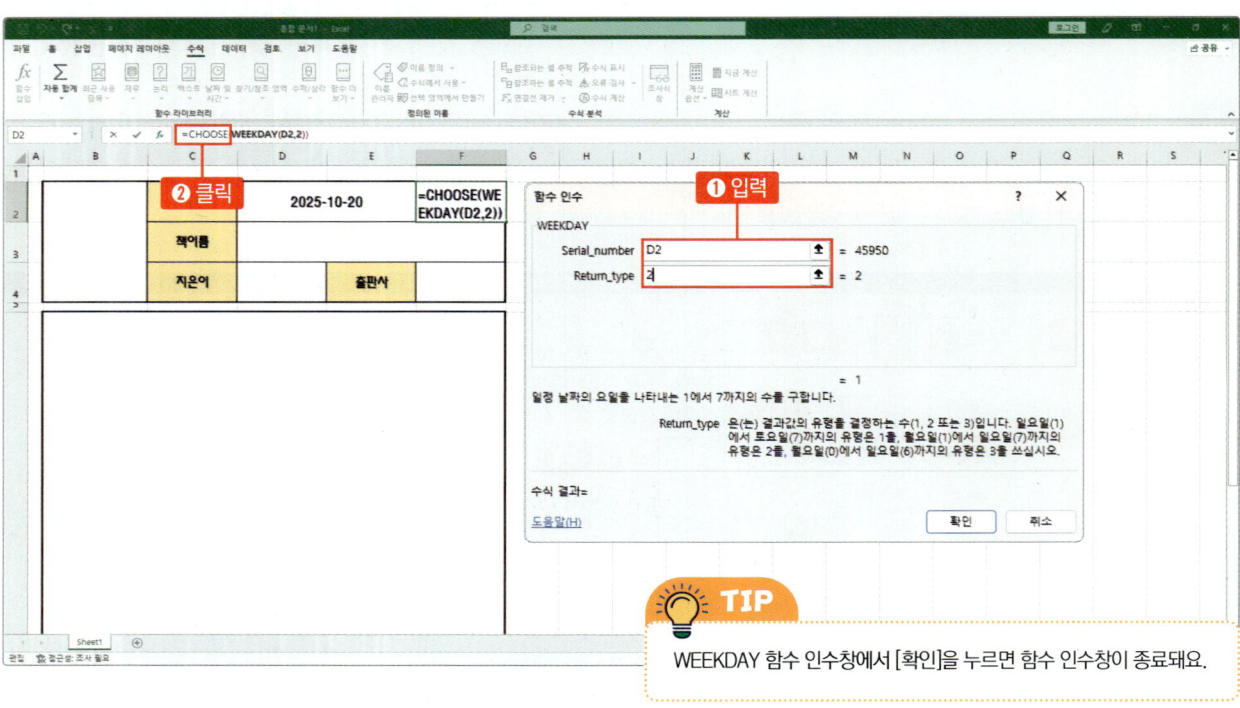

TIP
WEEKDAY 함수 인수창에서 [확인]을 누르면 함수 인수창이 종료돼요.

4 CHOOSE의 [함수 인수] 대화상자에서 Value1의 입력칸에 '월요일', Value2의 입력칸에 '화요일', … Value6의 입력칸에 '토요일', Value7의 입력칸에 '일요일'을 입력한 후 [확인]을 클릭합니다.

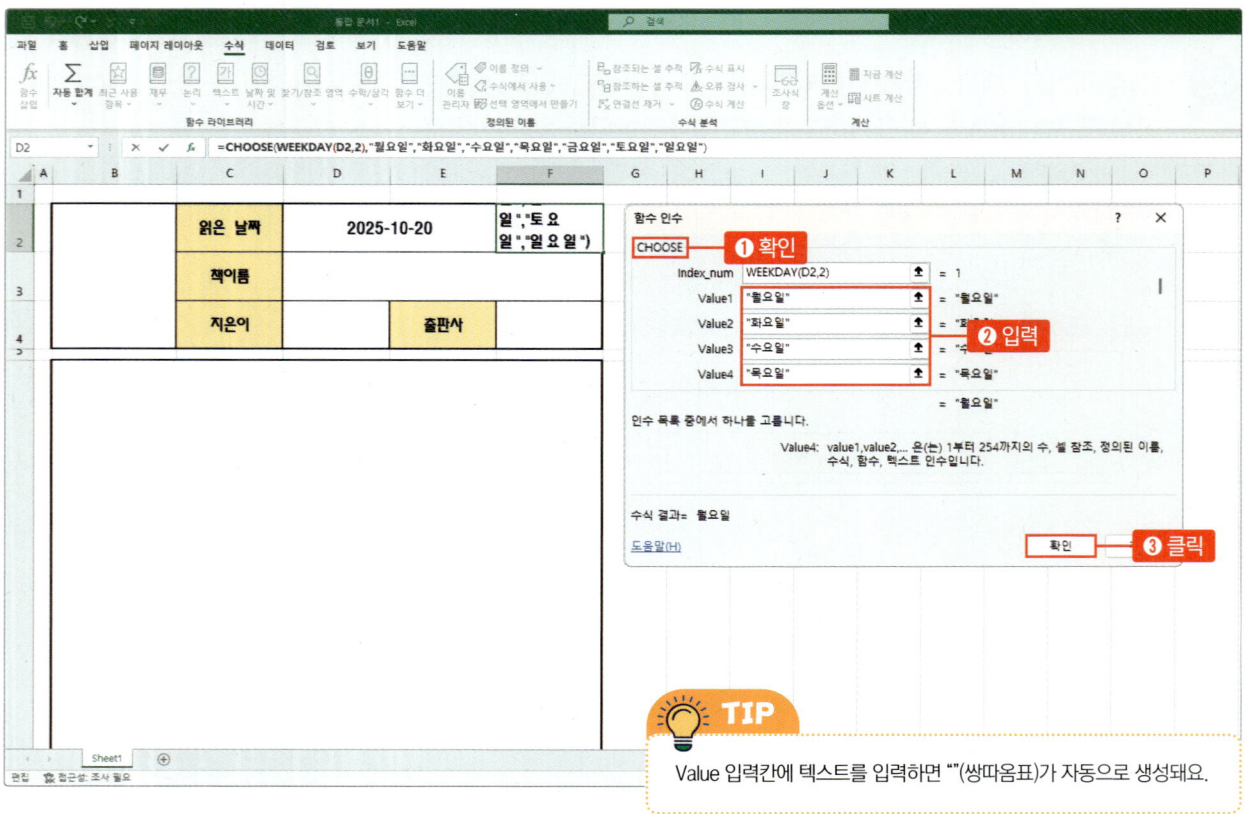

TIP
Value 입력칸에 텍스트를 입력하면 ""(쌍따옴표)가 자동으로 생성돼요.

그림 삽입하고 꾸미기

그림을 삽입하고 스타일을 적용하여 독서기록장을 꾸밉니다.

① '책.png' 그림을 삽입한 후 [그림 서식] 탭의 [그림 스타일] 그룹에서 '사각형 가운데 그림자'를 설정합니다. 이어서 [조정] 그룹의 [꾸밈 효과]-[표식]을 설정합니다.

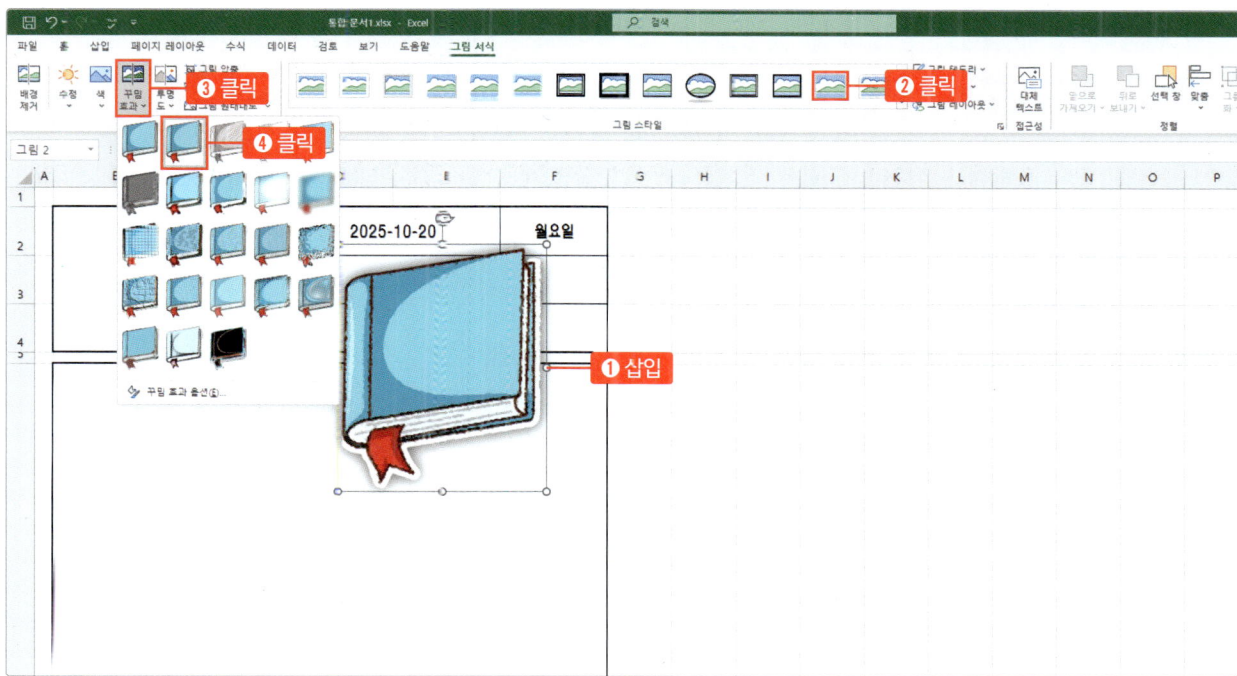

② 그림과 같이 '나무.png', '풀.png' 그림을 삽입한 후 삽입한 그림들의 크기와 위치를 변경합니다.

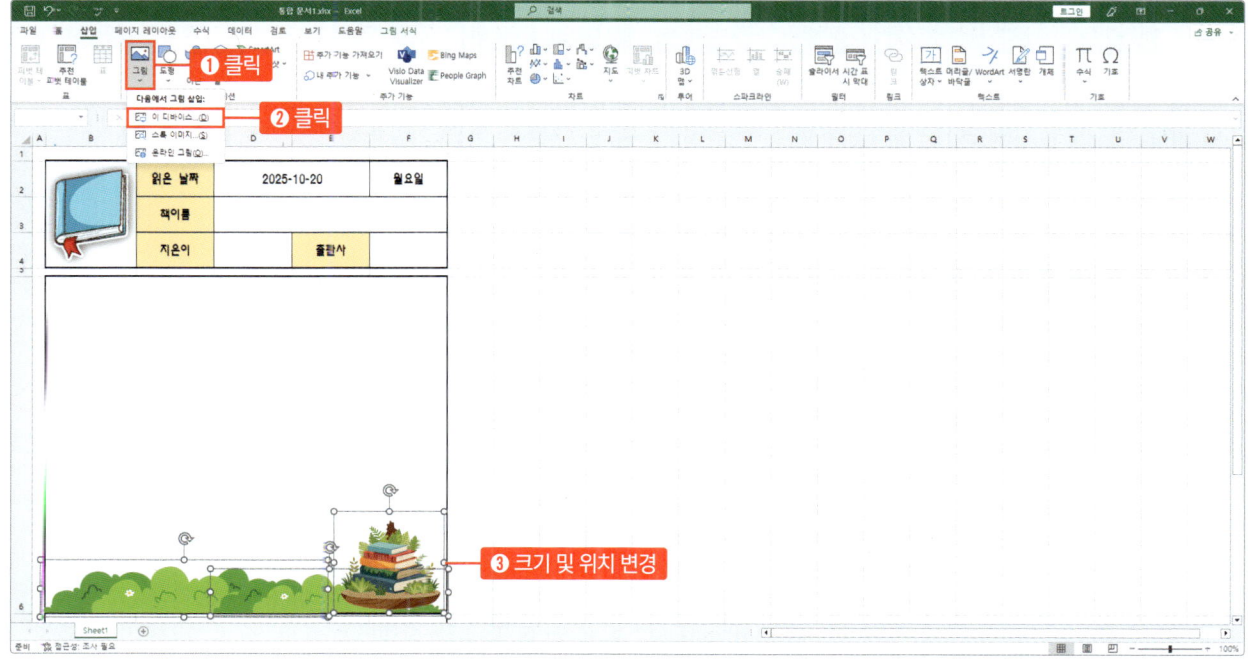

특수 문자 입력하기

한글 자음과 한자 키를 눌러 특수 문자를 입력합니다.

① 'B6'셀에 '인상 깊었던 장면'을 입력하고 글꼴 크기를 '16'pt, '굵게'를 설정한 다음 '위쪽 맞춤', '왼쪽 맞춤'을 클릭합니다.

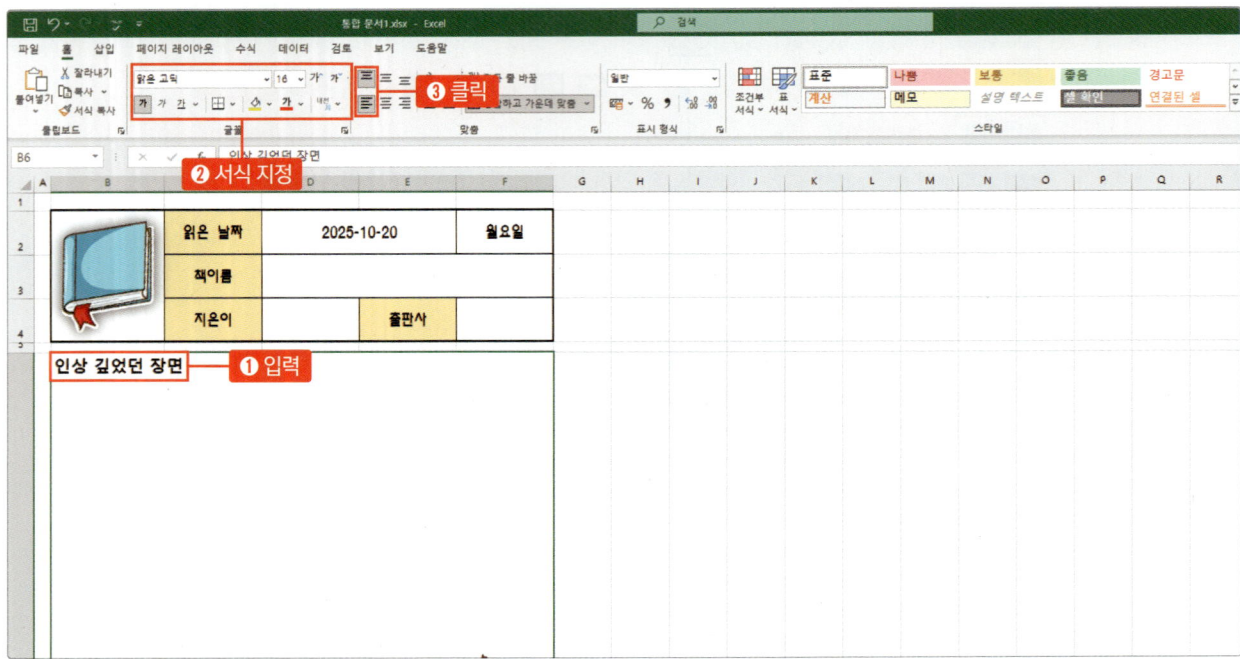

② 'B6'셀에 입력한 텍스트 앞쪽에 커서를 위치시킨 후 'ㅁ'을 입력하고 한자 키를 눌러 사용할 특수 문자를 선택합니다.

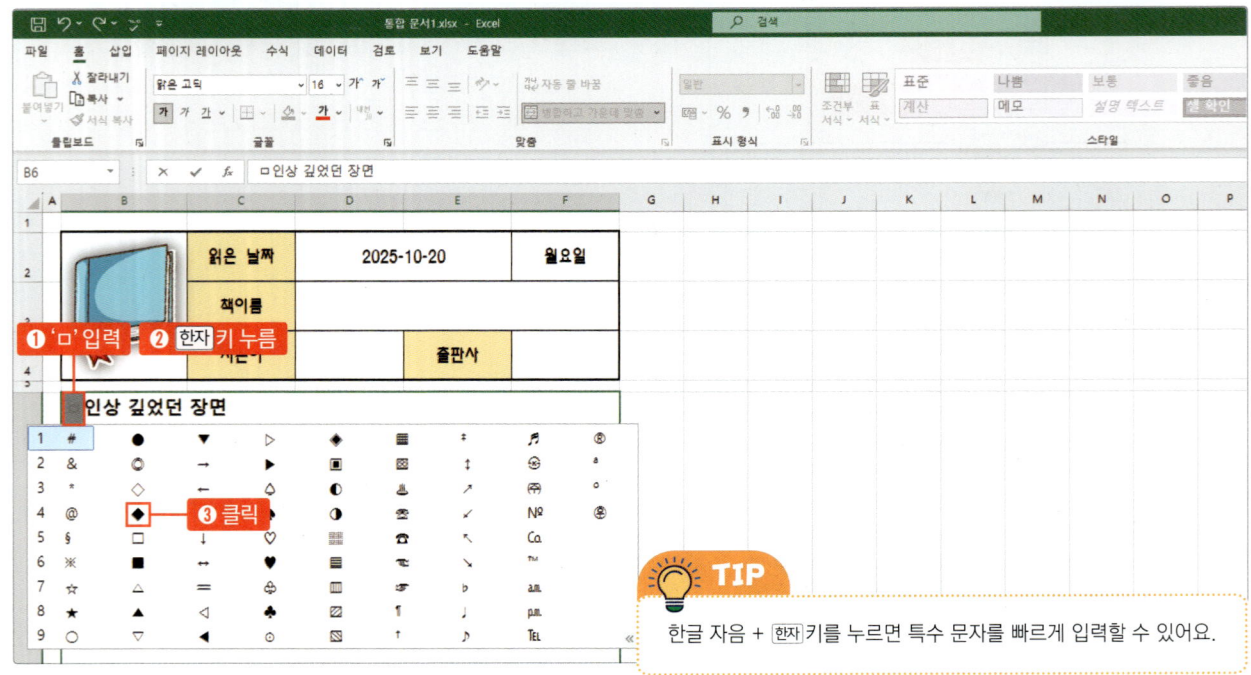

TIP 한글 자음 + 한자 키를 누르면 특수 문자를 빠르게 입력할 수 있어요.

실력 쑥쑥! 창의력 쑥쑥!

1 다음과 같이 국경일과 기념일 표를 완성해 보세요.

예제파일: 없음 완성파일: 국경일과기념일(완성).xlsx

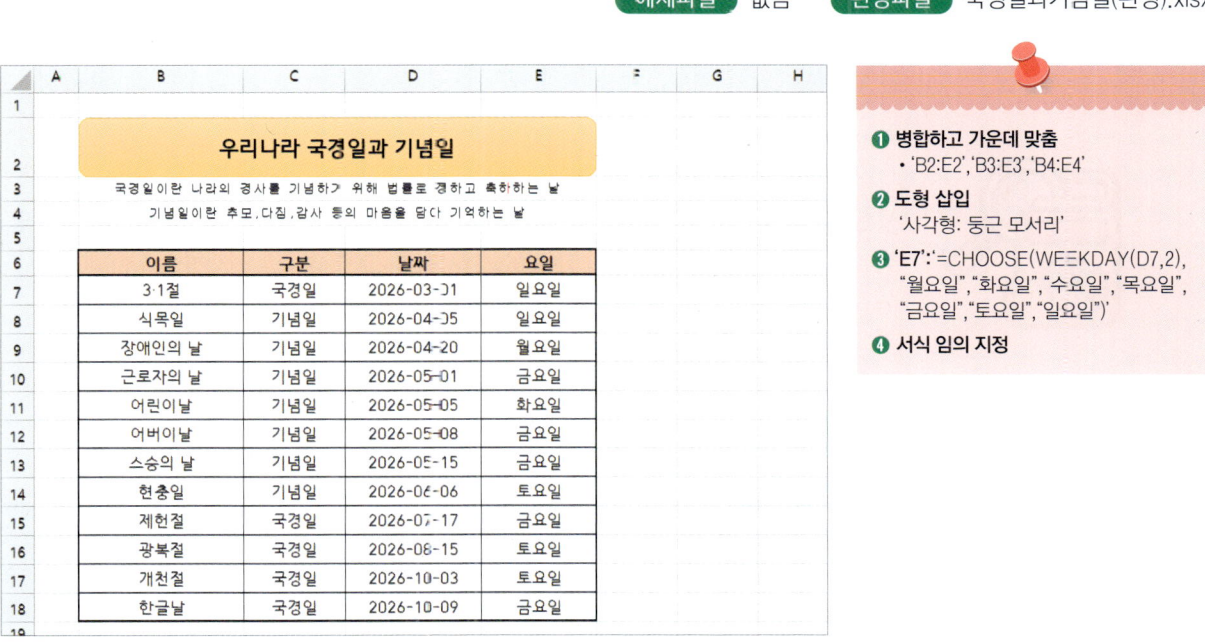

- ① 병합하고 가운데 맞춤
  - 'B2:E2', 'B3:E3', 'B4:E4'
- ② 도형 삽입
  - '사각형: 둥근 모서리'
- ③ 'E7': =CHOOSE(WEEKDAY(D7,2), "월요일", "화요일", "수요일", "목요일", "금요일", "토요일", "일요일")
- ④ 서식 임의 지정

2 다음과 같이 잡지 배송 요일을 완성해 보세요.

예제파일: 잡지.xlsx 완성파일: 잡지(완성).xlsx

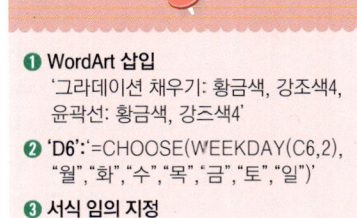

- ① WordArt 삽입
  - '그라데이션 채우기: 황금색, 강조색4, 윤곽선: 황금색, 강조색4'
- ② 'D6': =CHOOSE(WEEKDAY(C6,2), "월", "화", "수", "목", "금", "토", "일")
- ③ 서식 임의 지정

CHAPTER 10 - 차곡차곡 독서기록장

CHAPTER 11
우리반 최애 계절은?

오늘의 미션
- 데이터를 입력하고 서식 설정하기
- 기호 삽입하기
- COUNTIF 함수를 사용하기

선호도란 어떤 대상을 특별히 좋아하는 정도를 뜻합니다. 집단의 선호도를 파악하는 경우, 주로 어떤 주제에 해당하는 여러 항목들을 제시한 후 그 중 하나를 선택하도록 합니다.

작품 미리보기

예제파일 봄1~2.png, 여름1~2.png, 가을1~2.png, 겨울1~2.png   **완성파일** 계절선호도(완성).xlsx

우리반 계절 선호도 조사

NO	이름	좋아하는 계절
1	강하영	여름
2	김진우	봄
3	김현서	가을
4	박수아	가을
5	이다윤	봄
6	이서연	겨울
7	이연우	봄
8	정지후	봄
9	최현준	겨울
10	한재희	가을
11	한지우	겨울

「계절」	「선택인원」
봄	4명
여름	1명
가을	3명
겨울	3명

데이터를 입력하고 서식 설정하기

데이터를 입력하고 글꼴과 테두리 등의 서식을 설정합니다.

1. Excel 2021을 실행하여 [새 통합 문서]를 생성하고 그림과 같이 [Sheet1] 시트의 'B4:D15'에 데이터를 입력한 후 [모든 테두리], [가운데 맞춤]을 설정합니다. 이어서 'B4:D4'에 채우기 색을 '파랑, 강조5, 80% 더 밝게'로 설정하고 행 높이와 열 너비를 적당히 조절합니다.

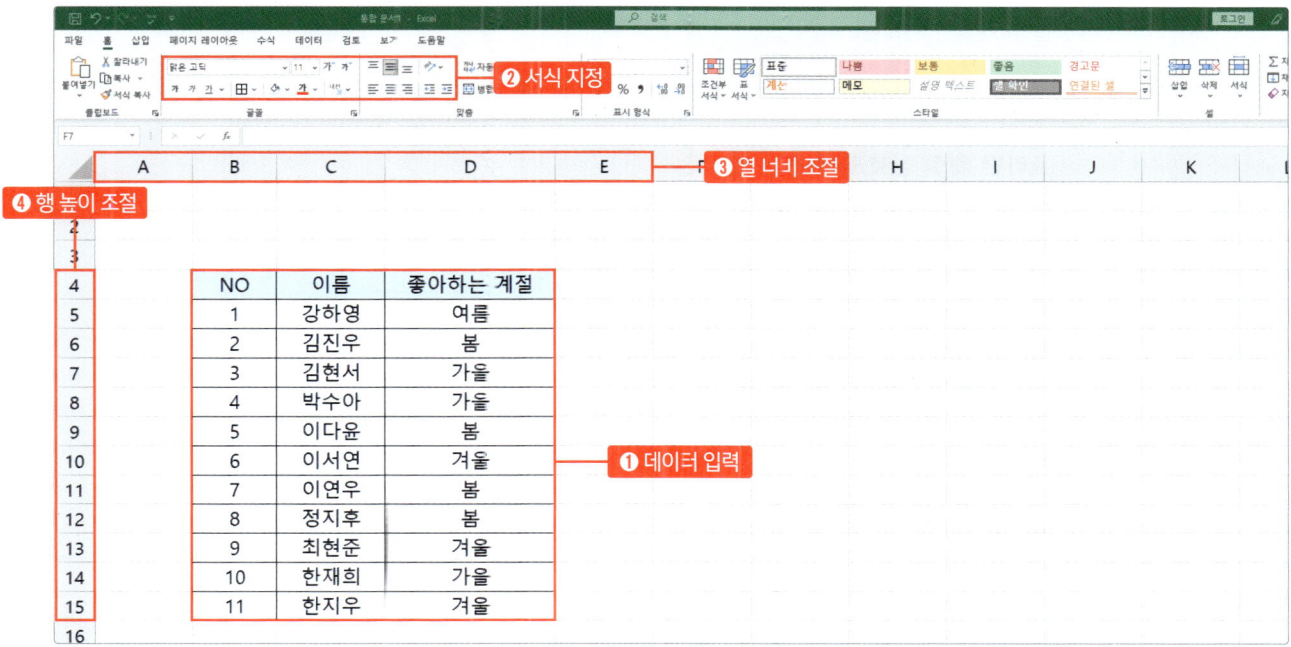

2. 'B2:D2'를 드래그하여 영역을 지정한 후 [병합하고 가운데 맞춤]을 클릭하고 '우리반 계절 선호도 조사'를 입력합니다. 그 다음 [홈] 탭의 [스타일] 그룹에서 [자세히] 버튼을 클릭하여 '제목1' 스타일로 설정합니다.

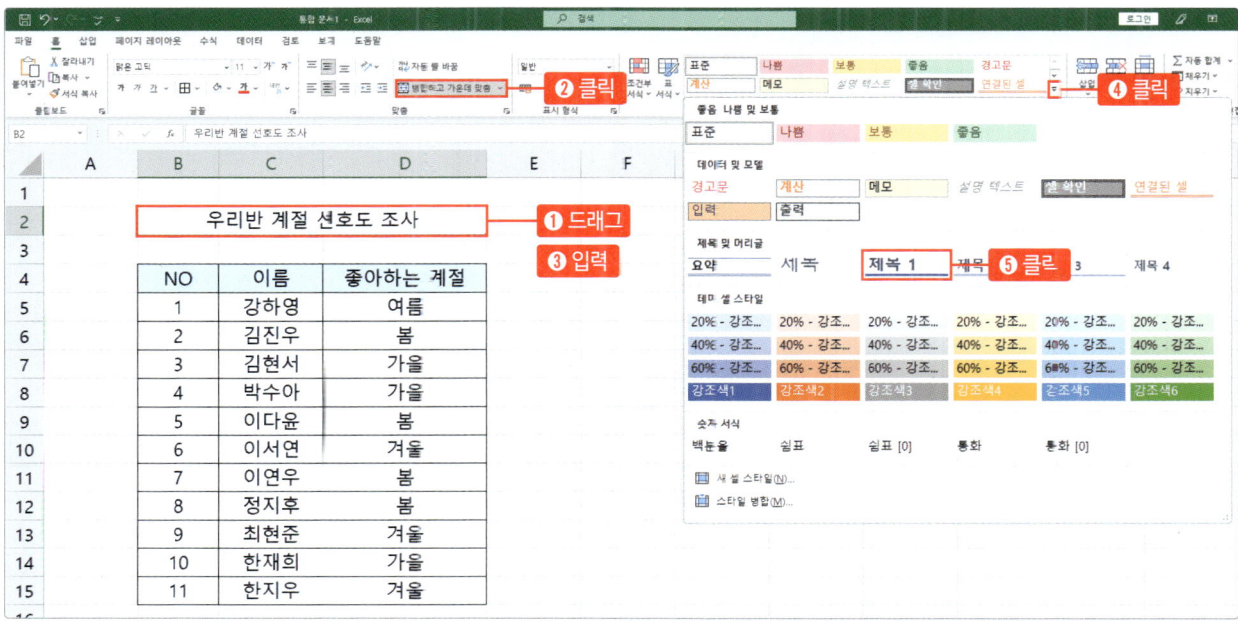

기호 삽입하기

원하는 위치에 기호를 삽입합니다.

1 그림과 같이 'F5:F6', 'F8:F9', 'F11:F12', 'F14:F15', 'H5:H6', 'H8:H9', 'H11:H12', 'H14:H15'를 각각 드래그하여 영역을 지정한 후 [병합하고 가운데 맞춤], [모든 테두리]를 설정합니다. 이어서 열 너비를 적당히 조절합니다.

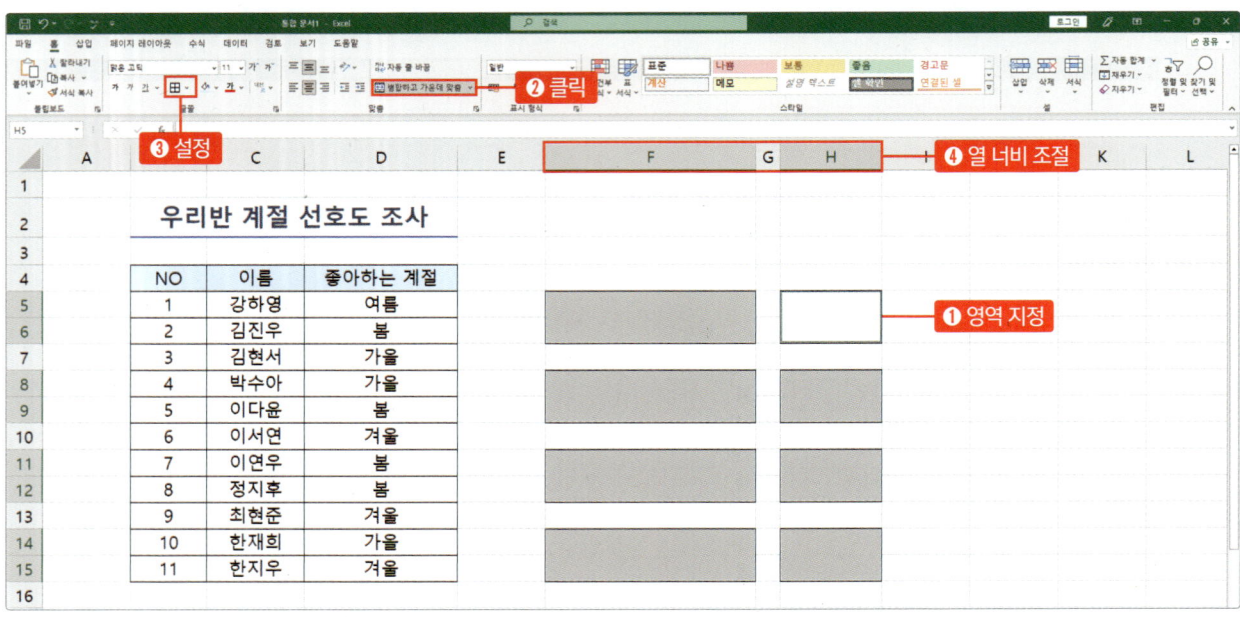

2 그림과 같이 텍스트를 입력한 후 'F4'셀을 클릭하고 [삽입] 탭의 [기호] 그룹에서 [기호]를 클릭합니다. [기호] 대화상자가 실행되면 하위 집합을 '한중일 기호 및 문장 부호'로 선택한 후 기호를 삽입하고 텍스트를 입력합니다.

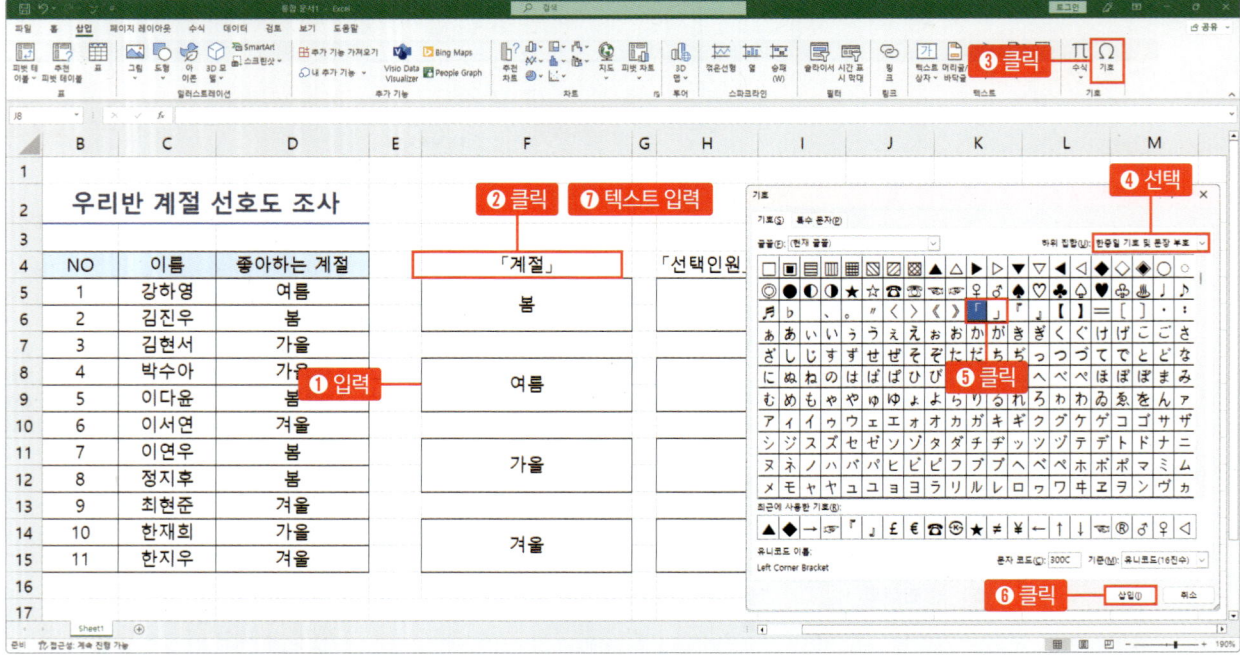

COUNTIF 함수를 사용하기

COUNTIF 함수를 사용하여 계절별 좋아하는 인원수를 계산합니다.

1 'H5'셀을 클릭한 후 [수식] 탭의 [함수 라이브러리] 그룹에서 [함수 더 보기]의 [통계]를 클릭하고 [COUNTIF]를 클릭합니다. [함수 인수] 대화상자가 실행되면 Range의 입력칸에 'D5:D15'를 드래그하여 입력하고, Criteria의 입력칸에 'F5'를 입력한 후 [확인]을 클릭합니다.

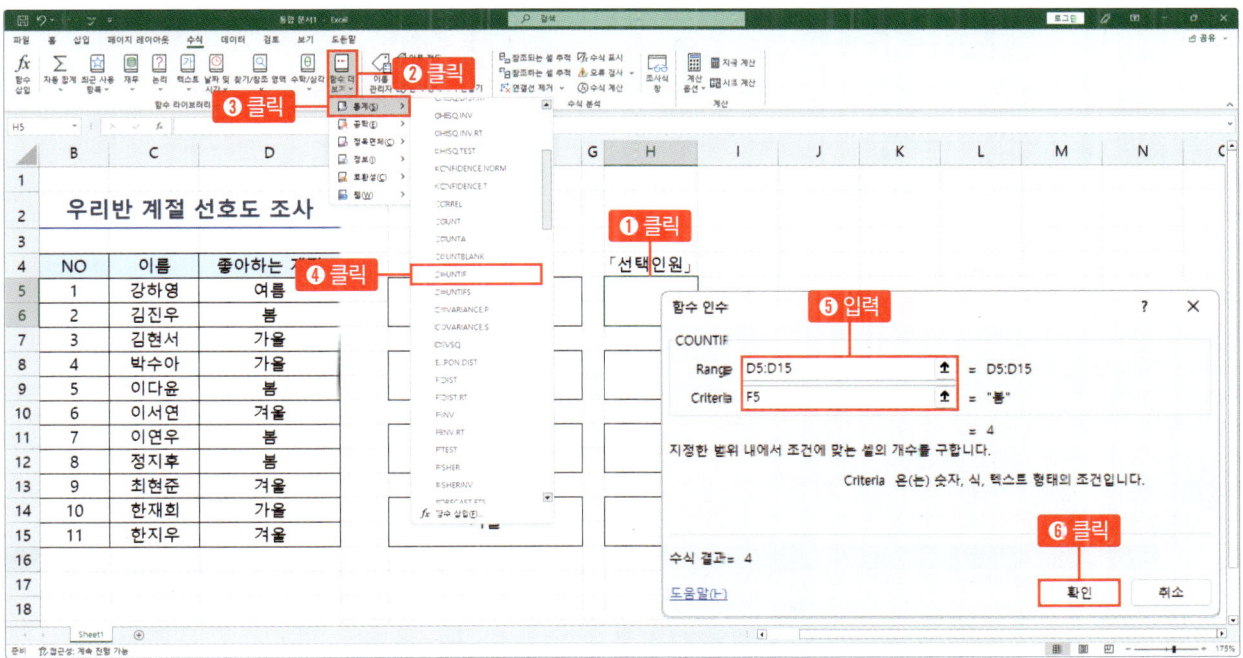

2 ❶과 같은 방법으로 'H8', 'F11', 'H14'셀에 'COUNTIF' 함수를 적용합니다.

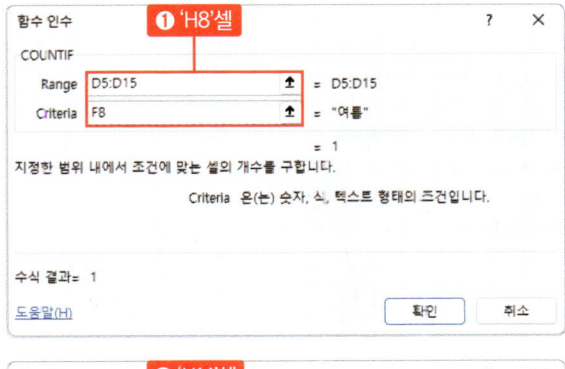
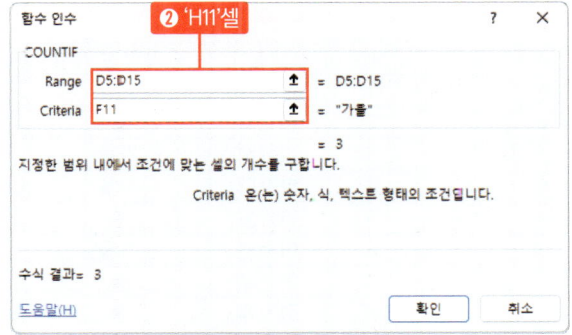

CHAPTER 11 - 우리반 최애 계절은? 071

❸ 'H5', 'H8', 'H11', 'H14'셀을 Ctrl 키를 누른 채로 선택한 후 Ctrl + 1 키를 눌러 [셀 서식] 대화 상자를 실행합니다. [표시 형식] 탭을 클릭한 후 범주는 '사용자 지정', 형식은 'G/표준"명"'으로 입력하고 [확인]을 클릭합니다.

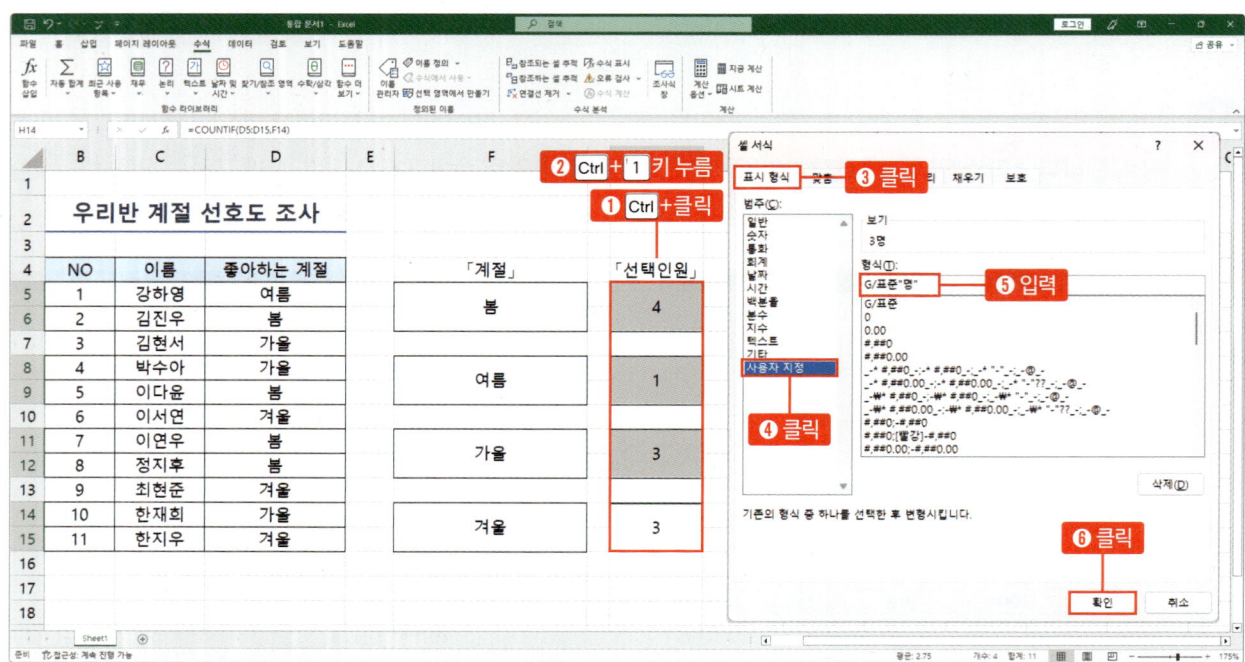

❹ '봄1~2.png', '여름1~2.png', '가을1~2.png', '겨울1~2.png'의 그림을 삽입한 후 크기 및 위치를 변경합니다.

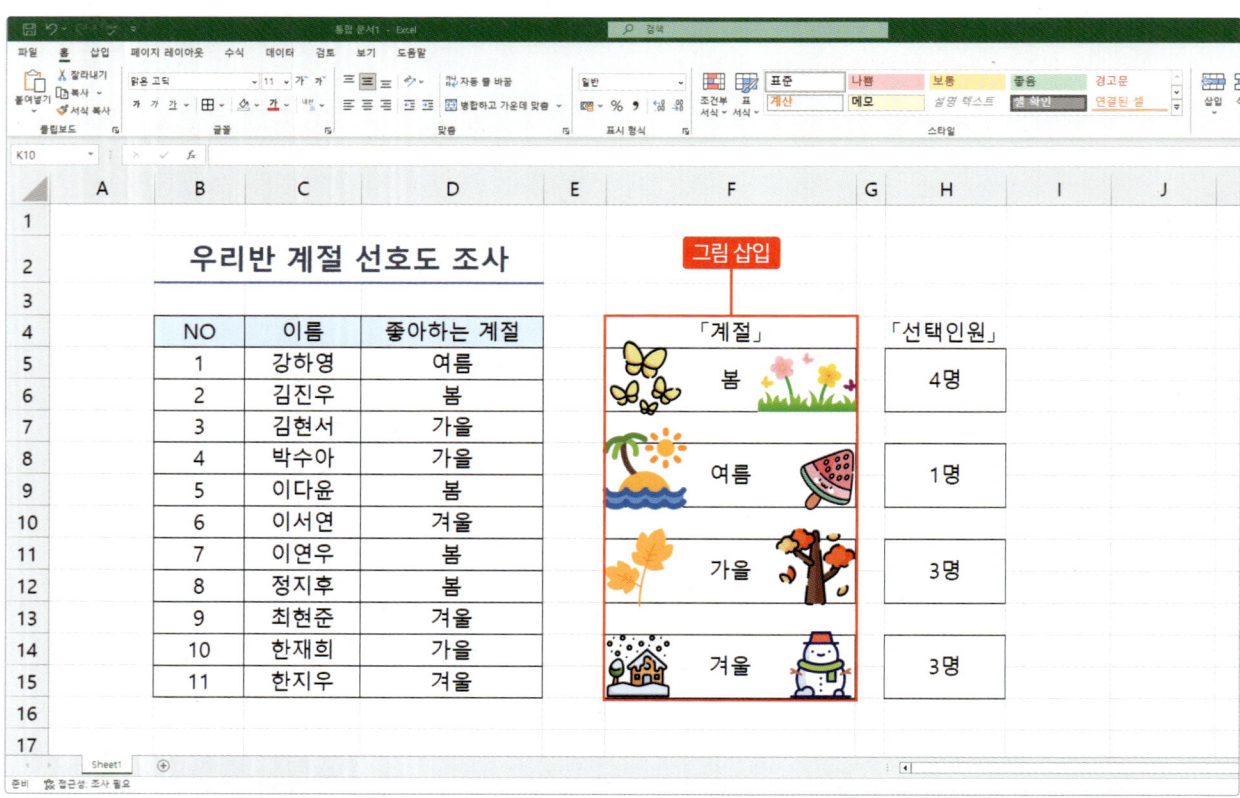

실력 쑥쑥! 창의력 쑥쑥!

1 다음과 같은 과일 선호도 조사표를 완성해 보세요.

예제파일: 사과.png, 수박.png, 포도.png   완성파일: 과일(완성).xlsx

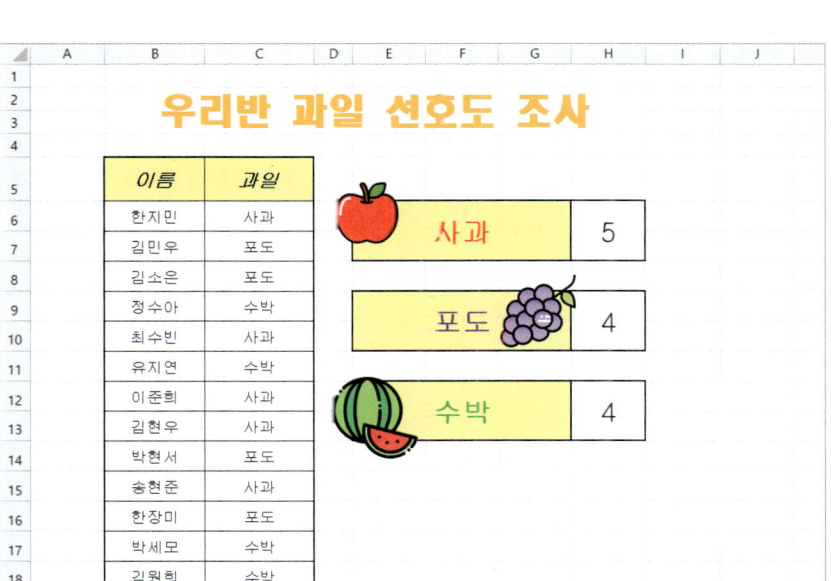

❶ 병합하고 가운데 맞춤
❷ 'H6' : '=COUNTIF(C6:C18,E6)'
❸ 'H9' : '=COUNTIF(C6:C18,E9)'
❹ 'H12' : '=COUNTIF(C6:C18,E12)'
❺ 그림 삽입
  '사과, 수박, 포도.png'
❻ 서식 임의 지정

2 다음과 같은 체험학습 선호도 조사표를 완성해 보세요.

예제파일: 체험학습1~3.png   완성파일: 체험학습(완성).xlsx

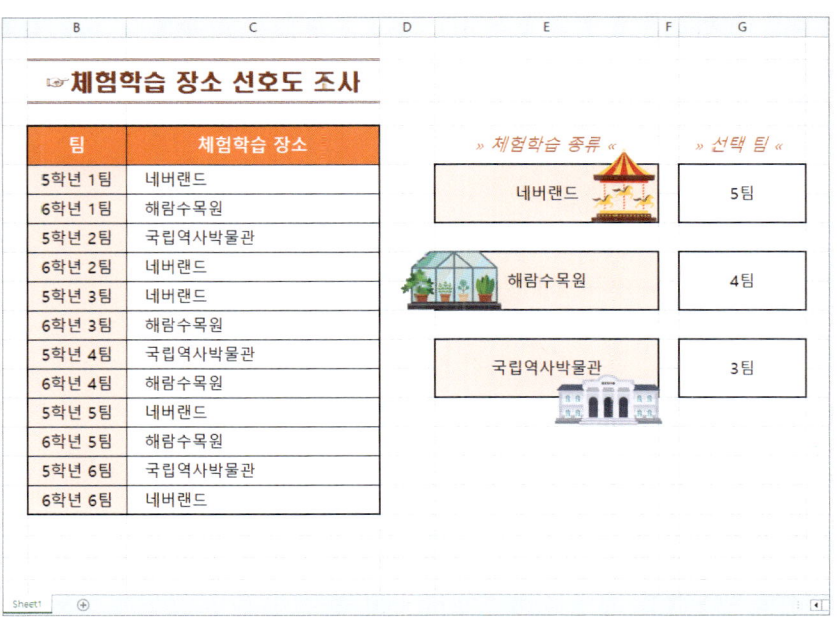

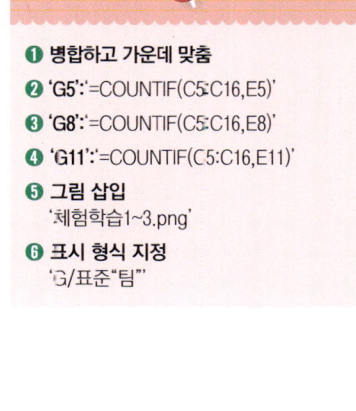

❶ 병합하고 가운데 맞춤
❷ 'G5' : '=COUNTIF(C5:C16,E5)'
❸ 'G8' : '=COUNTIF(C5:C16,E8)'
❹ 'G11' : '=COUNTIF(C5:C16,E11)'
❺ 그림 삽입
  '체험학습1~3.png'
❻ 표시 형식 지정
  'G/표준"팀"'

CHAPTER 12 차트로 보는 내 채널

오늘의 미션
- WordArt를 삽입하고 모양 변환하기
- 입력한 데이터의 표시 형식 설정하기
- 차트 삽입하고 꾸미기

주어진 자료들의 상호 관계나 상태 등을 나타낸 도형 자료들을 차트라고 합니다. 차트는 원형, 막대 등의 다양한 형태를 가지는 그래프로, 차트를 이용하면 자료를 쉽게 볼 수 있어 추세나 변화를 쉽게 이해할 수 있습니다.

작품 미리보기

예제파일 아이콘.png   **완성파일** 채널(완성).xlsx

WordArt를 삽입하고 모양 변환하기

WordArt를 삽입하고 텍스트를 변경하고 WordArt의 모양을 변환합니다.

1. Excel 2021을 실행한 후 [삽입] 탭의 [텍스트] 그룹에서 [WordArt]-'채우기: 흰색, 윤곽선: 주황, 강조색 2, 진한 그림자: 주황, 강조색 2'를 추가합니다. 추가된 WordArt를 클릭하여 '한눈에 알아보는 내 채널 현황'을 입력한 후 글꼴 크기를 '36'pt로 설정합니다.

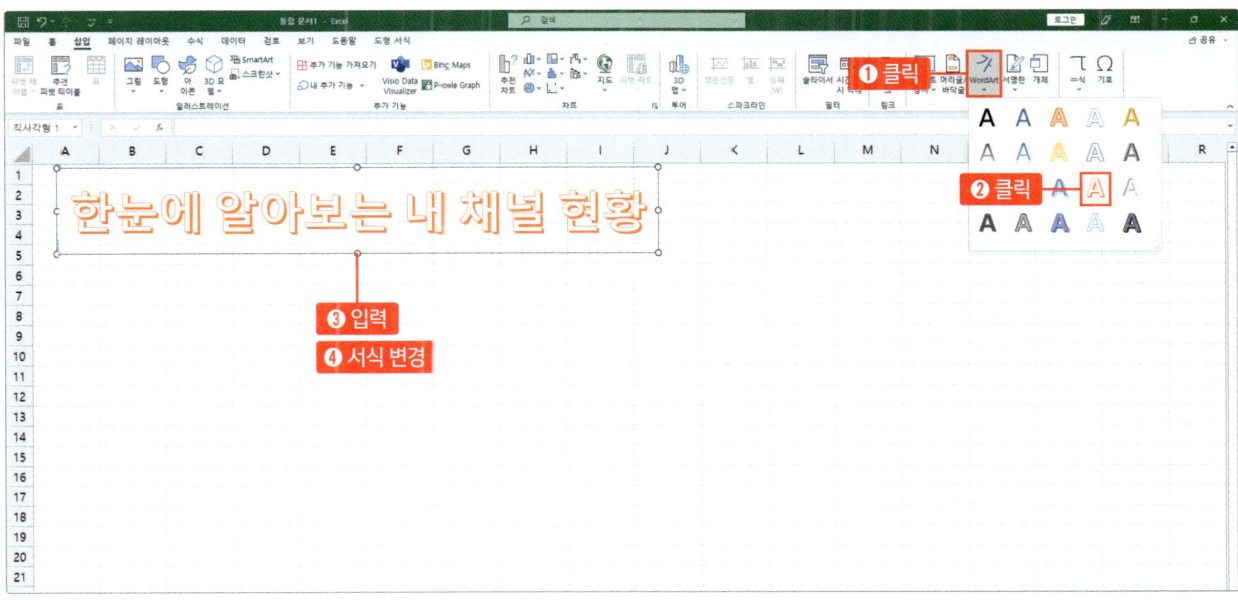

2. 삽입한 WordArt를 클릭한 후 [도형 서식] 탭의 [WordArt 스타일] 그룹에서 [텍스트 효과]의 [변환]을 클릭하고 휘기의 '물결: 위로'를 클릭합니다.

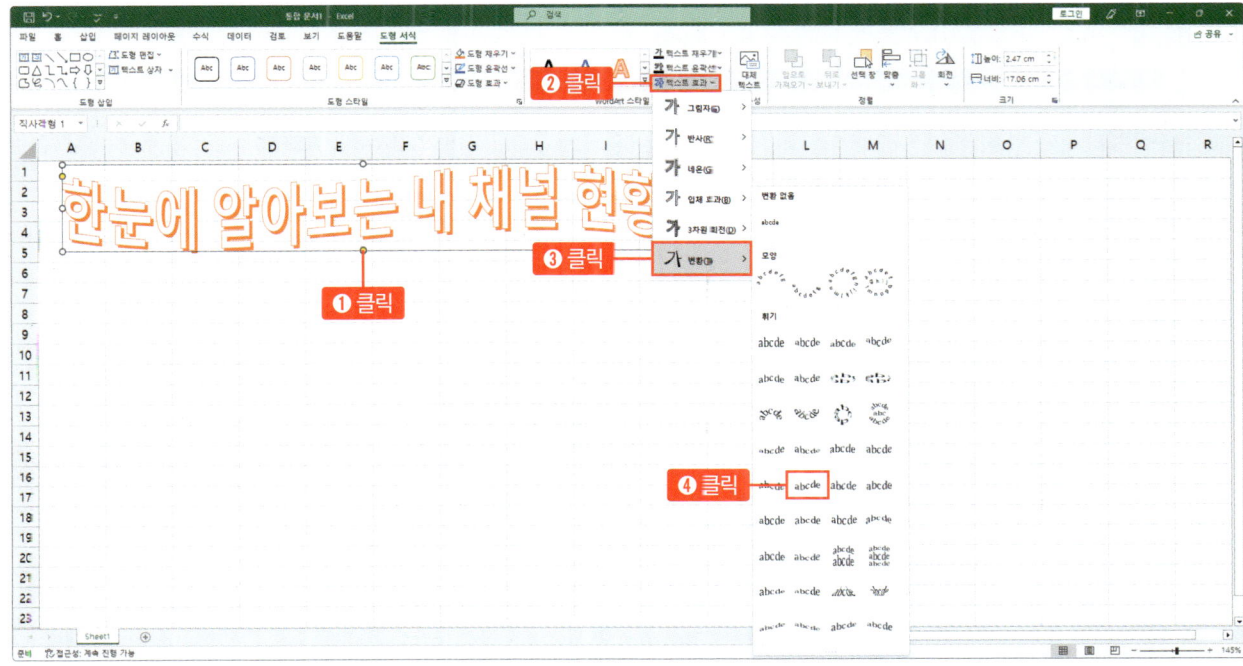

CHAPTER 12 - 차트로 보는 내 채널 075

입력한 데이터의 표시 형식 설정하기

데이터를 입력하고 표시 형식 및 서식을 설정합니다.

① 그림과 같이 데이터를 입력하고 'C8:H8'을 드래그하여 영역을 지정한 후 [셀 서식] 대화상자를 실행합니다. [표시 형식] 탭을 클릭한 후 범주는 '사용자 지정', 형식은 '#,##0"명"'으로 입력하고 [확인]을 클릭합니다. 같은 방법으로 'C9:H9'의 표시 형식을 '#,##0"회"'로 설정합니다.

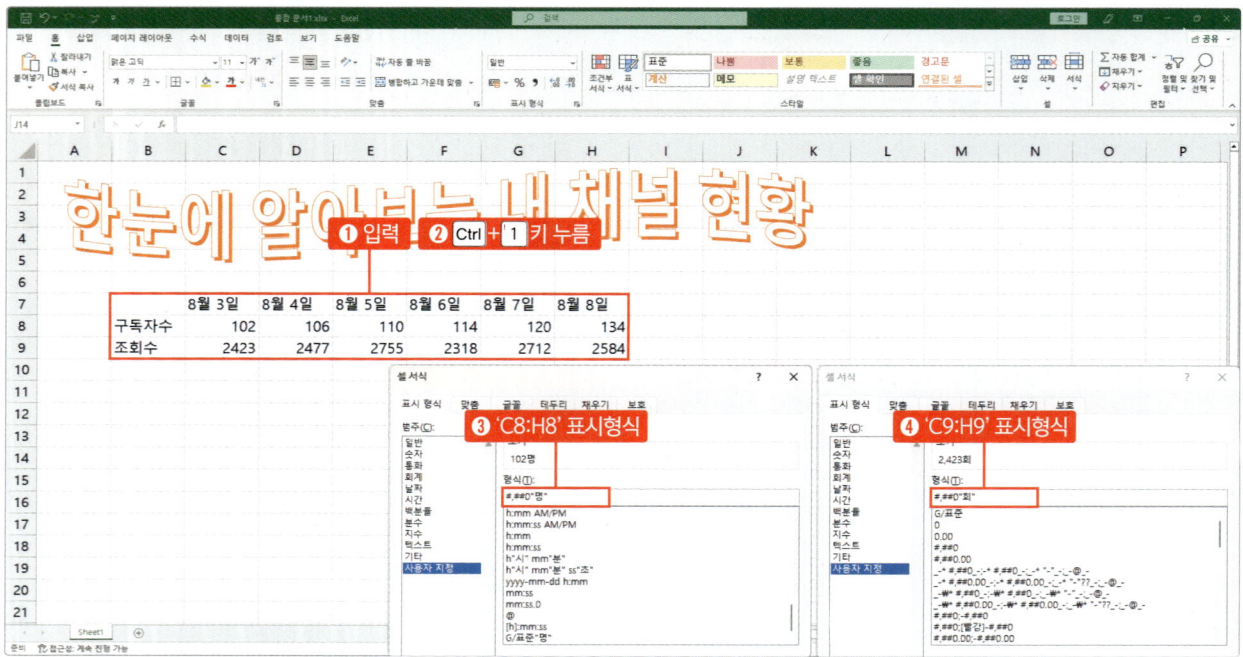

② 'B7:H9'에 테두리와 채우기 색, 맞춤 등 서식을 지정합니다. 이어서 'B9'셀을 클릭하고 [셀 서식] 대화상자를 실행하여 [테두리] 탭에서 '하향 대각선'을 클릭하고 [확인]을 클릭합니다.

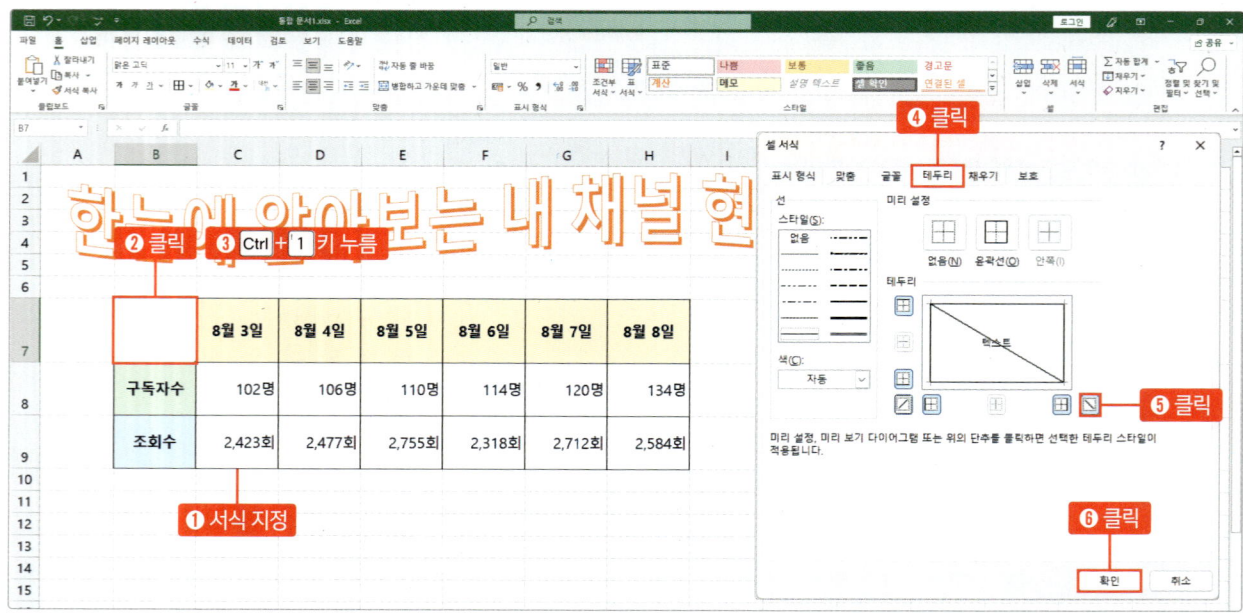

차트 삽입하고 꾸미기

구독자수와 조회수를 도형적으로 확인하기 위해 콤보 차트를 삽입합니다.

① 차트를 삽입하기 위해 'B7:H9'를 드래그하여 영역을 지정한 후 [삽입] 탭의 [차트] 그룹에서 [추천 차트]를 클릭합니다. [차트 삽입] 대화상자에서 [모든 차트] 탭을 클릭한 다음 [혼합]의 '묶은 세로 막대형-꺾은선형, 보조 축'을 선택하고 [확인]을 클릭합니다.

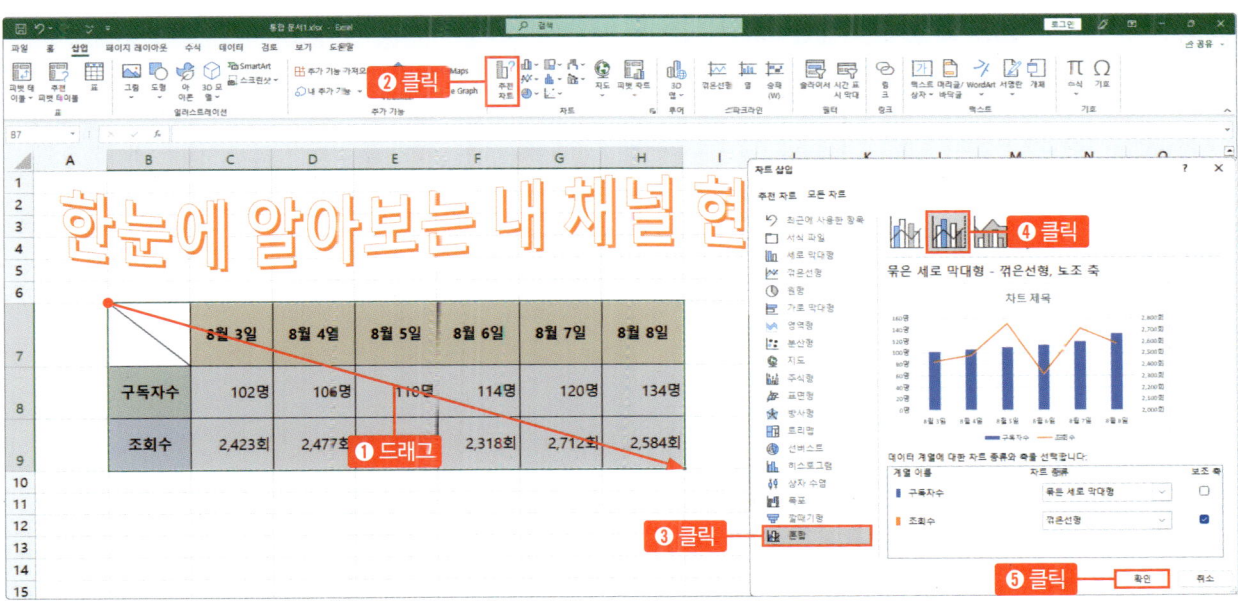

② 삽입한 차트를 표 오른쪽으로 이동시킨 후 [차트 디자인] 그룹에서 [색 변경]을 클릭하고 색상형의 '다양한 색상표 3'을 선택합니다.

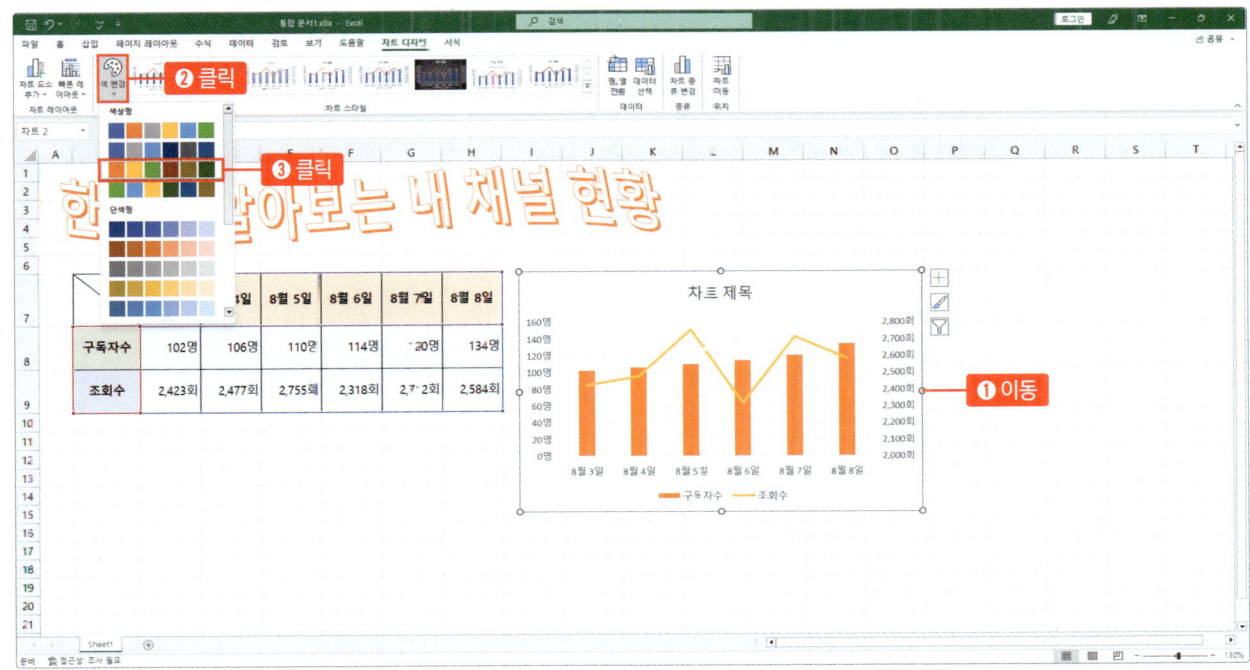

CHAPTER 12 - 차트로 보는 내 채널 077

③ 차트 제목을 '나의 숏츠 채널'로 수정한 후 글꼴을 'HY헤드라인M', 글꼴 색을 '주황, 강조2, 25% 더 어둡게', '기울임꼴'로 설정합니다.

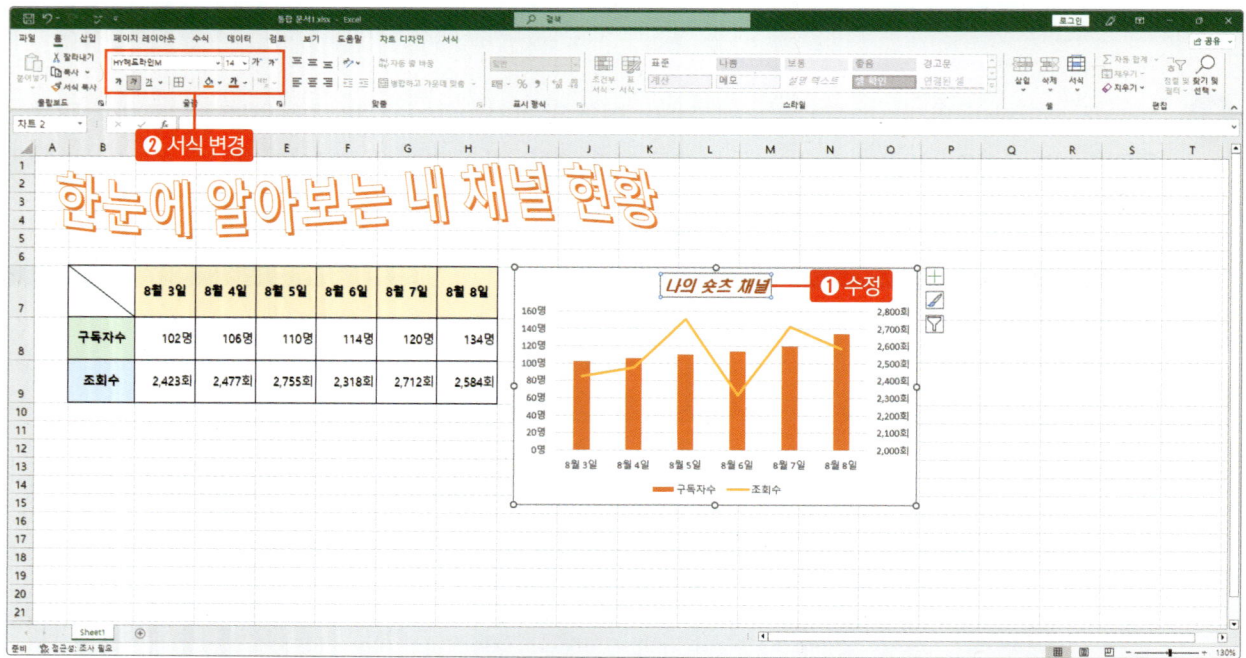

④ 차트의 '그림 영역'을 클릭한 후 [서식] 탭의 [도형 스타일] 그룹에서 [도형 채우기]의 테마 색을 '흰색, 배경1, 5% 더 어둡게'로 선택합니다. 이어서 '아이콘.png' 그림을 삽입합니다.

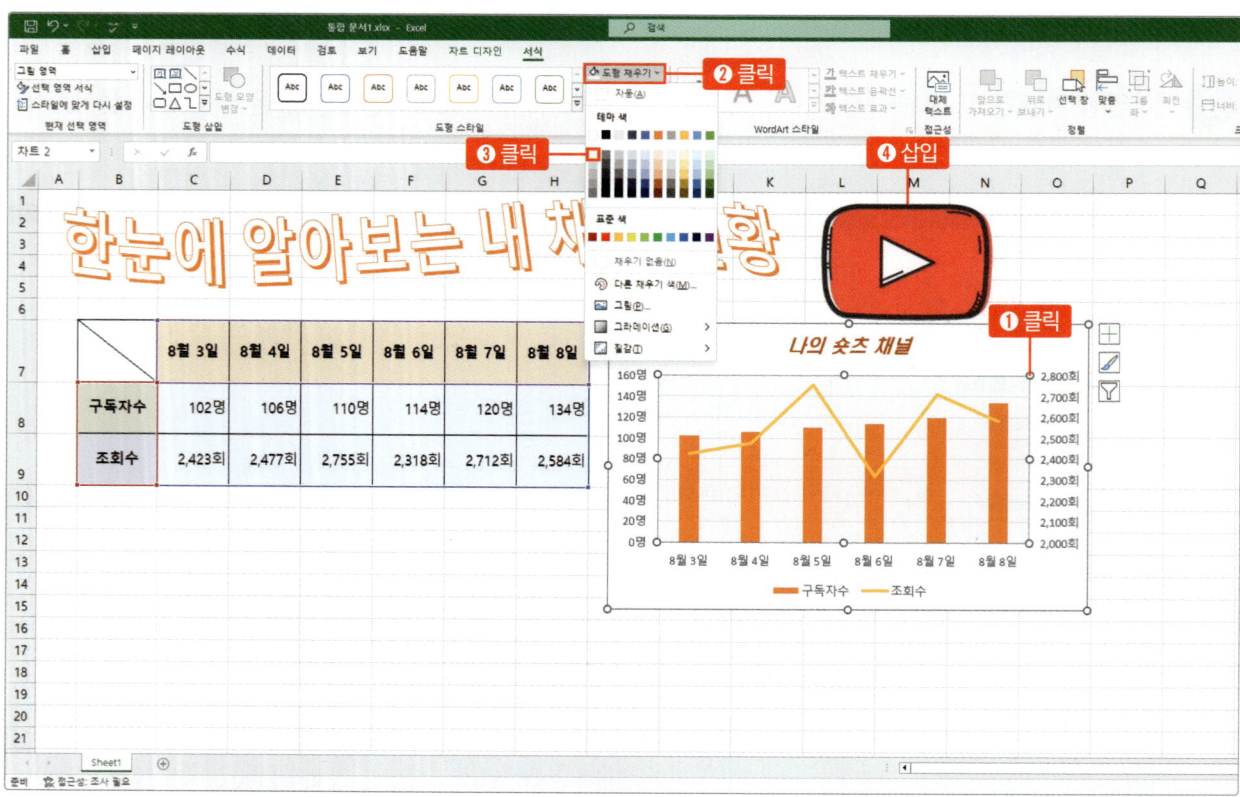

실력 쑥쑥! 창의력 쑥쑥!

1 다음과 같은 입출국 비교 차트를 완성해 보세요.

예제파일: 없음   완성파일: 입출국(완성).xlsx

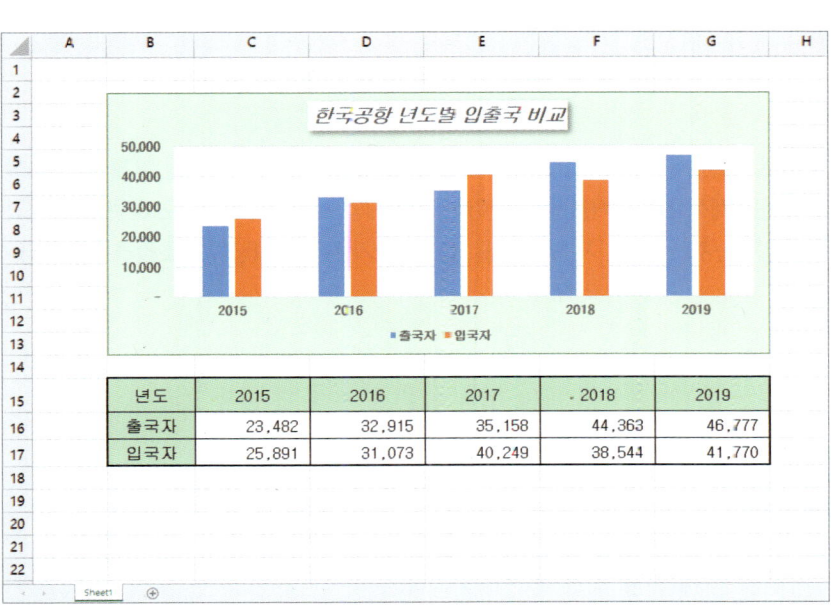

- ① 차트 삽입
  '묶은 세로 막대형'
- ② 차트 제목 변경
  '한국공항 년도별 입출국 비교'
- ③ 차트 영역 및 서식 임의 지정

2 다음과 같은 월별 기온과 강수량 차트를 완성해 보세요.

예제파일: 강수량.png, 기온.png   완성파일: 기온과강수량(완성).xlsx

- ① 차트 삽입
  [혼합]-'사용자 지정 조합'
- ② 차트 제목 변경
  '월별 기온과 강수량 비교 그래프'
- ③ 그림 삽입
  '강수량, 기온.png'
- ④ 차트 영역 및 서식 임의 지정

CHAPTER 12 - 차트로 보는 내 채널

스도쿠 게임 만들기

오늘의 미션
- WordArt를 삽입하기
- IF 함수와 SUM 함수로 입력 값 판별하기
- 조건부 서식 설정하기

스도쿠는 가로 세로 9칸씩 81개의 칸에 1~9까지 아홉 개의 숫자를 조건에 맞게 넣는 수학 퍼즐입니다. 전세계적으로 인기를 끌고 있어 휴대폰 게임으로 만들어지기도 하며, 가로줄과 세로줄마다 같은 숫자가 나타나지 않고 아홉 개의 숫자가 전부 나타난다는 조건을 가집니다.

작품 미리보기

예제파일 스도쿠.xlsx **완성파일** 스도쿠(완성).xlsx

3	2	9	8	5	7	8	1	4	X
1	5	8	4	3	9	6	7	2	
4	6	7	1	2	8	9	3	5	
5	1	3	8	4	2	7	9	6	
6	8	4	7	9	5	3	2	1	
9	7	2	3	1	6	4	5	8	
1	3	6	9	8	1	5	4	7	X
8	4	1	5	7	3	2	6	9	
7	9	5	2	6	4	1	8	3	
		X		X					

01 WordArt를 삽입하기

WordArt를 삽입하고 제목을 입력합니다.

1. Excel 2021을 실행한 후 [열기]를 통해 '스도쿠.xlsx'파일을 불러옵니다. [삽입] 탭의 [텍스트] 그룹에서 [WordArt]를 클릭한 다음 '채우기: 검정, 텍스트 색1, 그림자'를 클릭하여 삽입한 후 '말랑말랑 스도쿠'를 입력합니다.

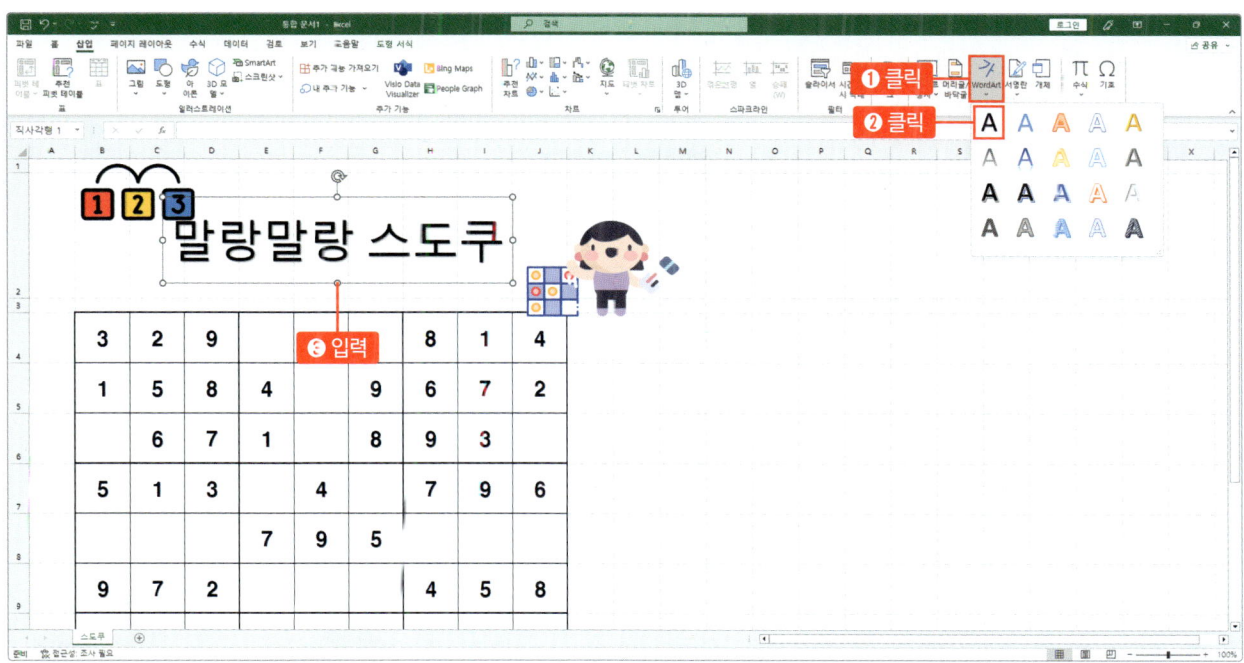

2. 삽입된 WordArt를 클릭하고 [도형 서식] 탭의 [텍스트 효과]의 [그림자]를 클릭하여 바깥쪽의 '오프셋: 왼쪽 위'를 클릭합니다. 그 다음 '말랑말랑'을 드래그하여 글꼴 '휴먼매직체', 글꼴 크기 '66'pt, 글꼴 색 '주황'으로 설정하고, '스도쿠'는 글꼴 'HY헤드라인M', 글꼴 크기 '96'pt, 글꼴 색 '녹색'을 설정합니다.

IF 함수와 SUM 함수로 입력 값 판별하기

IF 함수와 SUM 함수를 사용하여 입력 값이 맞는지 판별합니다.

1. 'L4'셀을 클릭한 후 [수식] 탭의 [함수 라이브러리] 그룹에서 [논리]를 클릭하고 [IF]를 클릭합니다.

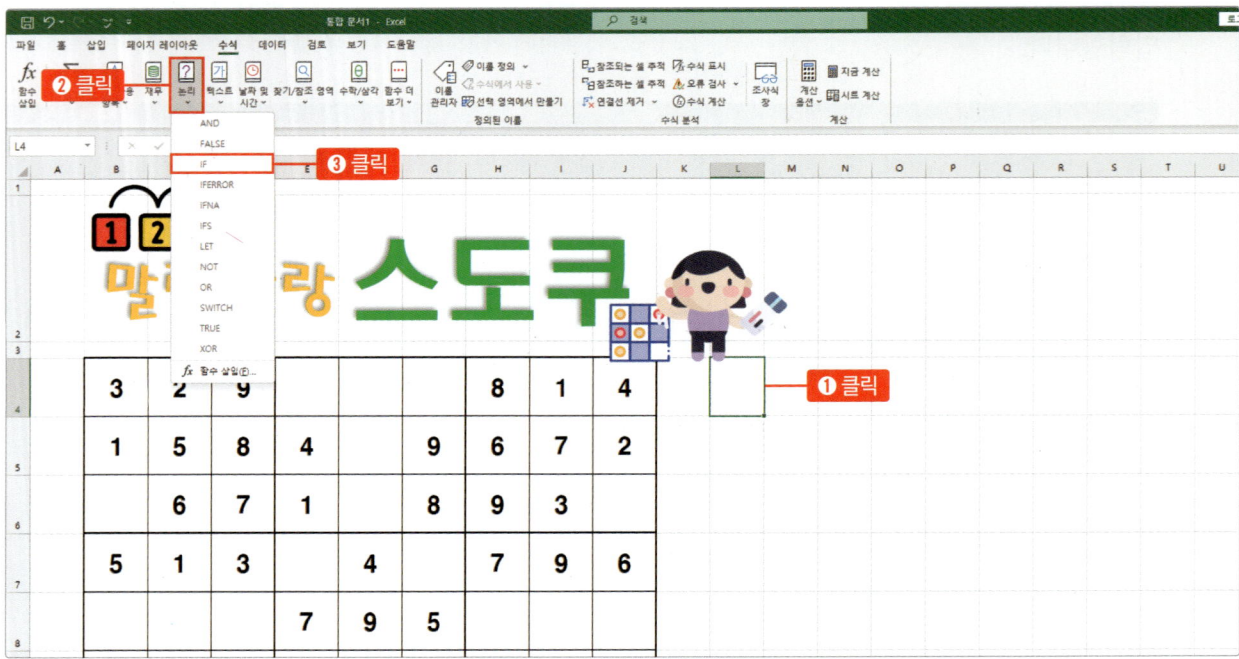

2. [함수 인수] 대화상자에서 Logical_test의 입력칸에 'SUM(B4:J4)=45'를 입력, Value_if_true의 입력칸에 '""'를 입력, Value_if_false의 입력칸에 '"X"'를 입력하고 [확인]을 클릭합니다.

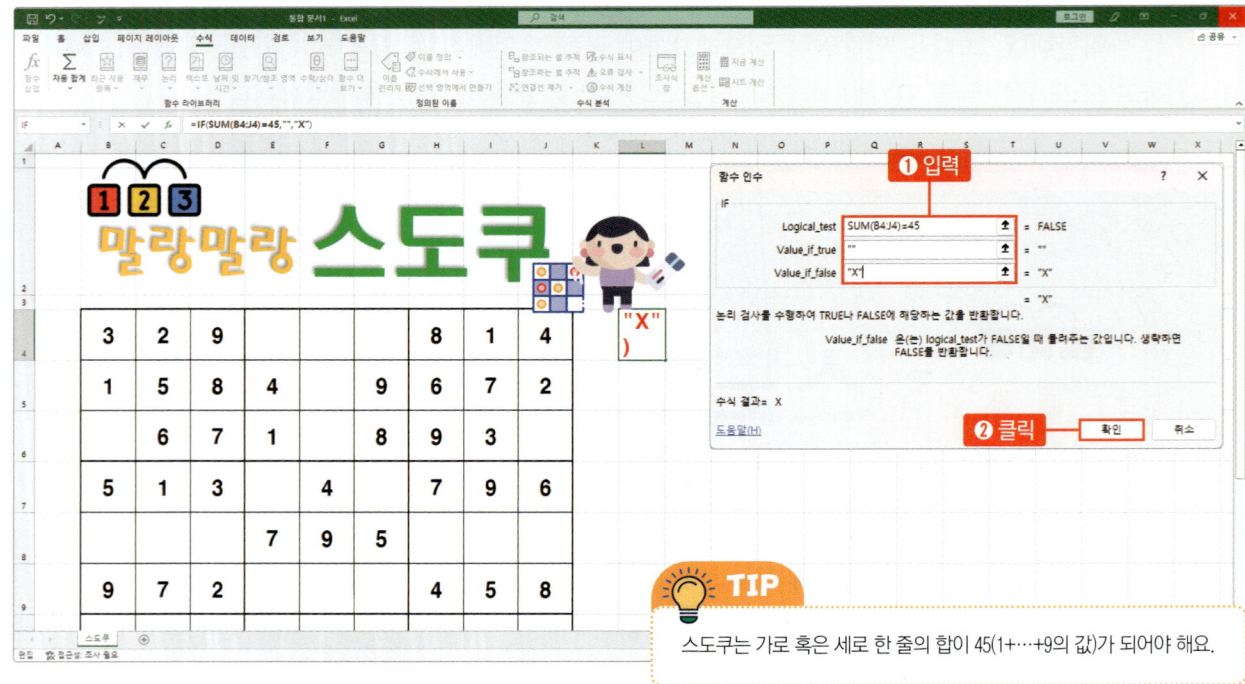

TIP 스도쿠는 가로 혹은 세로 한 줄의 합이 45(1+…+9의 값)가 되어야 해요.

3 'L4'셀의 채우기 핸들을 'L12'셀까지 드래그하여 데이터를 입력합니다.

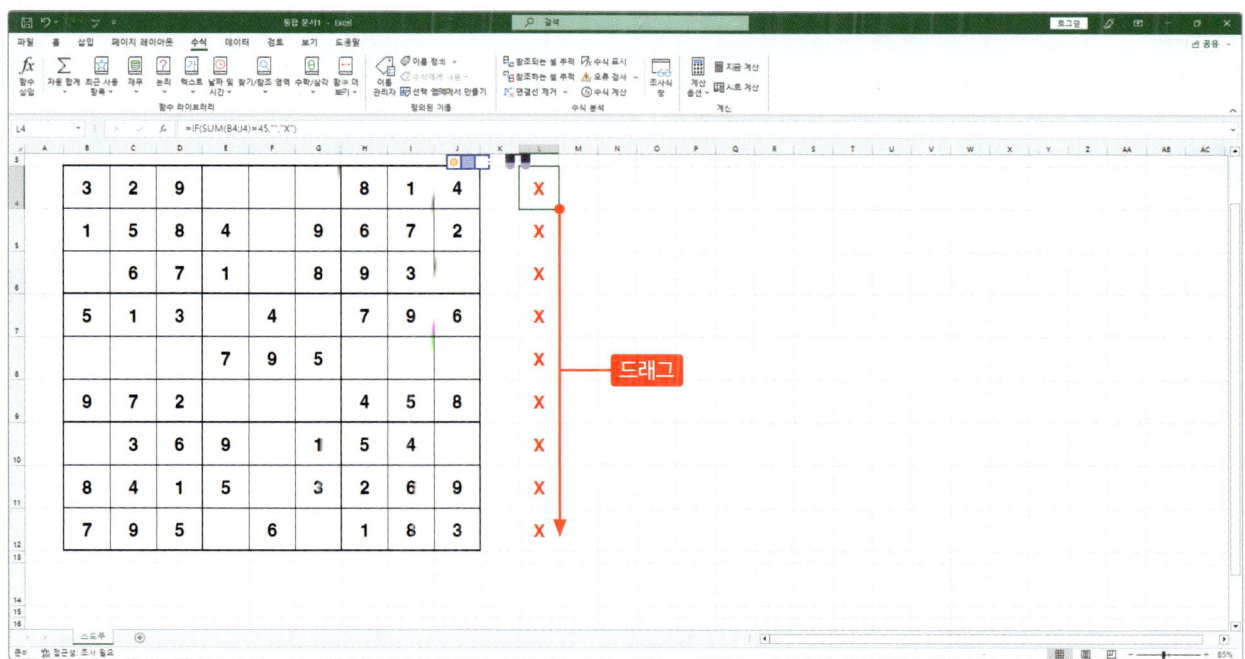

4 'B14'셀 클릭한 다음 [수식] 탭의 [함수 라이브러리] 그룹에서 [논리]의 [IF]를 클릭합니다. [함수 인수] 대화 상자가 실행되면 Logical_test의 입력칸에 'SUM(B4:B12)=45', Value_if_true의 입력칸에 '""', Value_if_false의 입력칸에 '"X"'를 입력합니다.

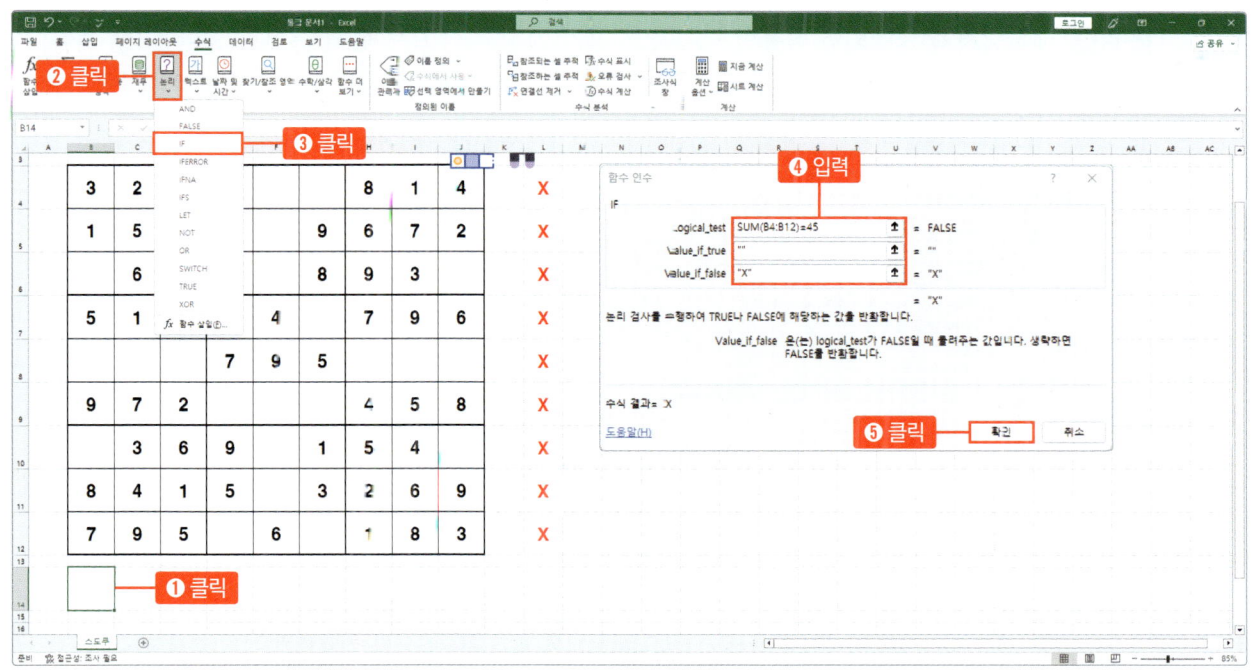

5 'B14'셀의 채우기 핸들을 'J14'셀까지 드래그하여 데이터를 입력합니다.

03 조건부 서식 설정하기

조건부 서식으로 중복 값을 확인하여 표시합니다.

1 'B4:D6'을 드래그하여 영역을 지정한 후 [홈] 탭의 [스타일] 그룹에서 [조건부 서식]의 [셀 강조 규칙]을 클릭하고 [중복 값]을 클릭합니다.

2 [중복 값] 대화상자가 실행되면 적용할 서식을 '사용자 지정 서식'으로 선택합니다. 그 다음 [셀 서식] 대화상자에서 글꼴 색을 '빨강'으로 설정하고 [확인]을 클릭하고 다시 [중복 값] 대화상자에서 [확인]을 클릭합니다.

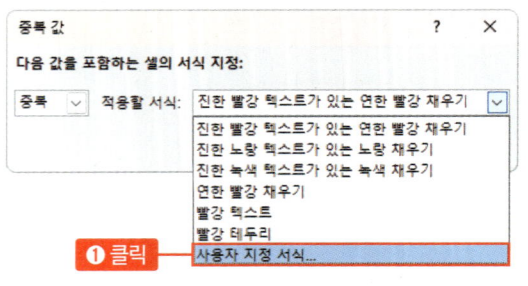
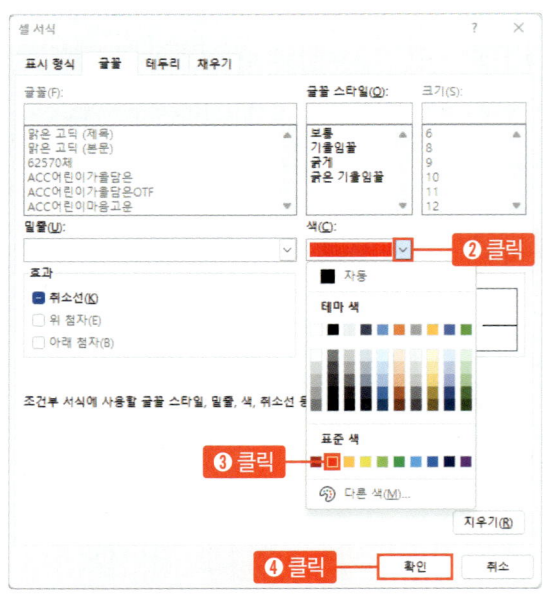

3 ❶~❷와 같은 방법으로 'E4:G6', 'H4:J6', 'B7:D9', 'E7:G9', 'H7:J9', 'B10:D12', 'E10:G12', 'H10:J12' 영역에 중복 값을 찾는 조건부 서식을 설정합니다.

실력 쑥쑥! 창의력 쑥쑥!

1 다음과 같은 봉사 시간 진행 현황표를 완성해 보세요.

> 예제파일: 없음   완성파일: 봉사시간(완성).xlsx

- **❶ WordArt 삽입**
  '그라데이션 채우기: 파랑, 강조색5, 반사'
- **❷ 'F6'**: '=IF(C6<=3,5,10)'
- **❸ 'G6'**: '=IF(SUM(D6:E6)-F6>=0,"완료","진행중")'
- **❹ 표시 형식 지정**
  '0"시간"'
- **❺ 조건부 서식**: 'B6:G15'
  - [▶수식을 사용하여 서식을 지정할 셀 결정]
  - '다음 수식이 참인 값의 서식 지정' – '=$G6="진행중"'
  - 서식: 글꼴 색(파랑), 기울임꼴
- **❻ 서식 임의 지정**

2 다음과 같은 영어 쪽지 시험 결과표를 완성해 보세요.

> 예제파일: 없음   완성파일: 영어시험(완성).xlsx

- **❶ WordArt 삽입**
  '채우기: 황금색, 강조색4, 부드러운 입체'
- **❷ 'G5'**: '=IF(F5>=80,"통과","재시험")'
- **❸ 표시 형식 지정**
  'G/표준"점"'
- **❹ 조건부 서식** 'B5:G12'
  - [▶수식을 사용하여 서식을 저장할 셀 결정]
  - '다음 수식이 참인 값의 서식 지정' – '=$G5="재시험"'
  - 서식: 글꼴 색(주황), 기울임꼴, 채우기 색(임의 지정)
- **❺ 서식 임의 지정**

CHAPTER 14
자동계산 용돈 기입장

오늘의 미션
- 데이터를 입력하고 서식 설정하기
- CONCAT 함수로 텍스트 연결하기

용돈이 들어오고 나가는 내역을 작성하는 용돈기입장은 언제, 어디에 돈을 썼는지 알 수 있습니다. 얼마의 돈이 남아있는지, 필요하지않은 물건을 산 것은 아닌지 용돈기입장을 통해 나의 소비습관을 반성할 수 있는 기회가 되기도 합니다.

작품 미리보기

예제파일 용돈1~4.png   **완성파일** 용돈기입장(완성).xlsx

용돈기입장

날짜	내용	수입	지출	잔고
10월 01일	10월 용돈	40,000		40,000
	스웨디시 젤리		2,500	37,500
10월 03일	신발 정리	1,500		39,000
10월 05일	이모가 주신 용돈	10,000		49,000
	아이스크림		1,500	47,500
10월 10일	마멜 3색 볼펜		3,000	44,500
	페인트 사탕		1,000	43,500
10월 12일	키티 스티커		1,000	42,500
	포토카드		3,000	39,500
10월 15일	설거지	3,000		42,500
10월 16일	방청소	3,000		45,500
	햇살마라탕		8,000	37,500

이번 달 총 수입 : 57500원

이번 달 총 지출 : 20000원

총 잔액 : 37500원

데이터를 입력하고 서식 설정하기

데이터를 입력하고 글꼴, 채우기 색, 테두리, 표시 형식 등의 서식을 설정합니다.

1 Excel 2021을 실행하여 [새 통합 문서]를 생성한 후 그림과 같이 [Sheet1] 시트에 데이터를 입력합니다. 이어서 'F9'셀에 '=F8+D9-E9'를 입력한 후 채우기 핸들을 이용하여 'F19'까지 채웁니다.

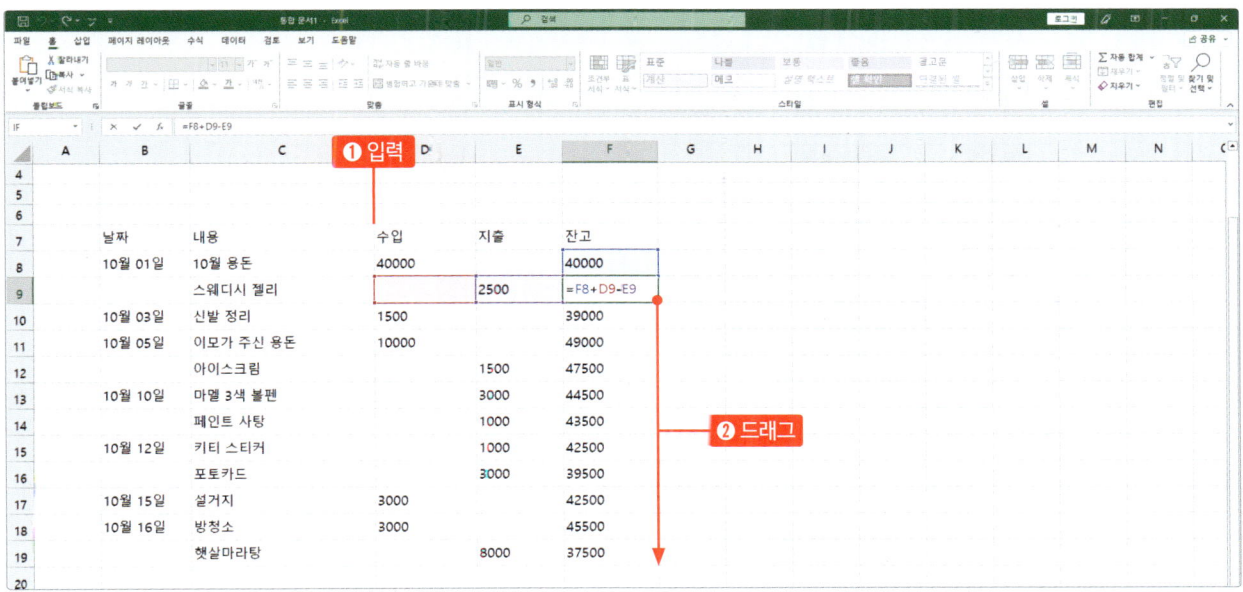

2 'B7:F19'를 드래그하여 영역을 지정한 후 [가운데 맞춤]과 [모든 테두리]를 적용합니다. 이어서 'B7:F7'를 드래그하여 채우기 색을 '녹색, 강조 6, 80% 더 밝게', '굵게'를 지정하고 'D8:D19'의 글자 색을 '파랑', 'E8:E19'의 글자 색을 '빨강'으로 지정합니다.

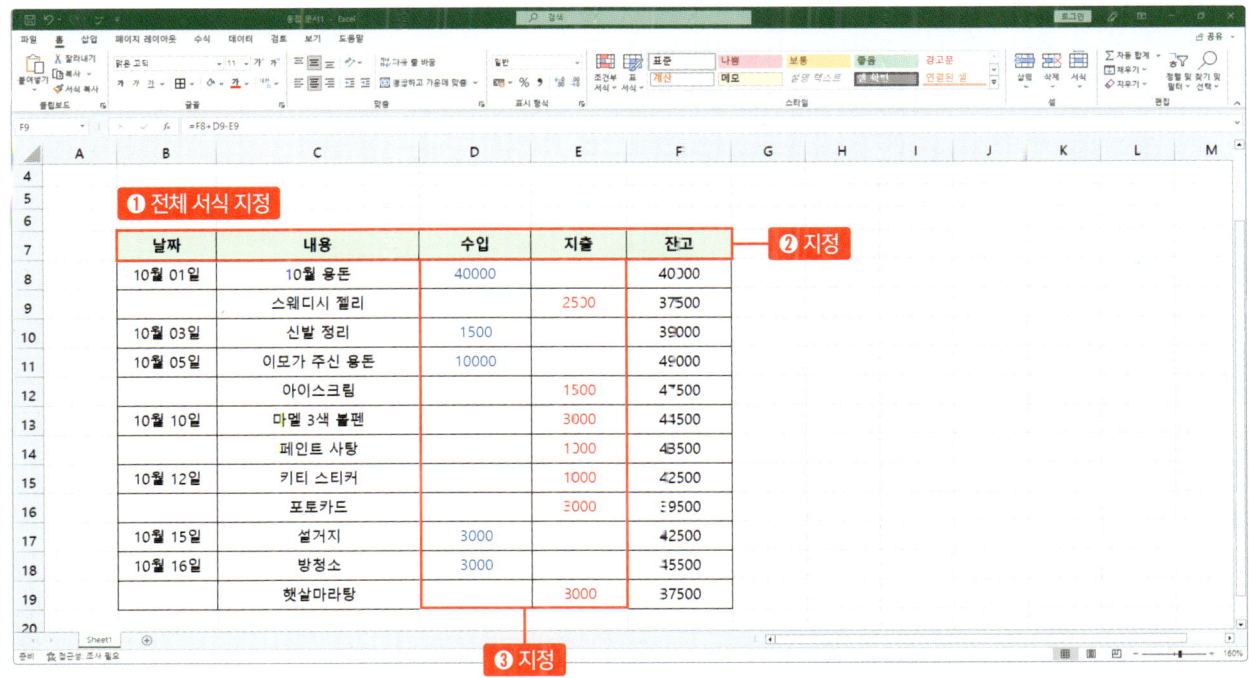

CHAPTER 14 - 자동계산 용돈 기입장

③ 'D8:F19'를 드래그하여 영역을 지정한 후 [홈] 탭의 [표시 형식] 그룹에서 [쉼표 스타일]을 클릭합니다.

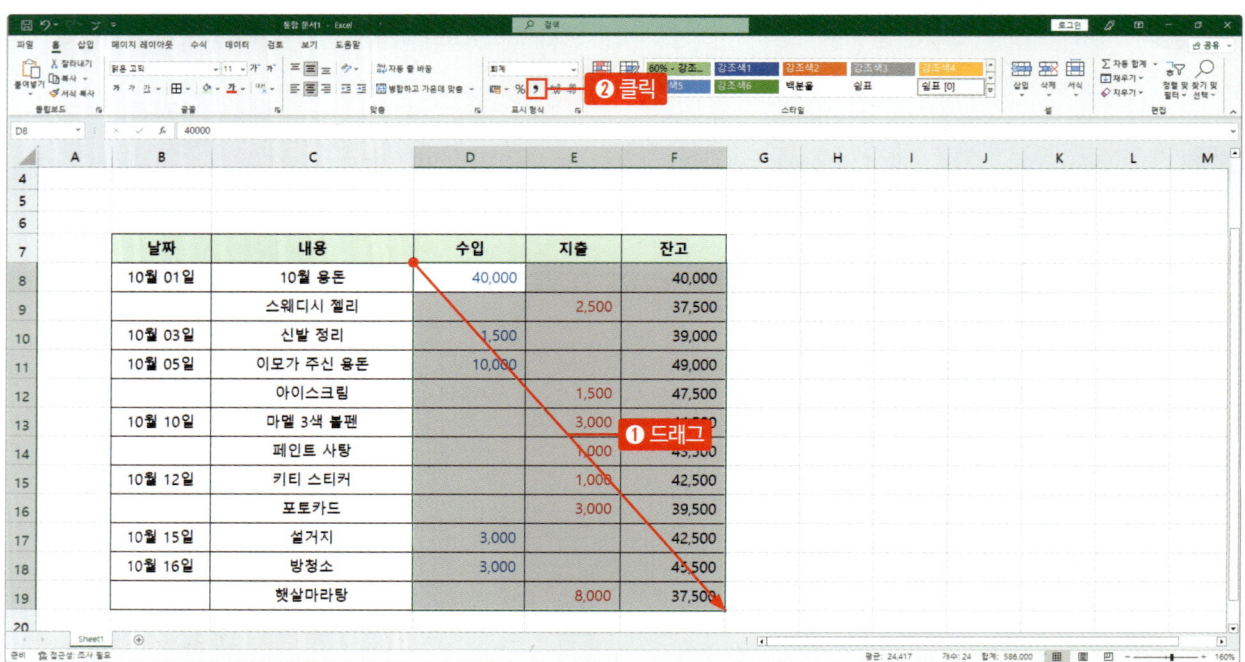

④ [삽입] 탭의 [WordArt]를 클릭하고 '무늬 채우기: 청회색, 어두운 상향 대각선 줄무늬, 진한 그림자'를 선택하여 WordArt를 삽입하고 '용돈기입장'을 입력합니다.

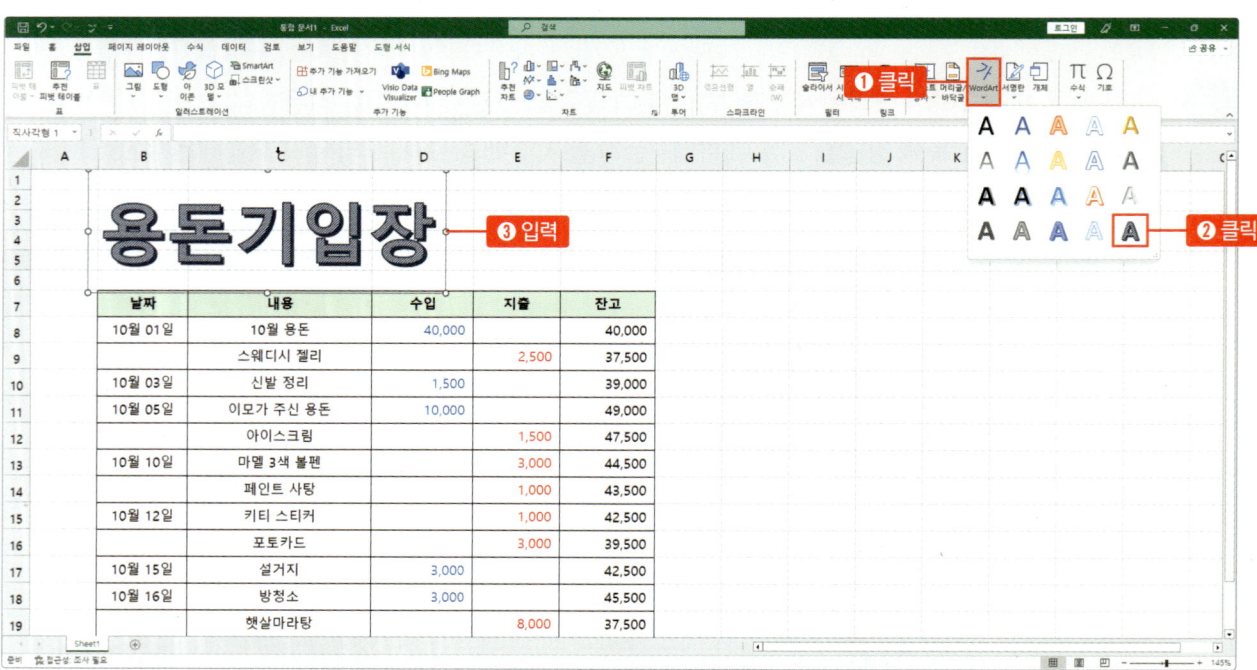

CONCAT 함수로 텍스트 연결하기

CONCAT 함수를 사용하여 텍스트를 연결합니다.

① 'H8:H9', 'H11:H12', 'H14:H15'를 [병합하고 가운데 맞춤]과 [굵은 바깥쪽 테두리]를 설정한 후 'H'열의 너비를 적절히 조절합니다.

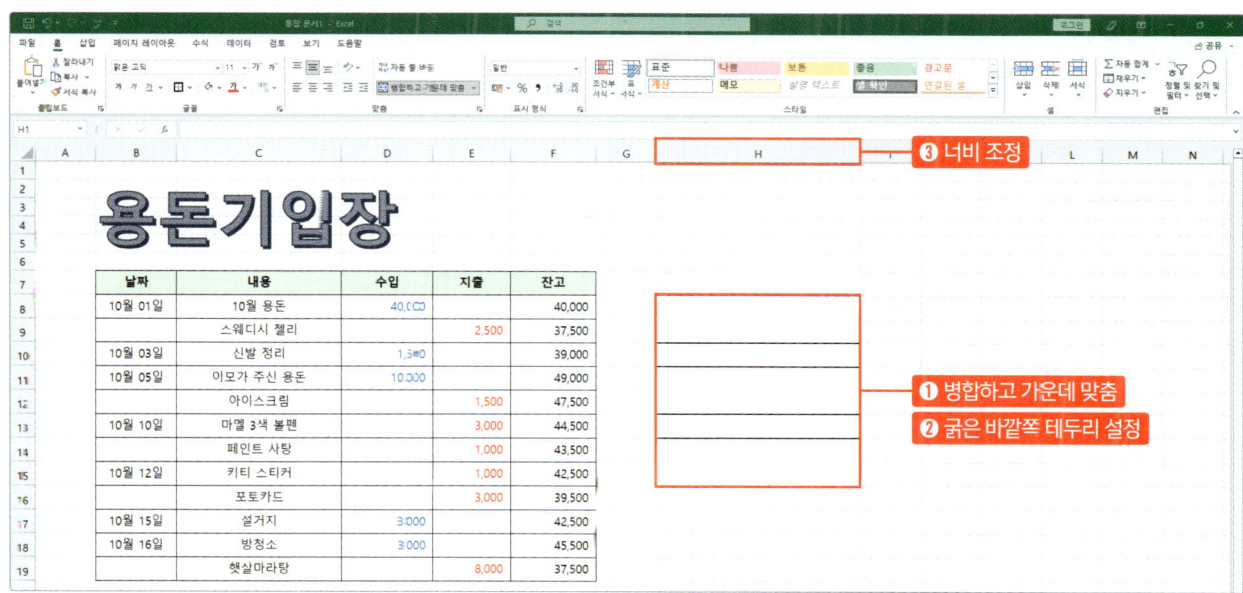

② 'H8'셀을 클릭한 후 [수식] 탭의 [함수 라이브러리] 그룹에서 [텍스트]의 [CONCAT] 함수를 클릭합니다. [함수 인수] 대화상자가 실행되면 Text1의 입력칸에 '이번 달 총 수입 : '을 입력하고, Text2의 입력칸에 'SUM(D8:D19)', Text3의 입력칸에 '원'을 입력하고 [확인]을 클릭합니다.

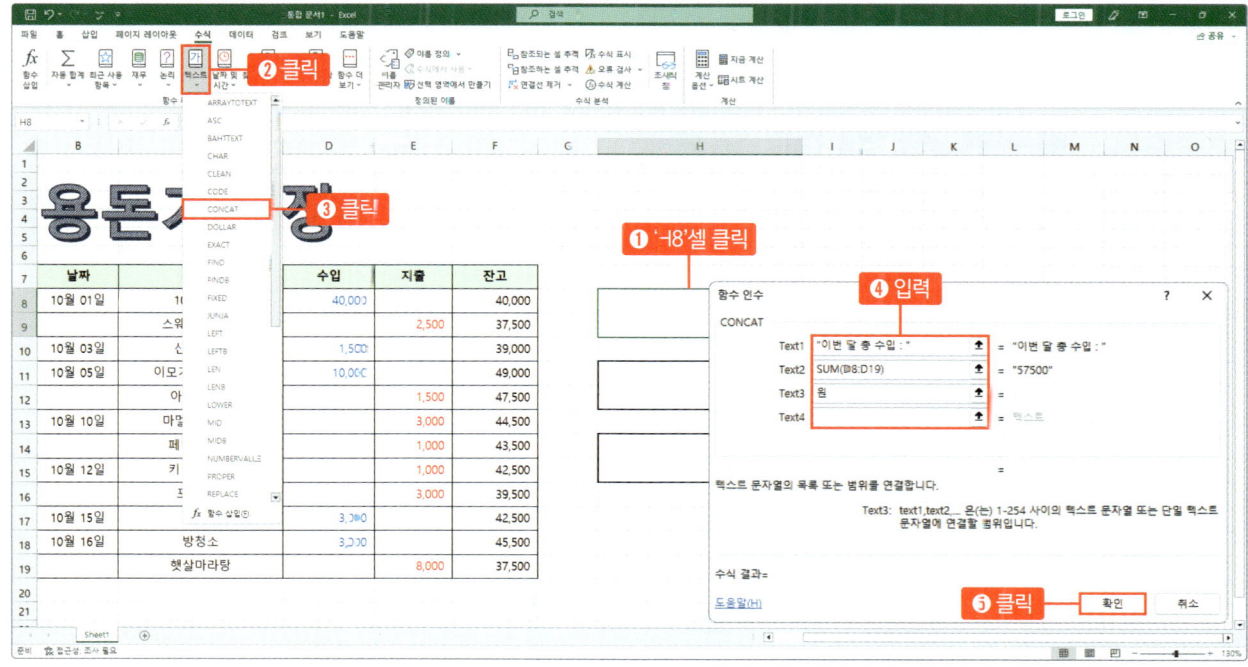

CHAPTER 14 - 자동계산 용돈 기입장 **089**

3 ❷와 같은 방법으로 'H11', 'H14'셀에 'CONCAT' 함수를 이용하여 수식을 입력합니다.

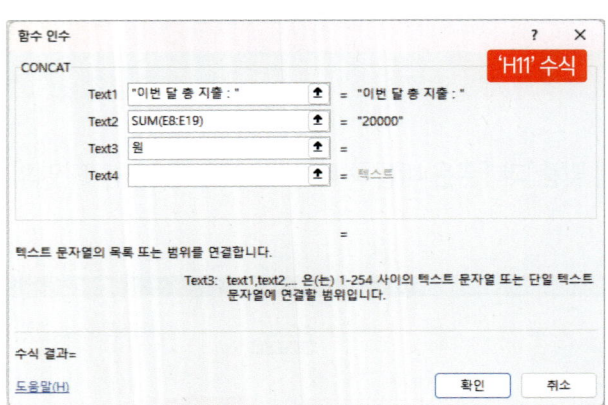
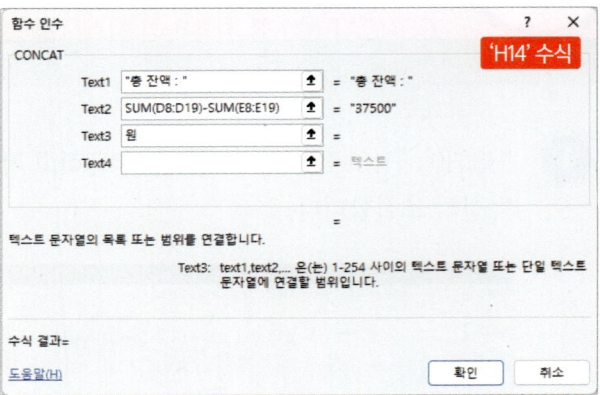

> **TIP**
> 'Text2'의 입력칸에 함수를 추가할 때 [함수 추가]를 이용하면 쉽게 입력할 수 있어요.

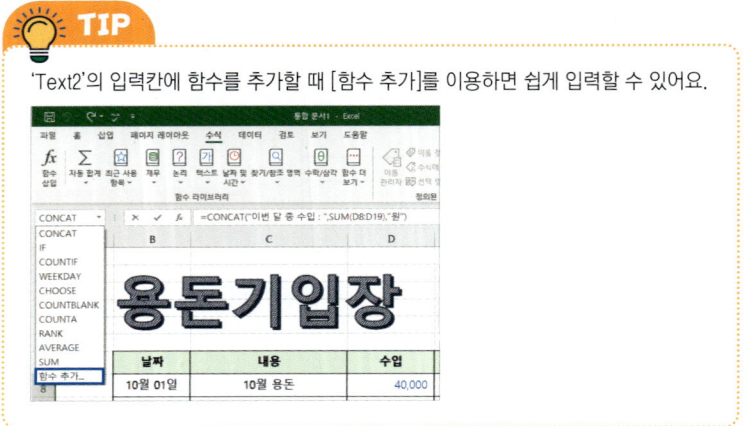

4 '용돈1~4.png' 그림을 삽입하고 그림과 같이 배치합니다.

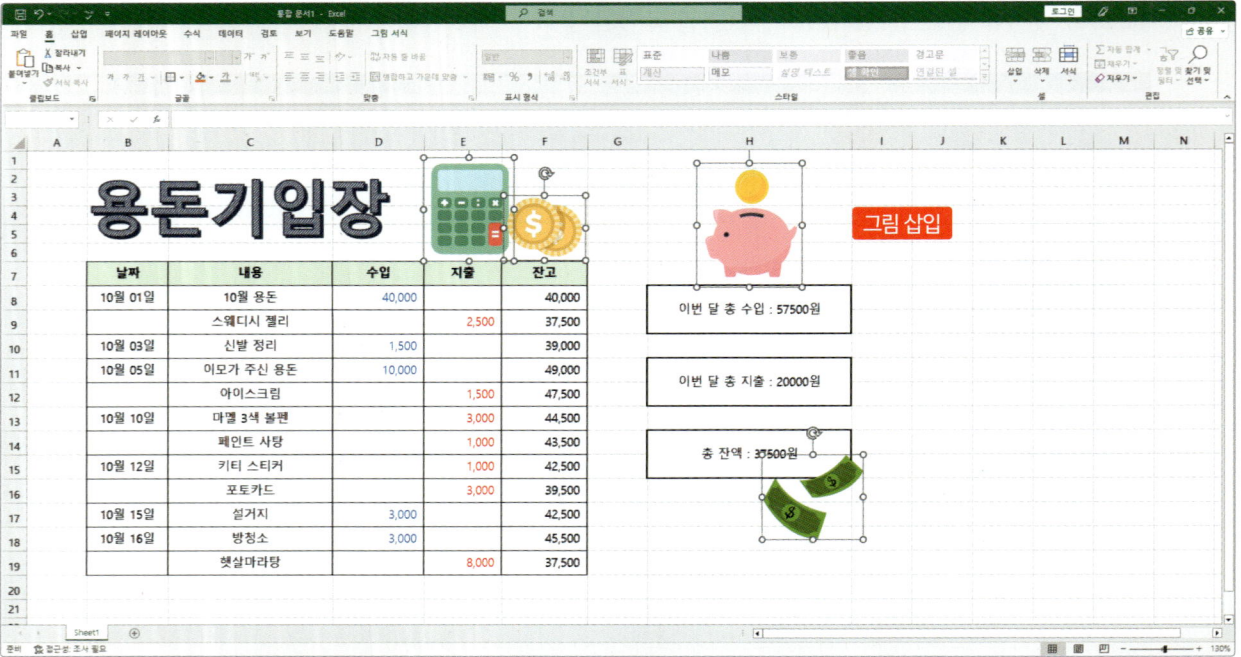

실력 쑥쑥! 창의력 쑥쑥!

1 다음과 같은 독서 캠프 현황표를 완성해보세요.

예제파일 독서캠프.xlsx 완성파일 독서캠프(완성).xlsx

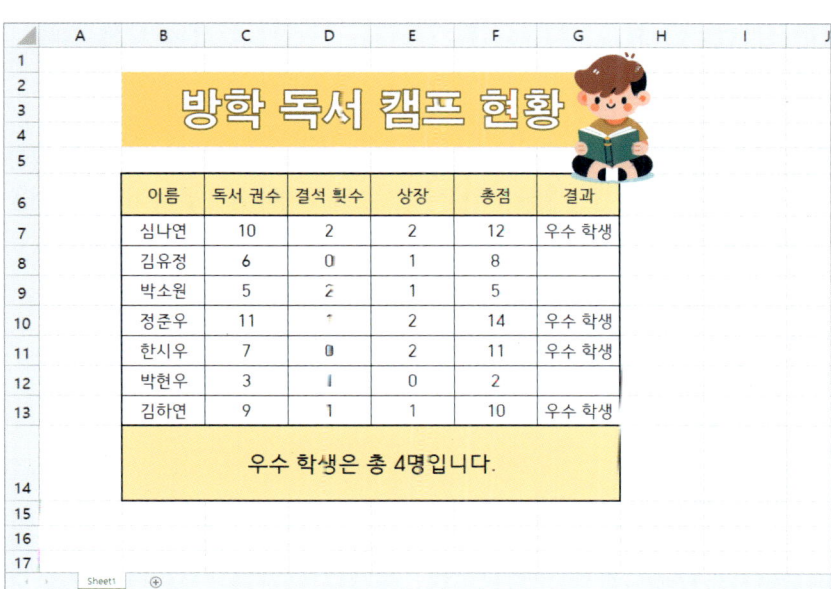

① 조건
- 총점:독서권수-결석 횟수+(상장×2점)
- 결과:총점이 10이상이면 우수 학생

② 'F7' : '=C7-D7+(E7*2)'

③ 'G7' : '=IF(F7)=10,"우수 학생","")'

④ 'B14' : '=CONCAT("우수 학생은 총 ",COUNTIF(G7:G13,G7),"명입니다.")'

2 다음과 같은 합격 발표를 완성해 보세요.

예제파일 합격발표.xlsx 완성파일 합격발표(완성).xlsx

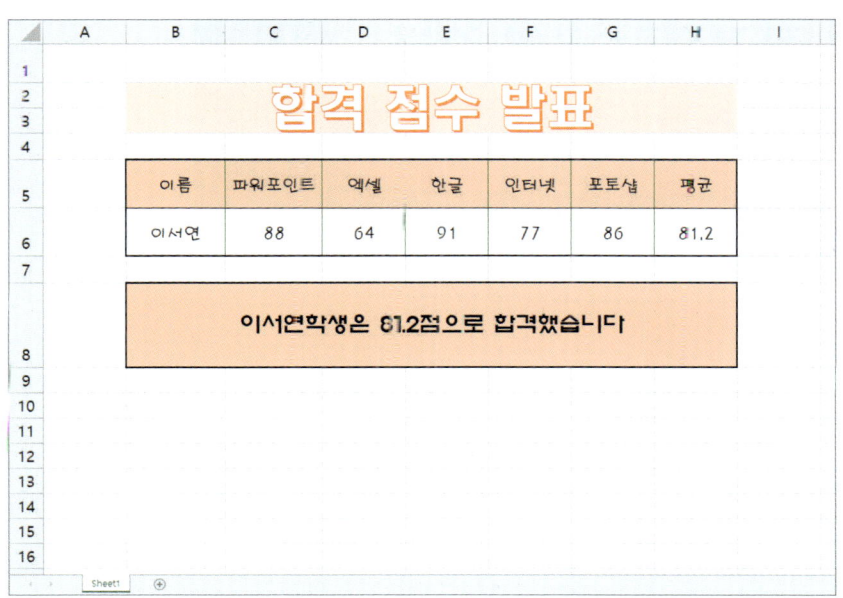

① 조건
- 평균점수가 '80'점 이상이면 합격

② 'H6' : '=AVERAGE(C6:G6)'

③ 'B8' : '=IF(H6>=80,CONCAT(B6,"학생은 ",H6,"점으로 합격했습니다"),CONCAT(B6,"학생은 ",H6,"점으로 불합격했습니다"))'

D-DAY 일정표

오늘의 미션
- 도형을 삽입하고 도형 스타일 설정하기
- 셀 서식 설정하기
- TODAY 함수로 남은 일수 계산하기

일정 기간 동안 해야 할 일을 계획하고 기록한 양식을 일정표라고 합니다. 일정표를 작성하면 목표로 하는 날짜까지 진행 상황을 미리 파악할 수 있고 해야 할 일을 잊어버리는 것을 방지할 수 있습니다.

작품 미리보기

 **예제파일** 공연1~3.png   **완성파일** 공연준비(완성).xlsx

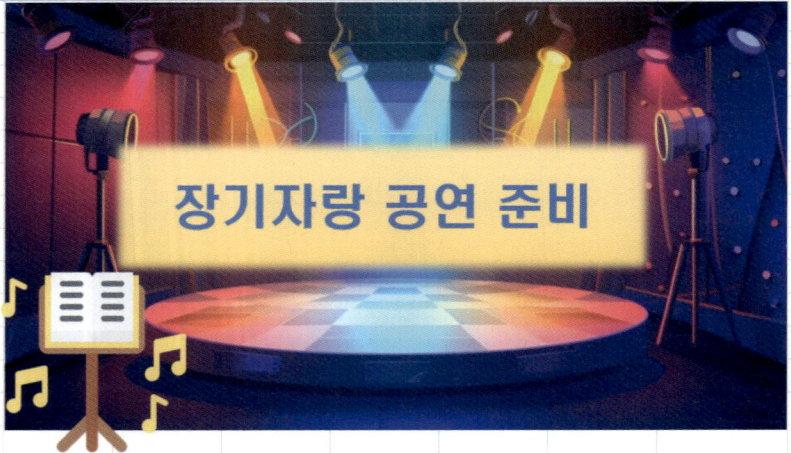

계획	장기자랑 공연 준비 일정
D-24	의상 준비하기
D-23	노래 편집하기
D-18	안무 개인연습하기
D-17	동선 맞춰보기
D-12	안무 디테일 맞추기
D-4	의상과 소품 리허설 하기
D-1	공연 전체 리허설

공연 날짜	2025-05-15
D-DAY	80

도형을 삽입하고 도형 스타일 설정하기

도형을 삽입한 후 도형 스타일을 설정합니다.

1 Excel 2021을 실행하고 [새 통합 문서]를 클릭한 후 '공연1.png' 그림을 삽입하여 크기 및 위치를 조절합니다.

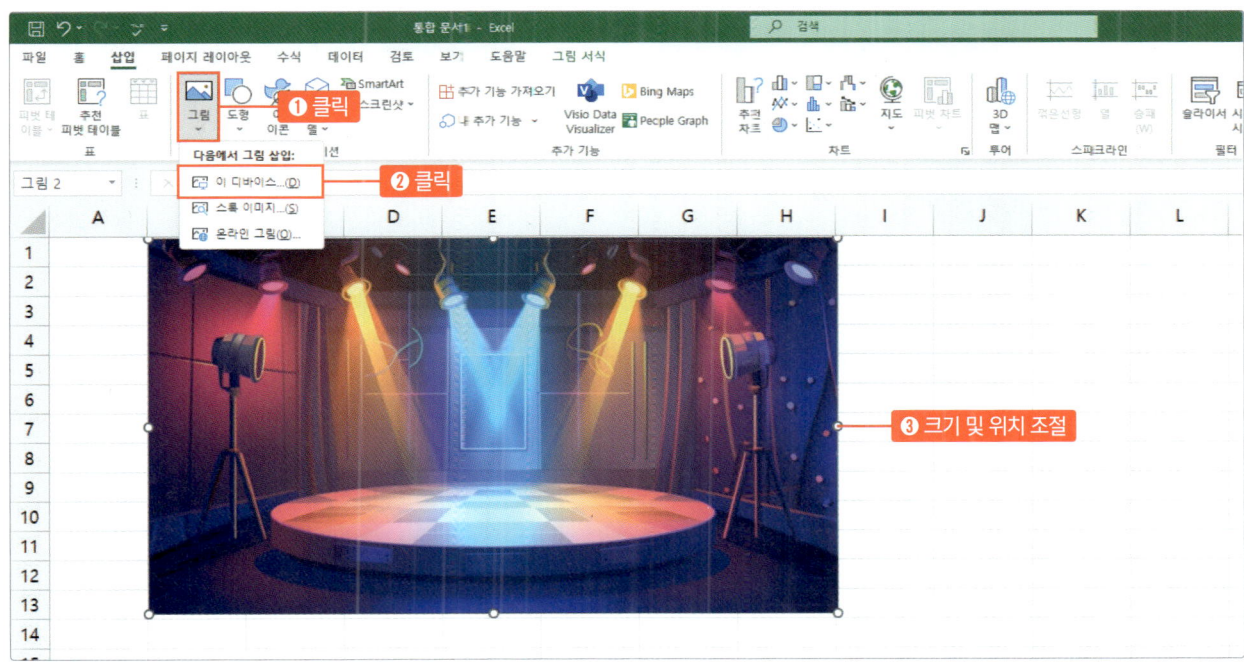

2 [삽입] 탭의 [일러스트레이션] 그룹에서 [도형]-'직사각형'을 선택한 후 드래그하여 그림 위로 삽입합니다. 삽입한 '직사각형' 도형을 선택한 후 [도형 서식] 탭의 [도형 스타일] 그룹에서 '미세 효과-황금색, 강조 4'를 지정합니다.

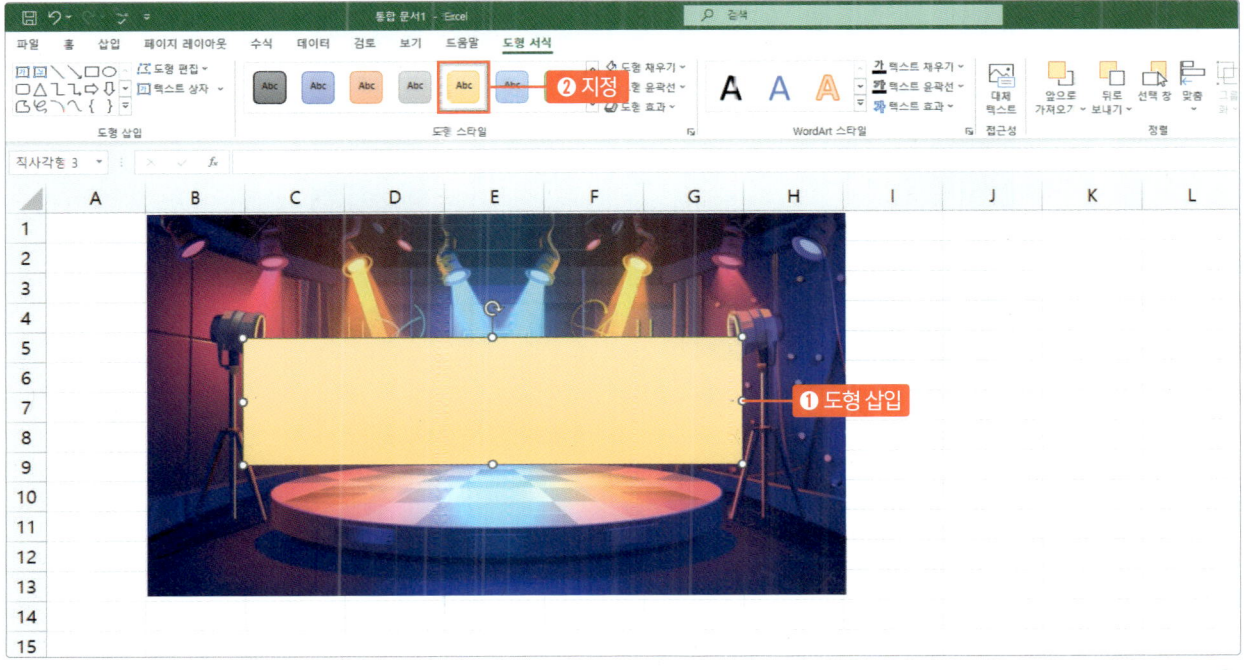

③ 이어서 [도형 서식] 탭의 [도형 스타일] 그룹에서 [도형 효과]를 클릭하고 [부드러운 가장자리]의 '5 포인트'를 클릭합니다.

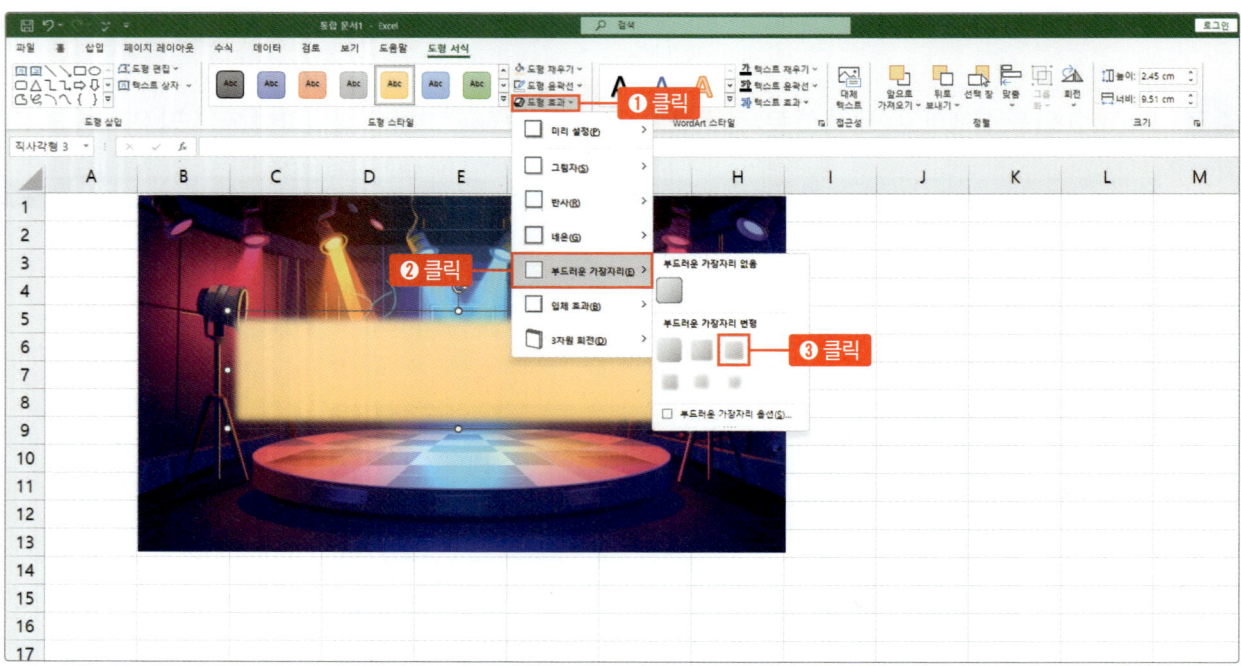

④ 도형을 클릭한 후 '장기자랑 공연 준비'를 입력하고 글꼴을 'HY헤드라인M', 글꼴 크기를 '24'pt, 글꼴 색을 '파랑, 강조 1', [가운데 맞춤]으로 지정합니다.

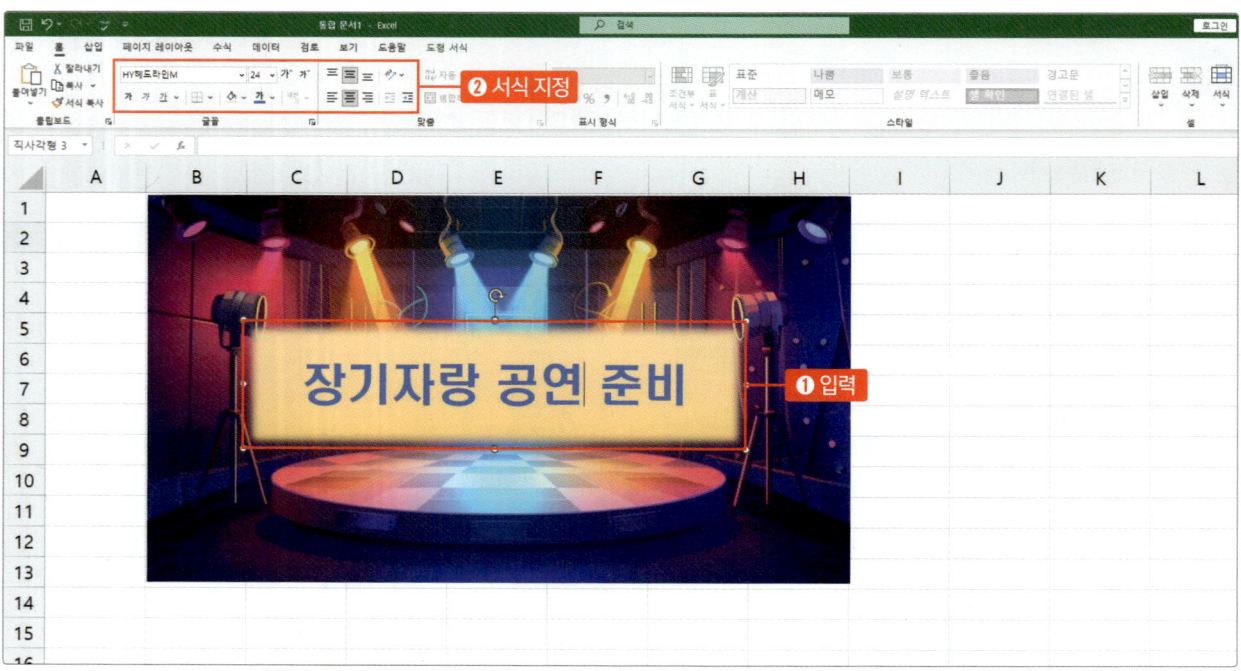

셀 서식 설정하기

데이터를 입력하고 채우기 색과 테두리 등의 셀 서식을 설정합니다.

1 그림과 같이 데이터를 입력한 후 'C15:E15',…,'C22:E22'를 각각 선택하여 [병합하고 가운데 맞춤]을 클릭합니다. 그 다음 'B16:E16', 'G17:G18'을 Ctrl 키를 누른 채로 드래그한 후 채우기 색을 '주황, 강조2, 80% 더 밝게'로 설정하고 열 너비와 행 높이를 적절히 조절합니다.

2 'B15:E22', 'G16:H17'을 Ctrl 키를 누른 채로 드래그하여 선택한 후 [가운데 맞춤]을 클릭하고 [모든 테두리]와 [굵은 바깥쪽 테두리]를 차례대로 클릭하여 지정합니다.

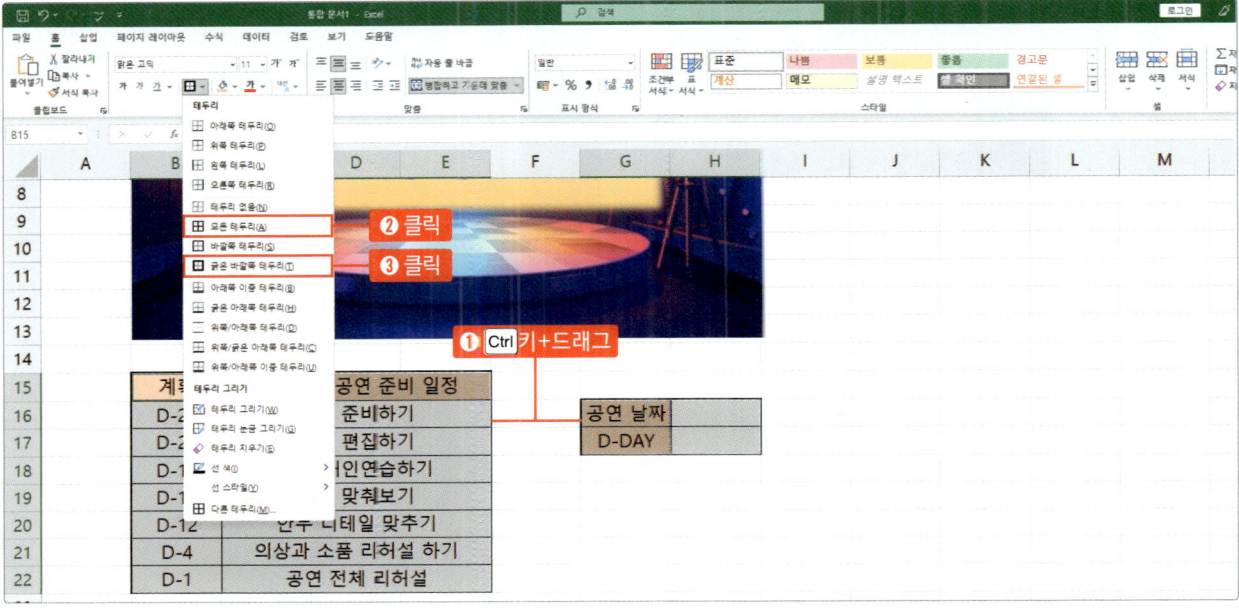

03 TODAY 함수로 남은 일수 계산하기

함수를 사용하여 오늘 날짜를 입력하고 공연까지 남은 일수를 계산합니다.

1 'H16'셀에 임의의 공연 날짜를 입력합니다. 그 다음 'H17'을 클릭하고 '=H16-'를 입력한 후 [수식] 탭의 [함수 라이브러리] 그룹에서 [날짜 및 시간]-'TODAY'를 클릭하고 [함수 인수] 대화상자가 실행되면 [확인] 단추를 클릭합니다.

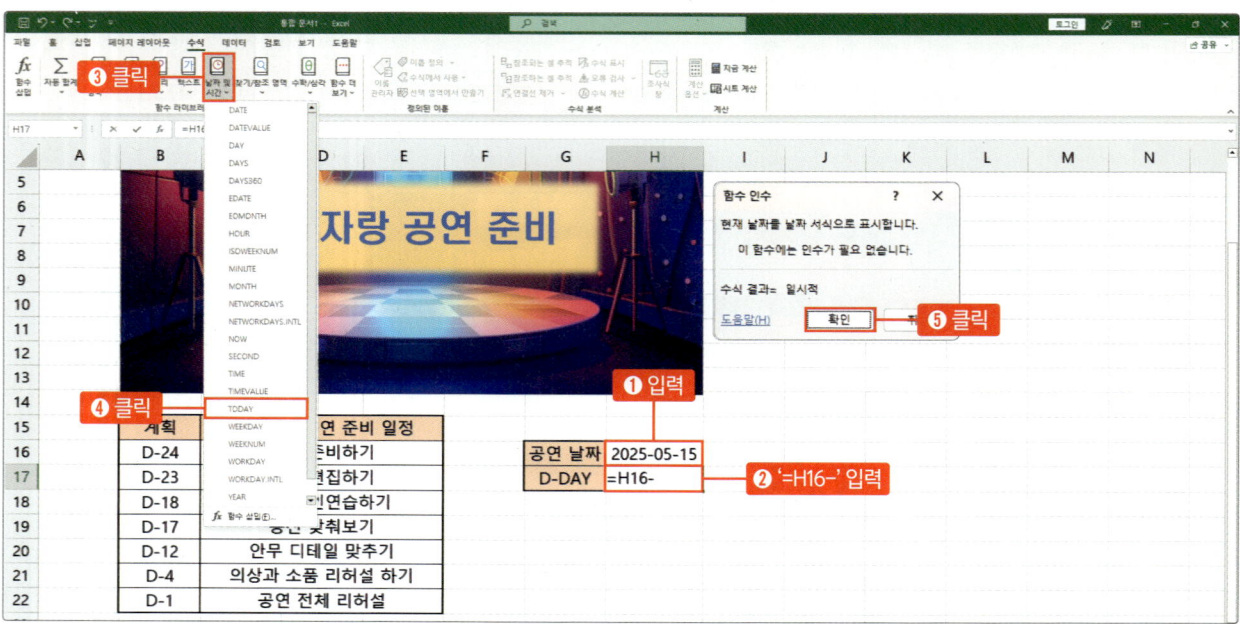

2 'H17'셀을 클릭한 후 [홈]탭의 [표시 형식] 그룹에서 '일반'을 적용하고 변경된 형식에 따라 나온 값을 확인합니다.

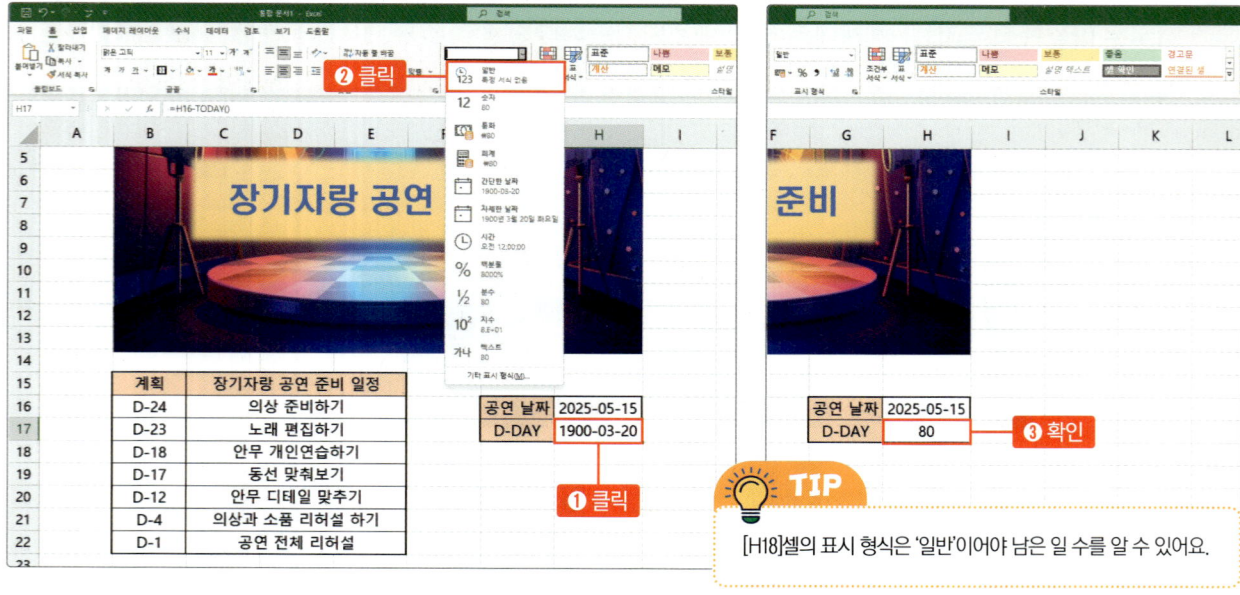

TIP [H18]셀의 표시 형식은 '일반'이어야 남은 일 수를 알 수 있어요.

3 '공연2~3.png' 그림을 삽입한 후 크기와 위치를 조절합니다.

실력 쑥쑥! 창의력 쑥쑥!

1 다음과 같은 친구 생일 파티 준비표를 완성해 보세요.

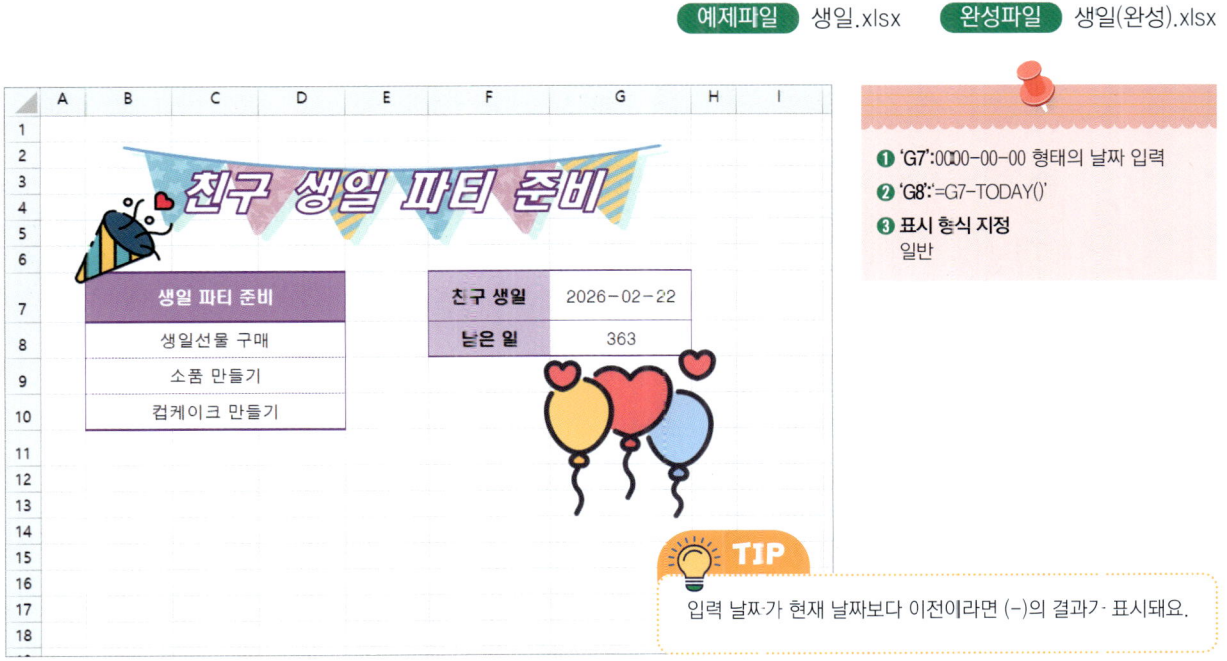

- ❶ 'G7': 0000-00-00 형태의 날짜 입력
- ❷ 'G8': =G7-TODAY()
- ❸ 표시 형식 지정
  일반

TIP 입력 날짜가 현재 날짜보다 이전이라면 (-)의 결과가 표시돼요.

2 다음과 같은 크리스마스 홈파티 준비표를 완성해 보세요.

- ❶ 'G14': =G13-TODAY()
- ❷ 표시 형식 지정
  일반

CHAPTER 16

반장 선거 결과는?

오늘의 미션
- ✓ RANK 함수로 순위 구하기
- ✓ 조건부 서식으로 아이콘 표시하기
- ✓ 원형 차트 만들기

투표를 통해 모임이나 단체를 대표하거나 일을 맡아 할 사람을 뽑는 일을 선거라고 합니다. 다수결의 원칙에 따라 가장 많은 표를 얻은 사람이 당선되며, 후보들간의 득표수를 통해 전체 중 얼마가 당선인을 지지하는지 알 수 있습니다.

작품 미리보기

예제파일 반장선거.xlsx, 투표.png   **완성파일** 반장선거(완성).xlsx

우리반 반장선거

이름	득표수	순위	당선
박슬기	4표	4위	
이소현	10표	1위	★
강태하	3표	5위	
김미서	5표	3위	
장우진	8표	2위	

01 RANK 함수로 순위 구하기

RANK 함수를 이용하여 득표수의 양에 따른 순위를 계산합니다.

1 Excel 2021을 실행하여 '반장선거.xlsx' 파일을 불러온 후 'D4' 셀을 클릭합니다. [수식] 탭의 [함수 삽입]을 클릭한 후 검색창에 'RANK'를 검색하고 [확인]을 클릭합니다. [함수 인수] 대화상자에서 Number의 입력칸에 'C4'를 입력하고 Ref의 입력칸에 '$C$4:$C$8'을 입력하고 Order의 입력칸에 '0'을 입력한 후 [확인]을 클릭합니다. 그 다음 'E4' 셀을 클릭하고 '=D4'를 입력하고 Enter 키를 누릅니다.

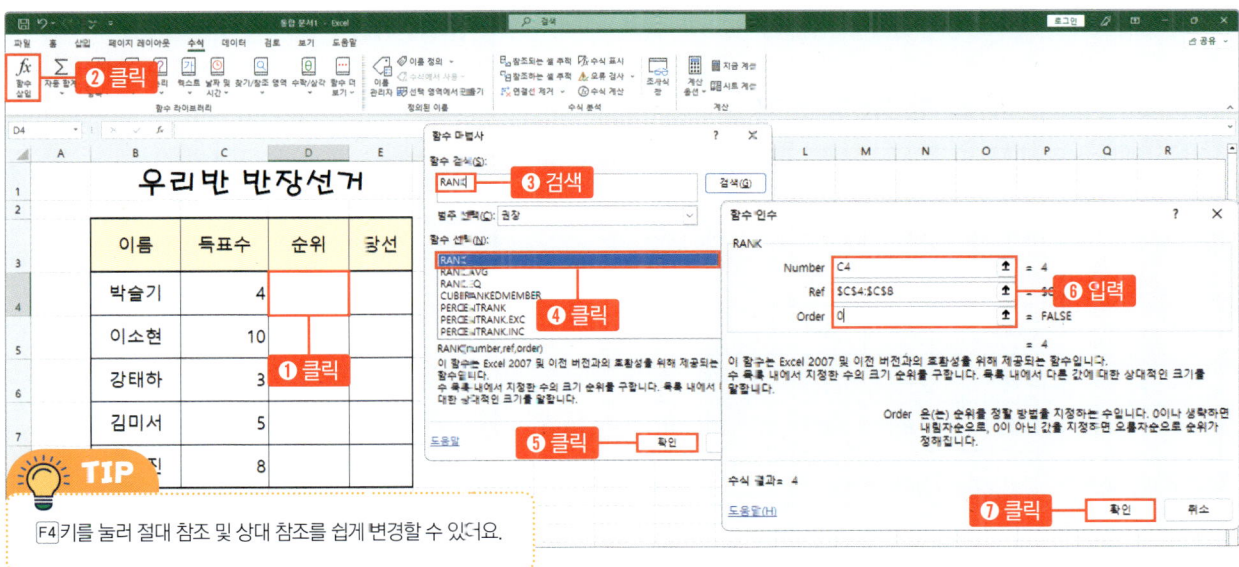

TIP F4 키를 눌러 절대 참조 및 상대 참조를 쉽게 변경할 수 있어요.

2 'D4:E4'를 드래그한 후 채우기 핸들을 'D8:E8'까지 드래그하여 자동 채우기 옵션을 클릭하고 [서식 없이 채우기]를 선택합니다. 이어서 'C4:C8'의 표시 형식을 '0"표"', 'D4:D8'의 표시 형식을 '0"위"'로 변경하고 [가운데 맞춤]을 설정합니다.

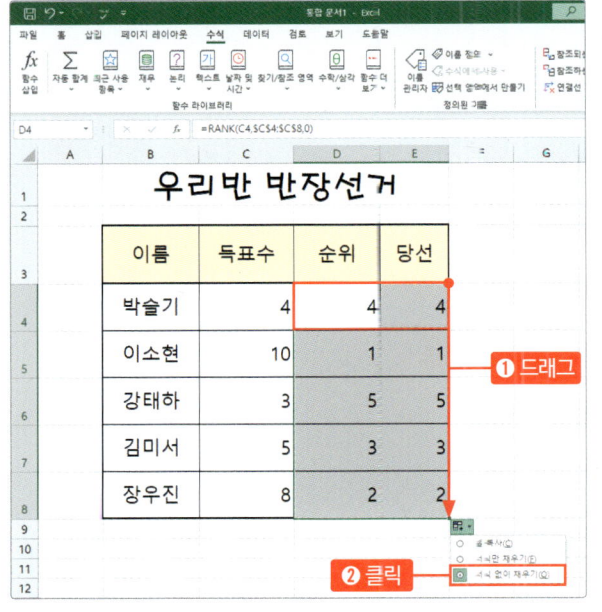

CHAPTER 16 · 반장 선거 결과는? **099**

02 조건부 서식으로 아이콘 표시하기

조건부 서식의 아이콘 집합을 이용하여 당선인에게 아이콘을 표시합니다.

1 'E4:E8'을 드래그하여 영역을 지정한 후 [홈] 탭의 [스타일] 그룹에서 [조건부 서식]을 클릭하고 [아이콘 집합]의 [기타 규칙]을 클릭합니다.

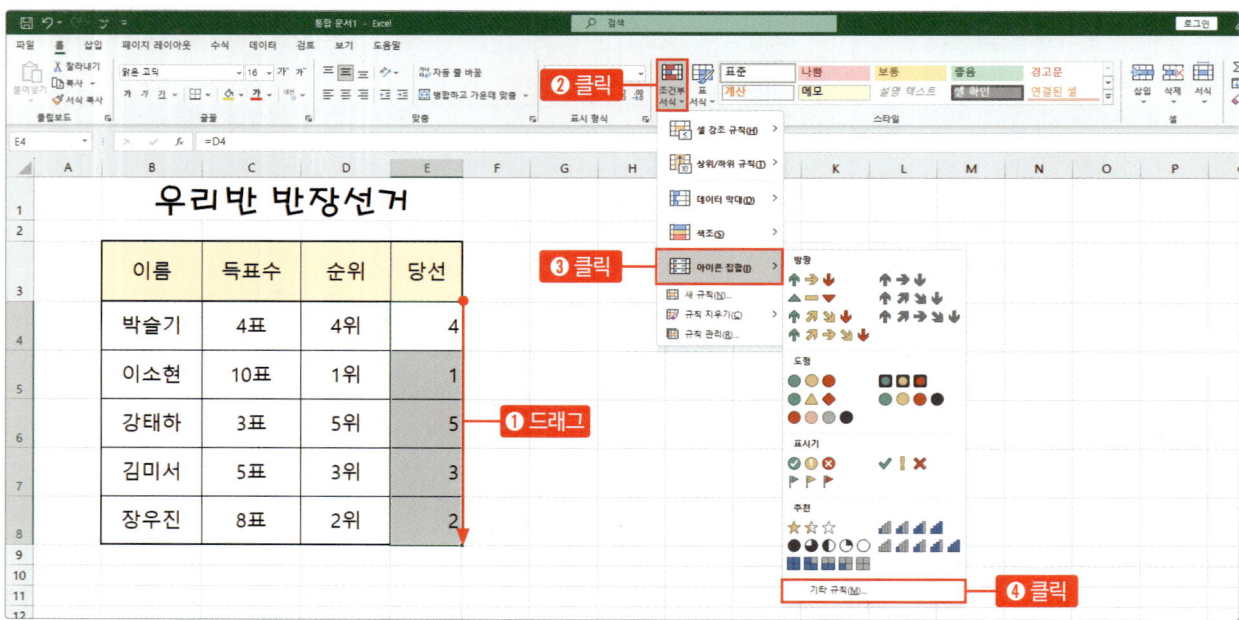

2 [새 서식 규칙] 대화상자에서 '아이콘만 표시'를 체크한 후 '다음 규칙에 따라 각 아이콘 표시'영역에서 '종류', '값'과 표시될 아이콘 유형을 지정하고 [확인]을 클릭합니다.

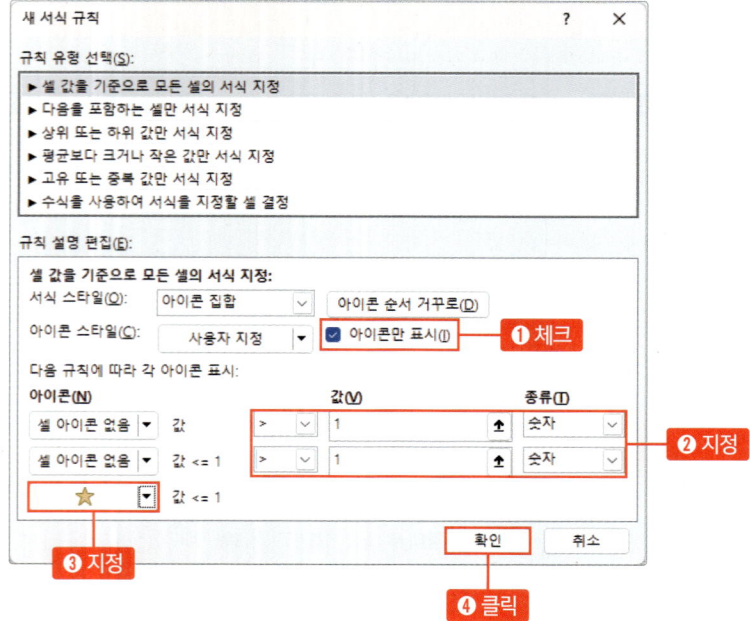

03 원형 차트 만들기

원형 차트를 삽입하여 득표수의 비율을 확인합니다.

1 'B3:C8'을 드래그하여 영역을 지정한 후 [삽입] 탭의 [차트] 그룹에서 [원형 또는 도넛형 차트 삽입]의 [2차원 원형]을 클릭하여 차트를 삽입한 후 위치와 크기를 변경합니다.

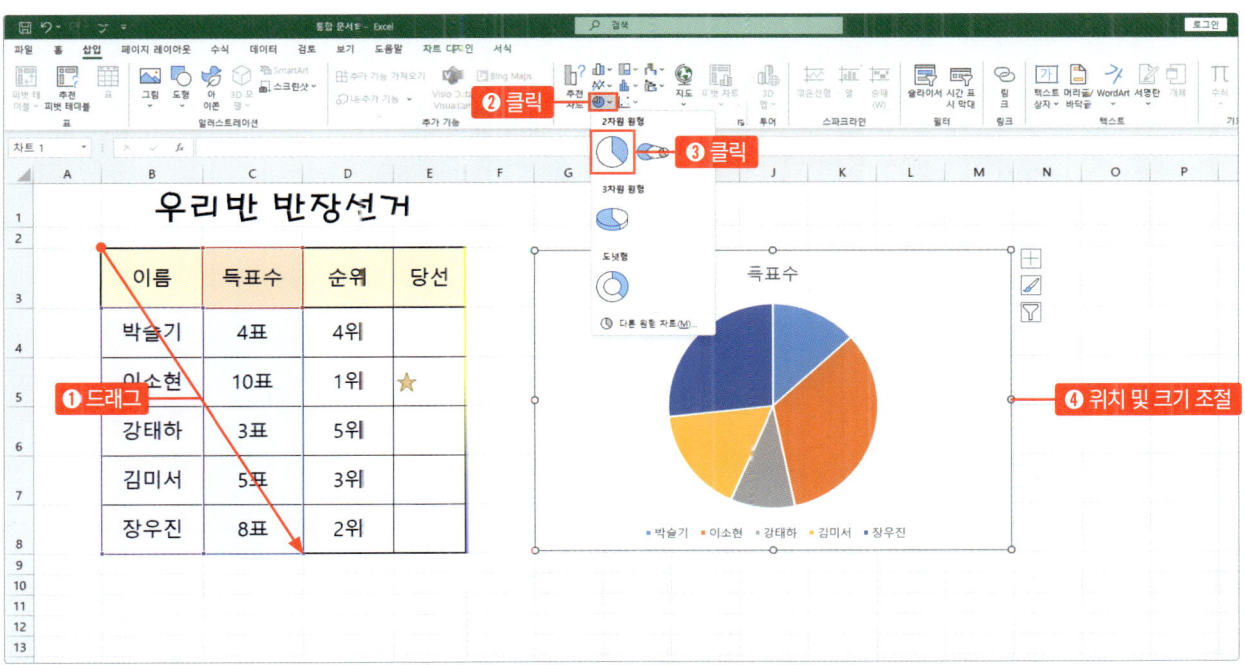

2 삽입한 차트를 선택하고 [차트 디자인] 탭의 [차트 스타일] 그룹에서 '스타일 8'로 설정한 후 차트 요소의 '범례' 설정 체크를 해제합니다.

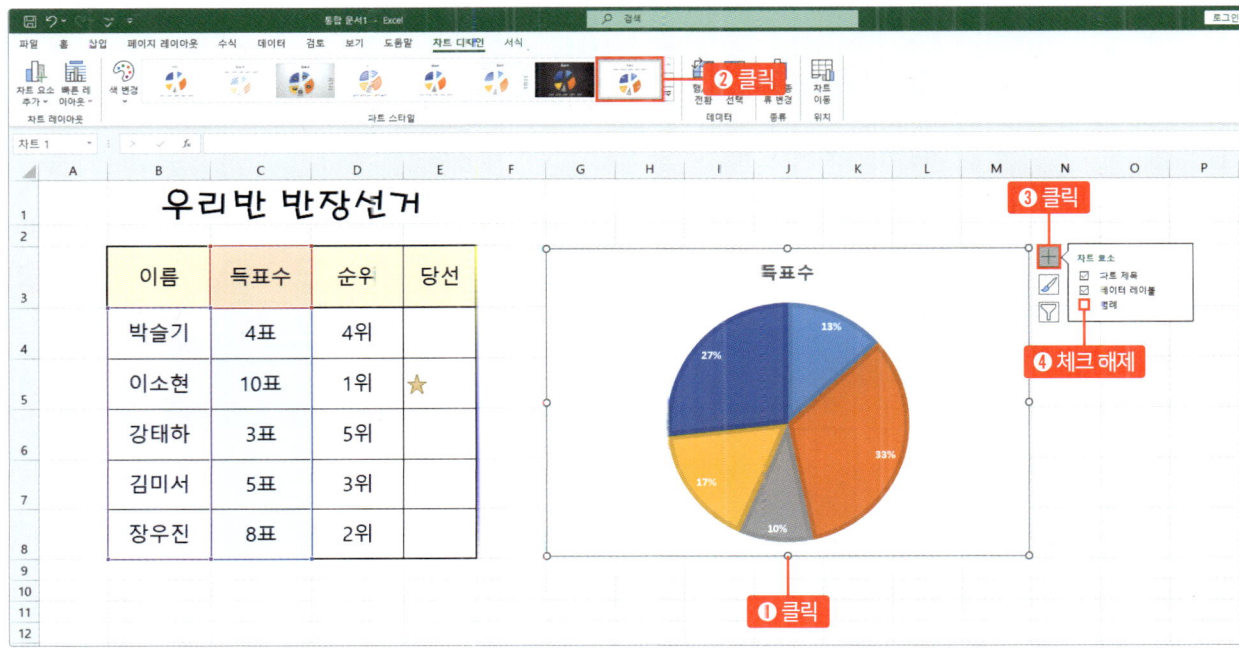

③ 이어서 [차트 디자인] 탭의 [차트 레이아웃] 그룹에서 [차트 요소 추가]-[데이터 레이블]의 '기타 데이터 레이블 옵션'을 클릭합니다. [데이터 레이블 서식] 창에서 레이블 옵션의 '항목 이름', '값'을 선택하고 레이블 위치를 '가운데'로 설정합니다.

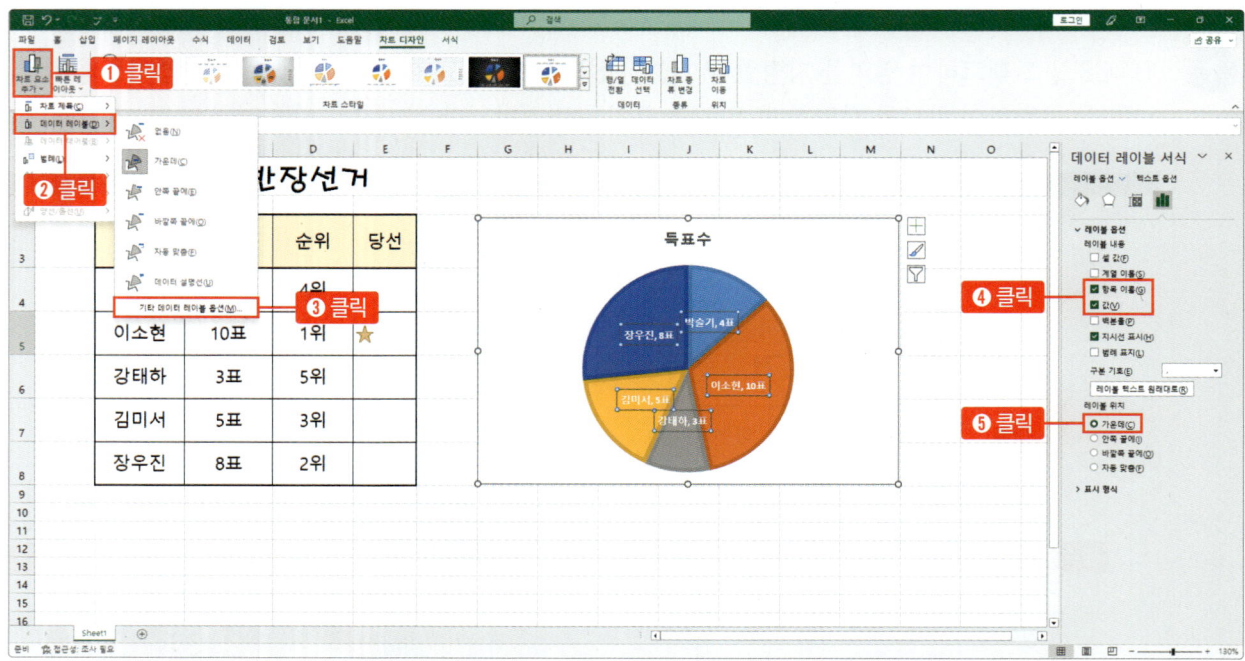

④ 차트 제목을 '우리반 반장선거 결과'로 변경하고 글꼴과 글자크기를 임의로 지정합니다. 그 다음 '그림 영역'을 드래그하여 차트의 위치를 이동한 후 '차트 영역'을 선택한 다음 [서식] 탭의 [도형 스타일] 그룹에서 [도형 채우기]의 [그림]을 클릭하여 '투표.png' 그림을 선택합니다.

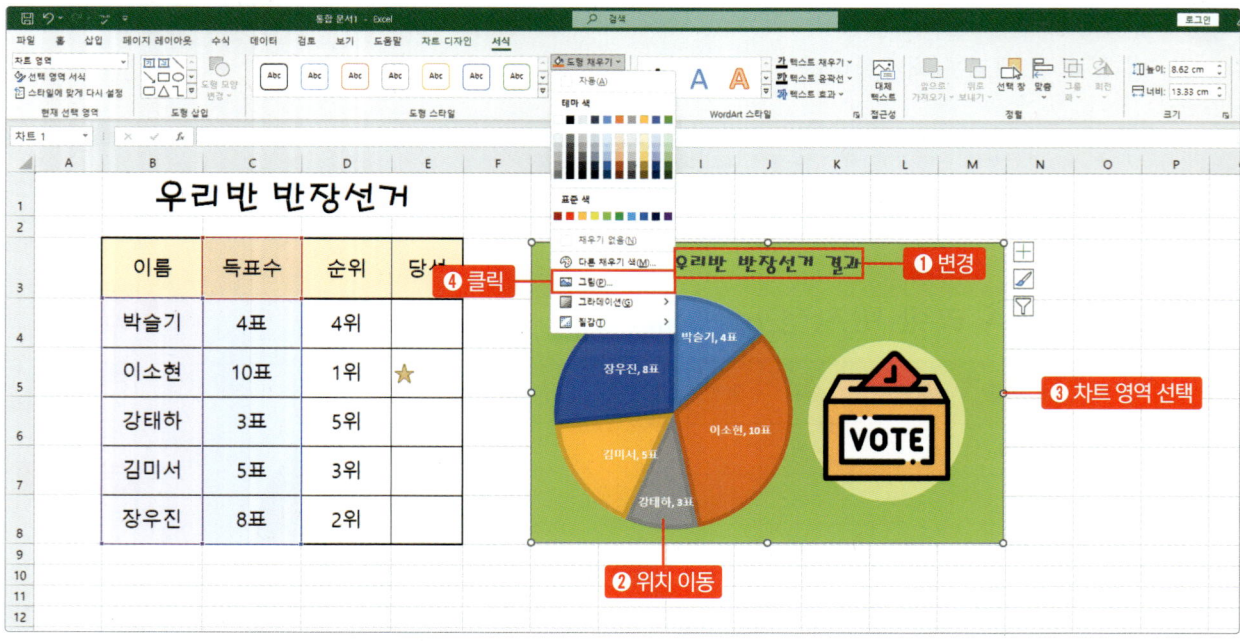

⑤ 이어서 '이소현' 요소만 바깥쪽으로 드래그하여 쪼개기 합니다.

실력 쑥쑥! 창의력 쑥쑥!

1 다음과 같은 체육대회 점수 순위표를 완성해 보세요.

예제파일: 체육대회.png   완성파일: 체육대회(완성).xlsx

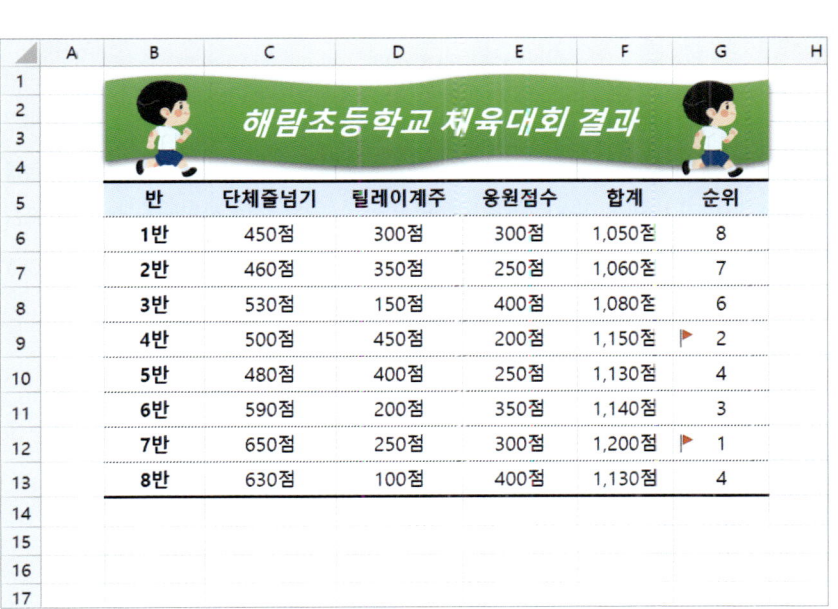

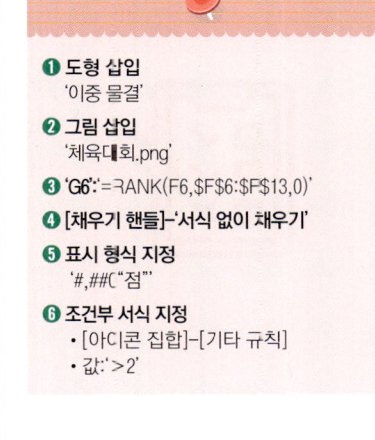

❶ 도형 삽입
 '이중 물결'
❷ 그림 삽입
 '체육대회.png'
❸ 'G6': '=RANK(F6,$F$6:$F$13,0)'
❹ [채우기 핸들]-'서식 없이 채우기'
❺ 표시 형식 지정
 '#,##0"점"'
❻ 조건부 서식 지정
 • [아이콘 집합]-[기타 규칙]
 • 값: '>2'

2 다음과 같은 학생들의 등교 방법 차트를 완성해 보세요.

예제파일: 도보.png, 버스.png, 자전거.png   완성파일: 등교방법(완성).xlsx

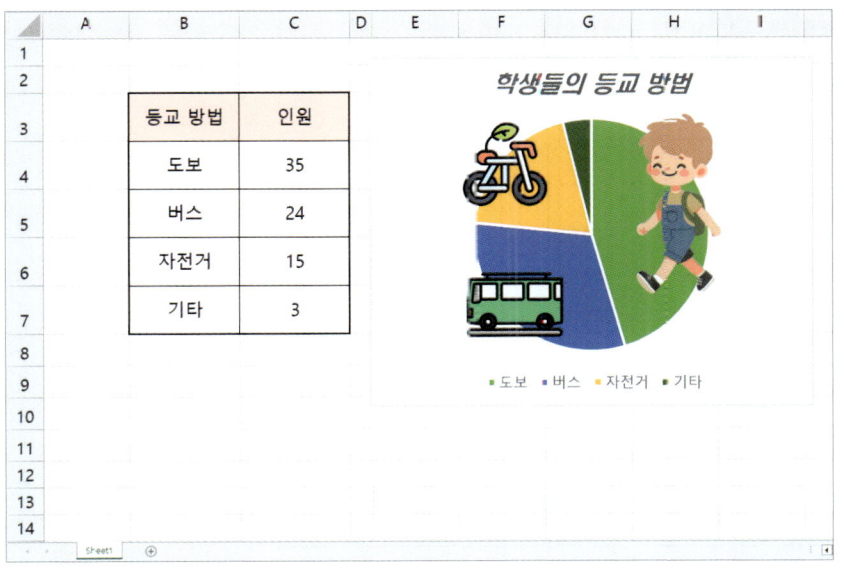

❶ 차트 삽입
 [원형 또는 도넛형 차트]-'2차원 원형'
❷ 차트 제목 변경
 • '학생들의 등교 방법'
 • HY헤드라인M, 기울임꼴
❸ 차트 도구 디자인 서식
 색 변경-색4
❹ 그림 삽입
 '도보, 버스, 자전거.png'

체크 리스트 만들기

오늘의 미션
- 기호 삽입 및 서식 설정하기
- 함수를 이용한 조건부 서식 설정하기
- 도형 및 그림 삽입하기

어떠한 일을 진행할 때 준비 사항을 목록으로 만들고 수행했을 때마다 표시하는 리스트를 **체크 리스트**라고 합니다. 체크 리스트를 활용하면 잊을 수 있는 준비 사항들을 한번 더 점검할 수 있는 기회가 됩니다.

 작품 미리보기

예제파일 신학기 체크 리스트.xlsx, 꾸미기1~2.png   **완성파일** 신학기 체크 리스트(완성).xlsx

✓해야 할 일	완료	사야 할 항목	완료
배울 과목 교과서 알기		새 운동화	
학기 방과후 확인하기		가방	
학교 준비물 확인하기	O	공책	O
반 배정표 확인하기		연필, 연필통, 지우개	O
담임 선생님 전화번호 알기		연필깎이	
반 위치 확인하기		네임펜	O
학교 시간표 확인하기	O	딱풀	O
시력 검사하기		색종이	
학교 행사 확인하기		가위	O
가정 통신문 확인하기		자	
급식표 확인하기		컴퍼스	
기상 알람 맞추기	O	투명 파일	

01 기호 삽입 및 서식 설정하기

입력된 데이터에 기호를 삽입하고 채우기 색과 테두리를 설정합니다.

1 Excel 2021을 실행하고 '신학기 체크 리스트.xlsx' 파일을 불러옵니다. 'B4'셀을 클릭한 후 [수식 입력줄]에 입력되어 있는 '해야 할 일' 앞을 클릭하여 커서를 위치시키고 [삽입] 탭의 [기호]를 클릭합니다. [기호] 대화 상자에서 원하는 모양의 기호를 삽입합니다.

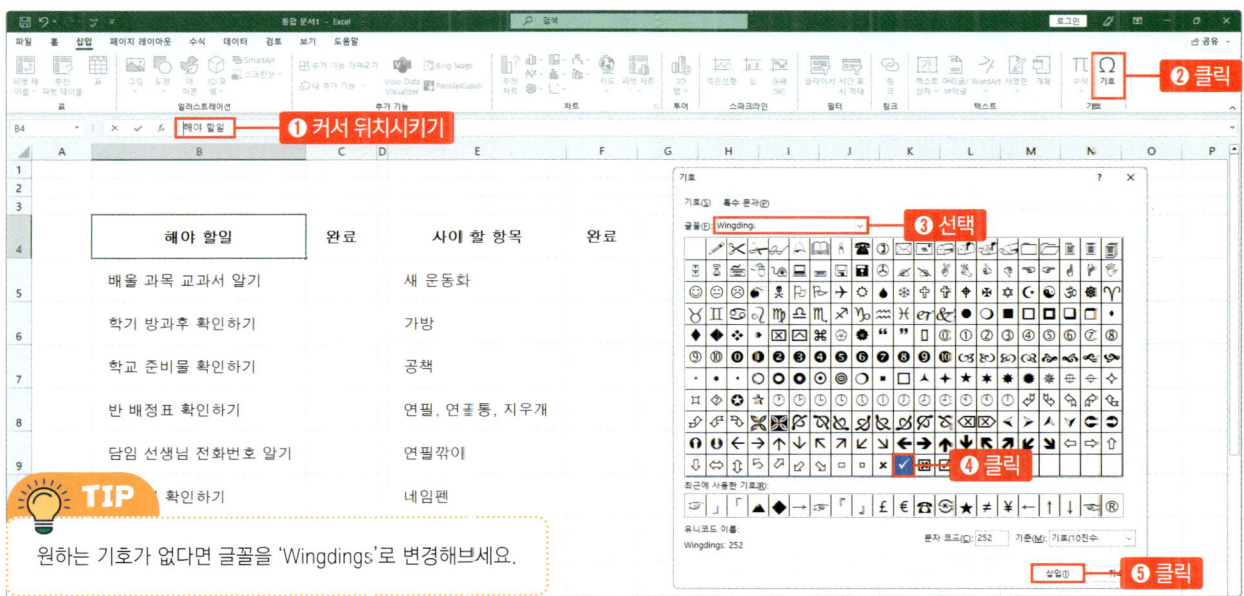

TIP 원하는 기호가 없다면 글꼴을 'Wingdings'로 변경해보세요.

2 'B4:C4', 'E4:F4'를 드래그하여 영역을 지정한 후 채우기 색을 임의의 색으로 설정하고 'B4:C16', 'E4:F16'을 드래그하여 영역을 지정한 후 테두리를 [모든 테두리], [굵은 바깥쪽 테두리]로 설정합니다.

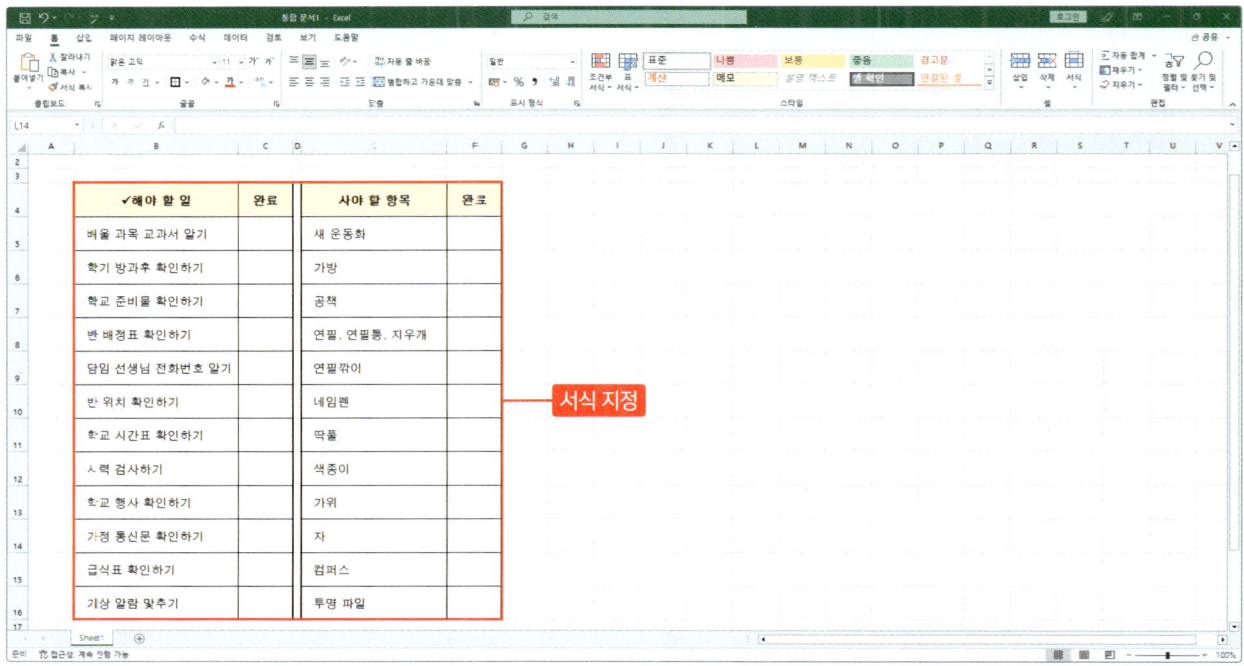

02 함수를 이용한 조건부 서식 설정하기

텍스트의 길이를 구하는 함수를 이용한 조건부 서식을 설정합니다.

1 조건부 서식을 설정하기 위해 'B5:B16'을 드래그하여 영역을 지정한 후 [홈] 탭의 [스타일] 그룹에서 [조건부 서식]의 [새 규칙]을 클릭합니다.

2 [새 서식 규칙] 대화상자가 실행되면 규칙 유형 선택을 '수식을 사용하여 서식을 지정할 셀 결정'으로 선택한 후 다음 수식이 참인 값의 서식 지정의 입력칸에 '=LEN(C5)>0'으로 입력한 다음 [서식]을 클릭합니다. [셀 서식] 대화상자에서 효과의 '취소선', 색을 테마 색의 '흰색, 배경1, 35% 더 어둡게'로 설정하고 [확인]을 클릭합니다.

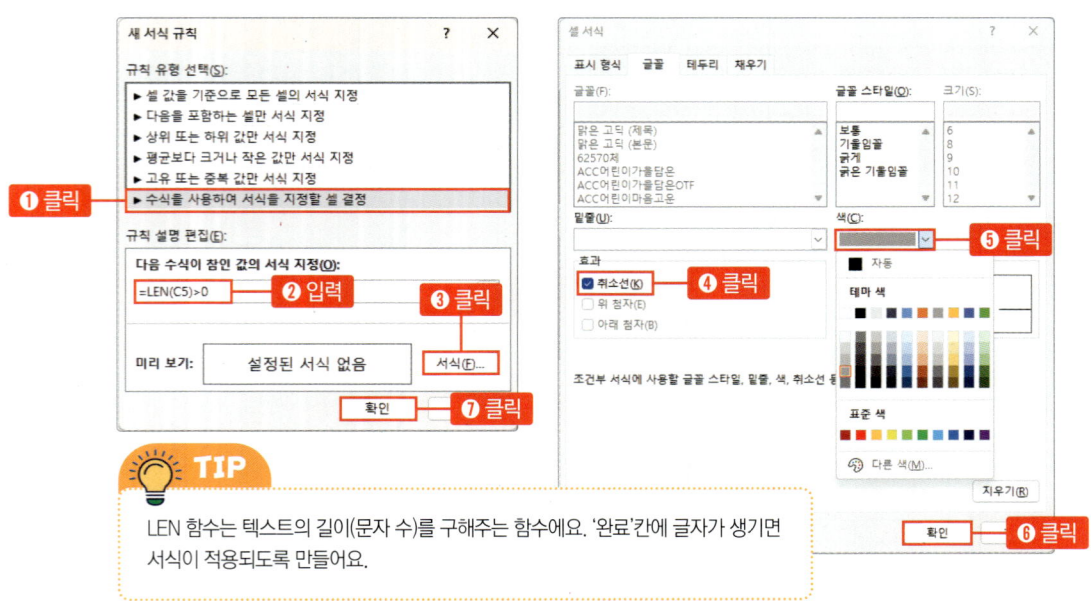

> **TIP**
> LEN 함수는 텍스트의 길이(문자 수)를 구해주는 함수에요. '완료'칸에 글자가 생기면 서식이 적용되도록 만들어요.

③ ❶~❷과 같은 방법으로 'E5:E16'을 드래그하여 영역을 지정한 후 조건부 서식('=LEN(F5)>0')을 적용합니다.

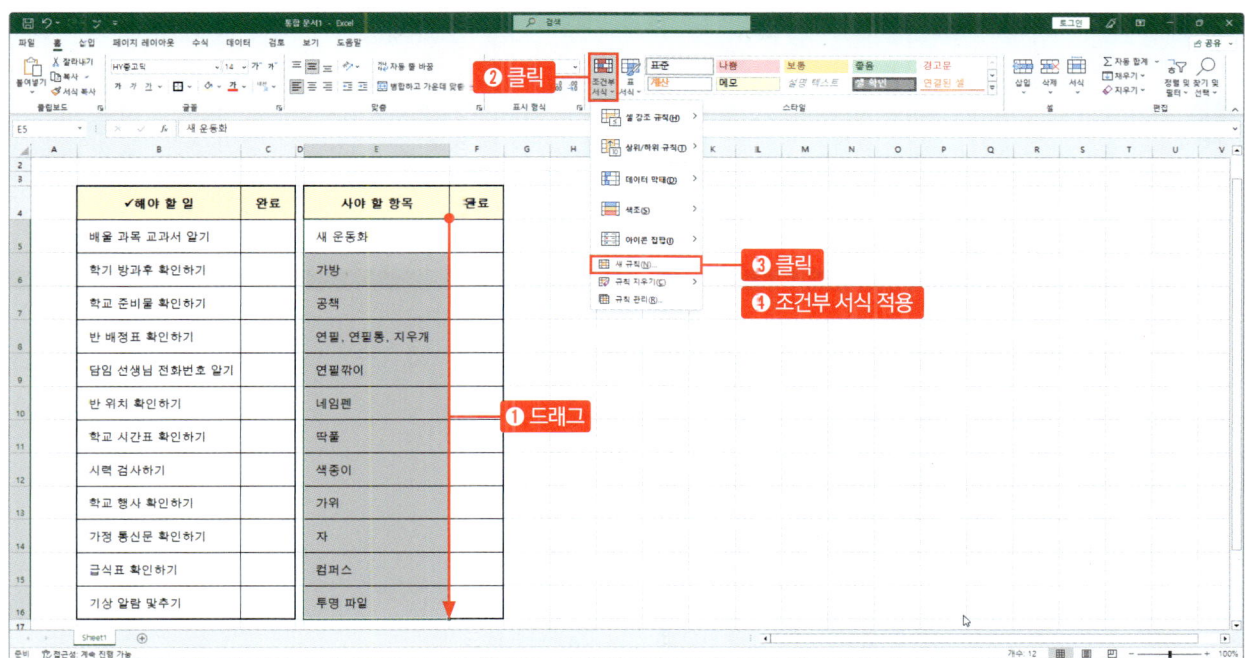

④ 아래와 같이 '완료' 항목에 텍스트를 입력하여 설정된 조건부 서식이 적용되는지 확인합니다.

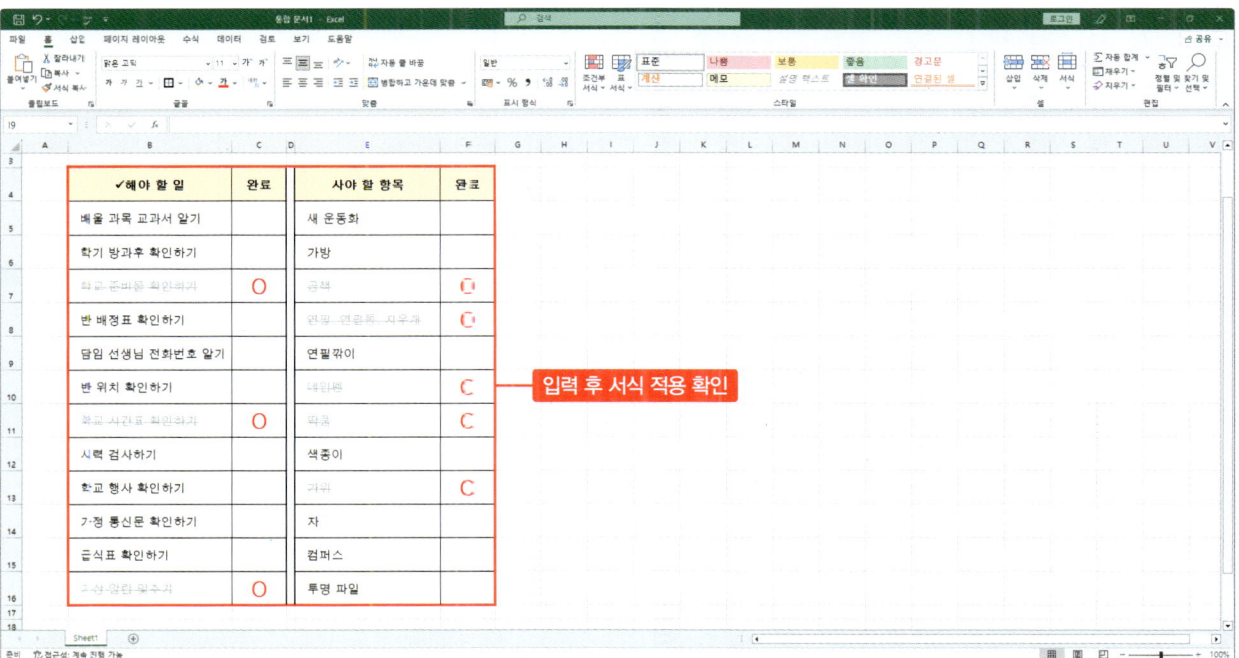

03 도형 및 그림 삽입하기

도형을 삽입하여 도형 효과를 설정하고 그림을 삽입하여 꾸밉니다.

1 '직사각형' 도형을 삽입한 후 '신학기 체크 리스트'를 입력하고 글꼴을 '휴먼편지체', 글자 크기를 '26'pt, '굵게'로 지정합니다. 그 다음 [도형 채우기]를 클릭하여 '회색, 강조3, 80% 더 밝게'를 선택하고, [도형 효과]를 클릭하여 [부드러운 가장자리]의 '5 포인트'로 설정합니다.

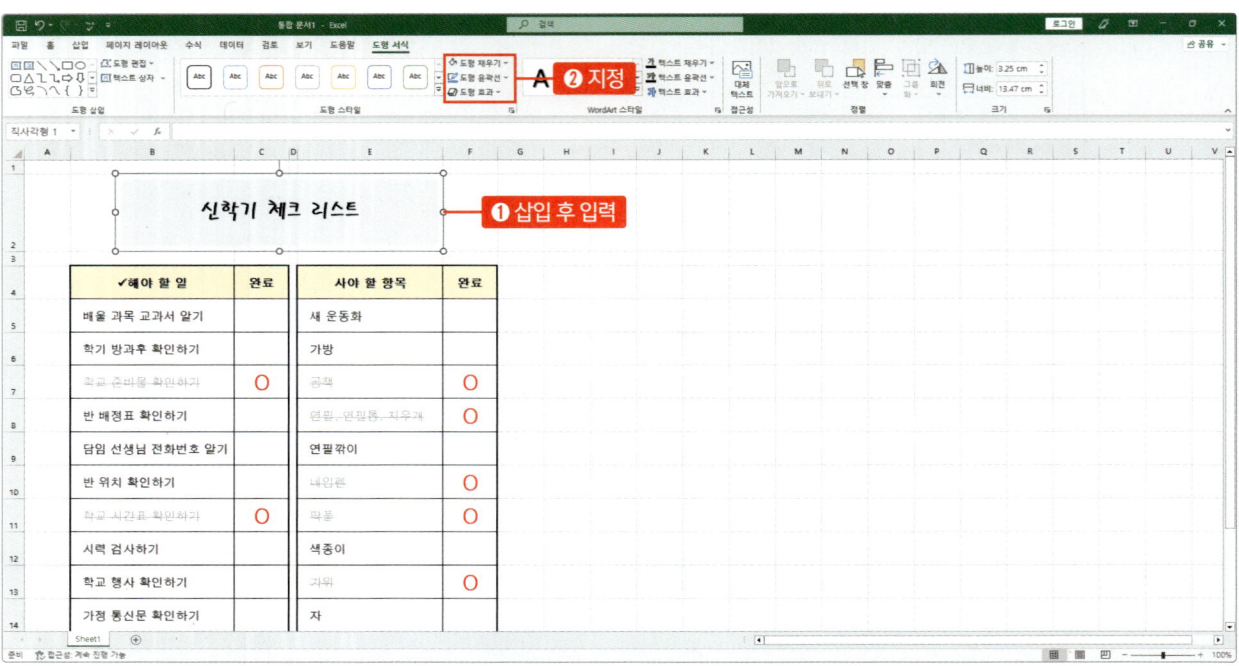

2 '꾸미기1~2.png' 그림을 삽입한 후 크기 및 위치를 변경하여 체크 리스트를 꾸밉니다.

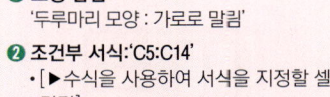

① 다음과 같은 방학 숙제 체크리스트를 완성해 보세요.

예제파일 방학숙제.png   완성파일 방학숙제(완성).xlsx

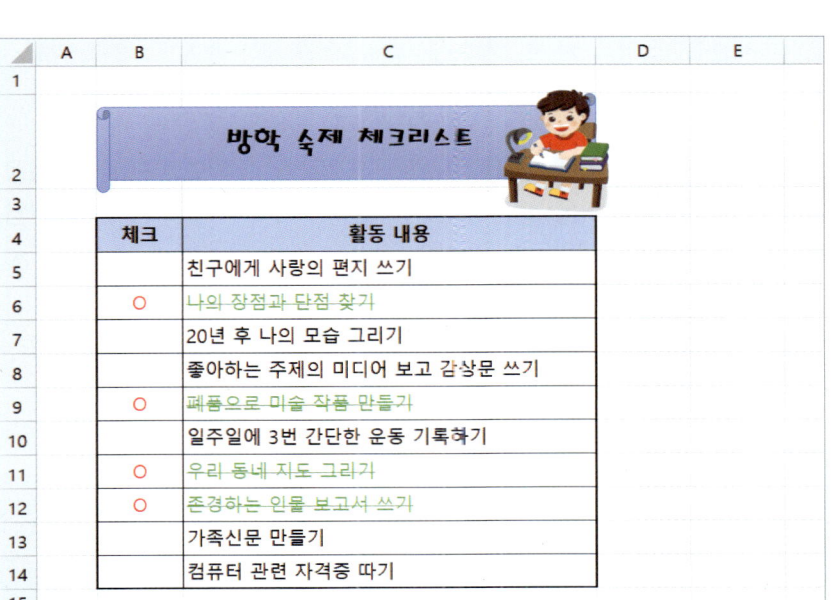

❶ 도형 삽입
'두루마리 모양 : 가로로 말림'

❷ 조건부 서식:'C5:C14'
• [▶수식을 사용하여 서식을 지정할 셀 결정]
• 다음 수식이 참인 값의 서식 지정-
  '=LEN(B5)>0'
• 서식 : 취소선, 글꼴 색(임의 지정)

❸ 그림 삽입
'방학숙제.png'

② 다음과 같은 반려묘 입양 준비 품목 체크리스트를 완성해 보세요.

예제파일 없음   완성파일 반려묘(완성).xlsx

❶ WordArt 삽입
'채우기: 회색, 강조색3, 선명한 입체', 기울임꼴

❷ 조건부 서식 적용
• [▶수식을 사용하여 서식을 지정할 셀 결정]
• 다음 수식이 참인 값의 서식 지정-
  '=LEN(C6)>0'
• 서식 : 취소선, 글꼴 색 및 채우기 색(임의 지정)

❸ 서식 임의 지정

도서 대출증

오늘의 미션
- 서식 설정하기
- 데이터 유효성 검사 설정하기
- VLOOKUP 함수 사용하기

도서관에서 책을 빌릴 때 대여한 사람의 정보를 쉽게 기록할 수 있도록 도서 대출증을 이용합니다. 도서 대출증에는 이름, 학년, 반 등 나의 정보가 기재되어 있으며 대여와 반납 등에 있어 다른 사람이 이용하지 않도록 조심해야 합니다.

 작품 미리보기

예제파일 도서대출증.xlsx, 바코드.png, 사진1~3.png, 꾸미기1~2.png
완성파일 도서대출증(완성).xlsx

이름	학년	반	번호
강해린	4	3	18
박연준	4	6	19
김민정	4	7	21
허윤진	5	1	2
명재현	5	1	4
김가을	5	4	26
홍은채	5	8	1
한태산	5	8	4
유지민	6	4	22
김채원	6	5	17
안유진	6	6	3
박원빈	6	6	16

도서 대출증

이름   유지민

6 학년 4 반 22 번

해람초등학교

01 서식 설정하기

입력된 텍스트의 글꼴 및 글꼴 크기 등을 변경하여 서식을 설정합니다.

1 Excel 2021을 실행하여 '도서대출증.xlsx'파일을 불러온 후 'E5:J6', 'E12:J13'을 지정하여 [병합하고 가운데 맞춤]을 클릭합니다. 그림과 같이 텍스트를 입력하고 'E5'셀은 글꼴을 'HY헤드라인M', 글꼴 크기를 '20'pt, '굵게'로 설정하고 'E12'셀은 글꼴을 'HY헤드라인M', 글꼴 크기를 '16'pt로 설정합니다.

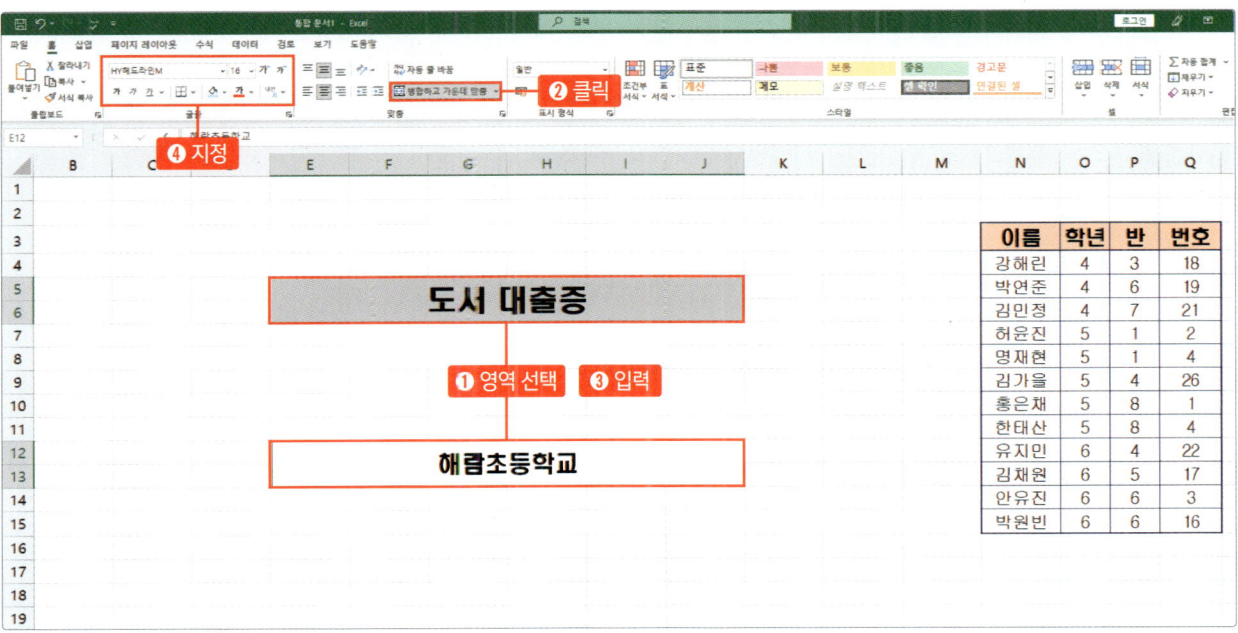

2 'F7', 'G9', 'I9', 'K9'셀에 내용을 입력한 후 글꼴을 '휴먼엑스포', 글꼴 크기를 '12'pt, [가운데 맞춤]을 지정합니다. 이어서 'B4:L14'를 드래그하여 영역을 지정한 후 [굵은 바깥쪽 테두리]를 지정합니다.

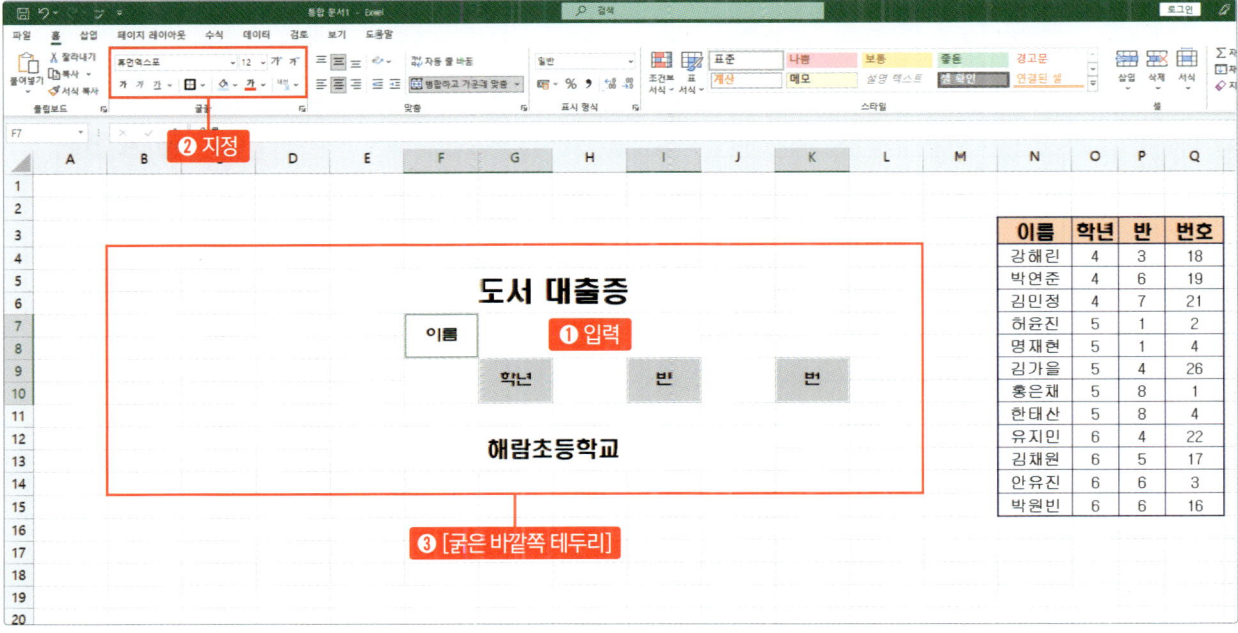

데이터 유효성 검사 설정하기

데이터 유효성 검사를 설정하여 이름이 표시되도록 합니다.

① 'G7'셀을 클릭한 후 [데이터] 탭의 [데이터 도구] 그룹에서 [데이터 유효성 검사]를 클릭합니다. [데이터 유효성 검사] 대화상자가 실행되면 [설정] 탭의 제한 대상의 드롭다운 버튼을 클릭한 후 '목록'을 선택합니다.

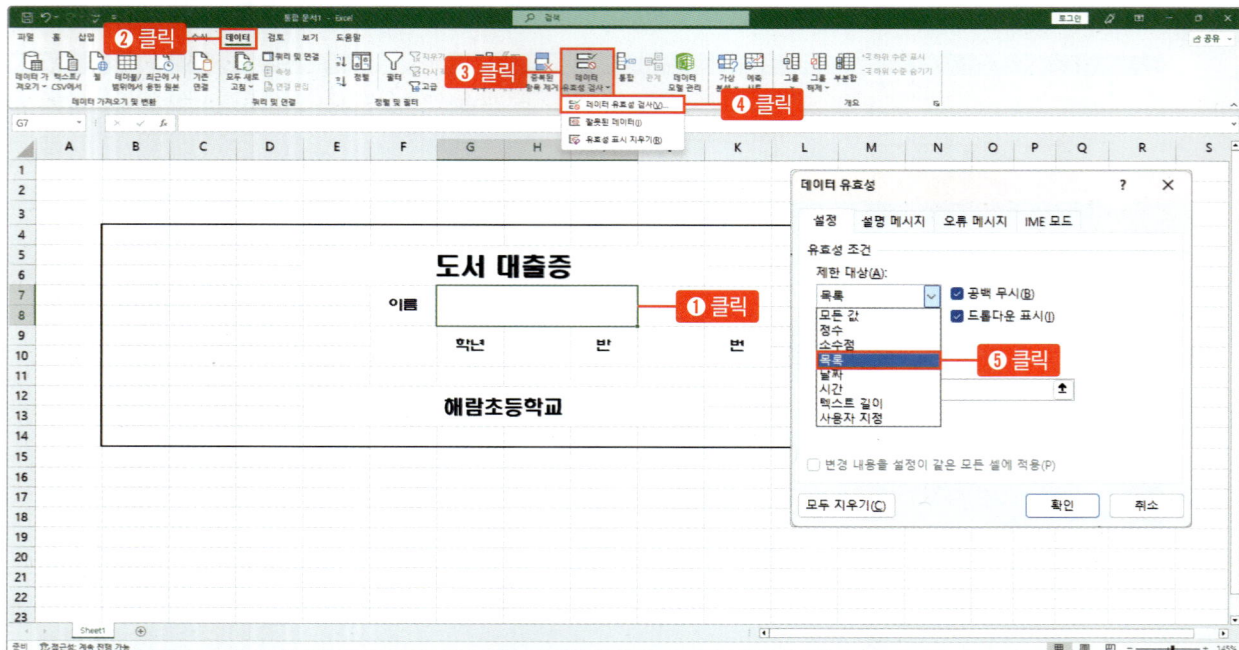

② 원본의 입력칸을 클릭하고 'N4:N15'를 드래그하여 '=$N$4:$N$15'를 입력한 후 [확인]을 클릭합니다.

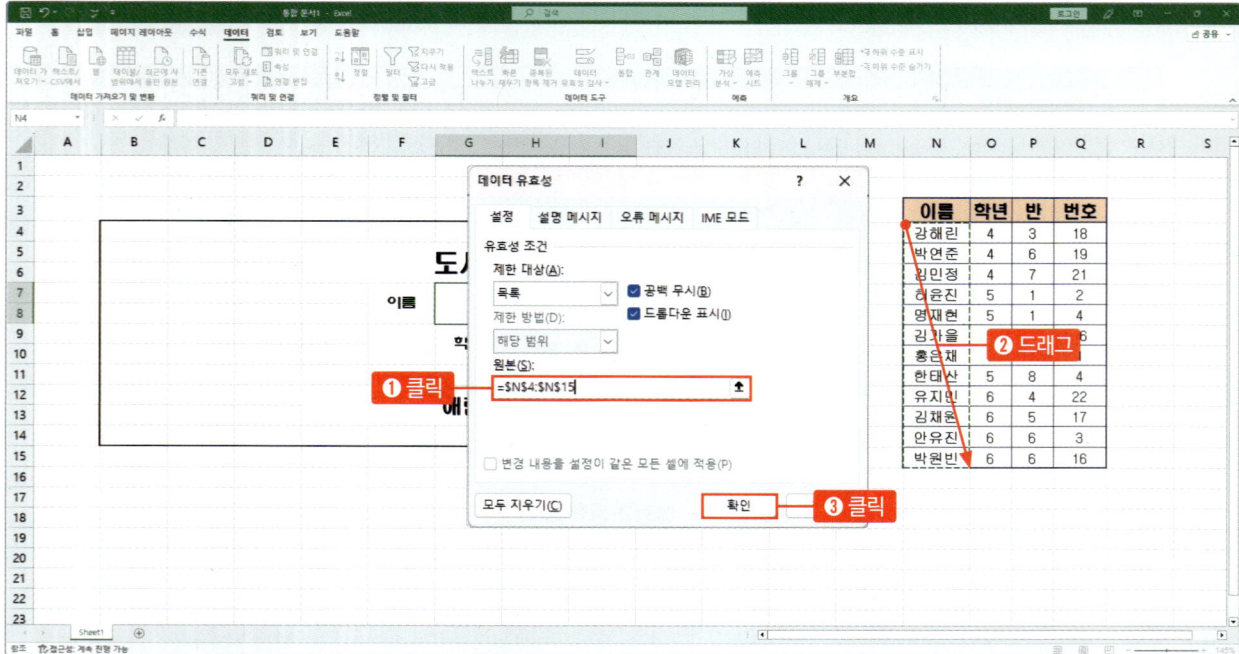

03 VLOOKUP 함수 사용하기

VLOOKUP 함수를 사용하여 이름을 선택하면 자동으로 학년, 반, 번호가 입력되도록 합니다.

1 'G7'셀을 클릭하여 데이터 목록에서 이름을 선택한 후 'F9'셀을 클릭하여 [수식] 탭의 [함수 라이브러리] 그룹에서 [찾기/참조 영역]의 [VLOOKUP]을 클릭합니다.

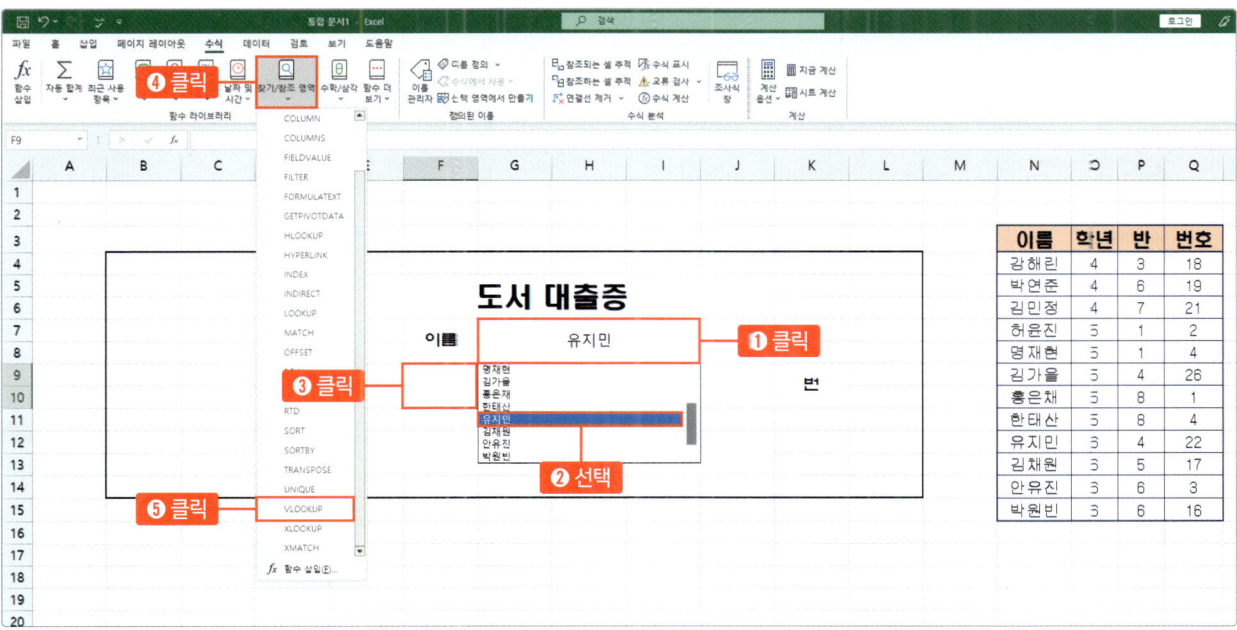

2 [함수 인수] 대화상자가 나오면 Lookup_value의 입력칸에 'G7', Table_array의 입력칸에 'N4:Q15', Col_index_num의 입력칸에 '2', Range_lookup의 입력칸에 '0'를 입력하고 [확인]을 클릭합니다.

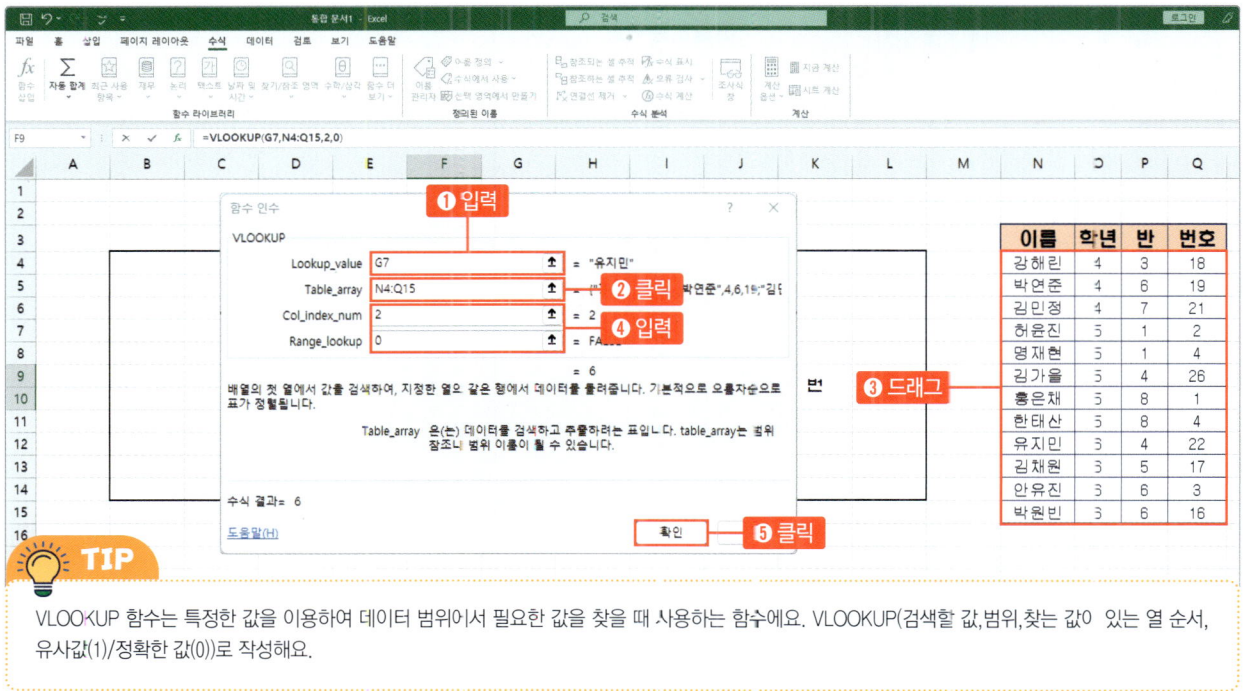

TIP
VLOOKUP 함수는 특정한 값을 이용하여 데이터 범위에서 필요한 값을 찾을 때 사용하는 함수예요. VLOOKUP(검색할 값,범위,찾는 값이 있는 열 순서,유사값(1)/정확한 값(0))로 작성해요.

③ ②와 같은 방법으로 'H9', 'J9'셀에 'VLOOKUP' 함수를 적용합니다.

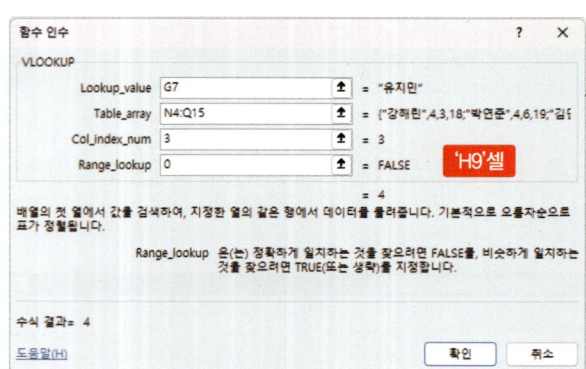
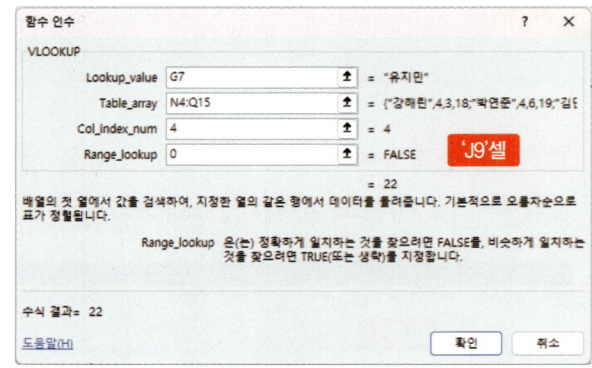

'H9'셀은 '반', 'J9'셀은 '번호'에 해당하는 값을 가져오도록 각각 'Col_index_num'에 '3', '4'를 입력해요.

④ 열 너비를 조절하고 '바코드.png', '사진.png', '꾸미기.png' 그림을 삽입한 후 위치와 크기를 변경합니다.

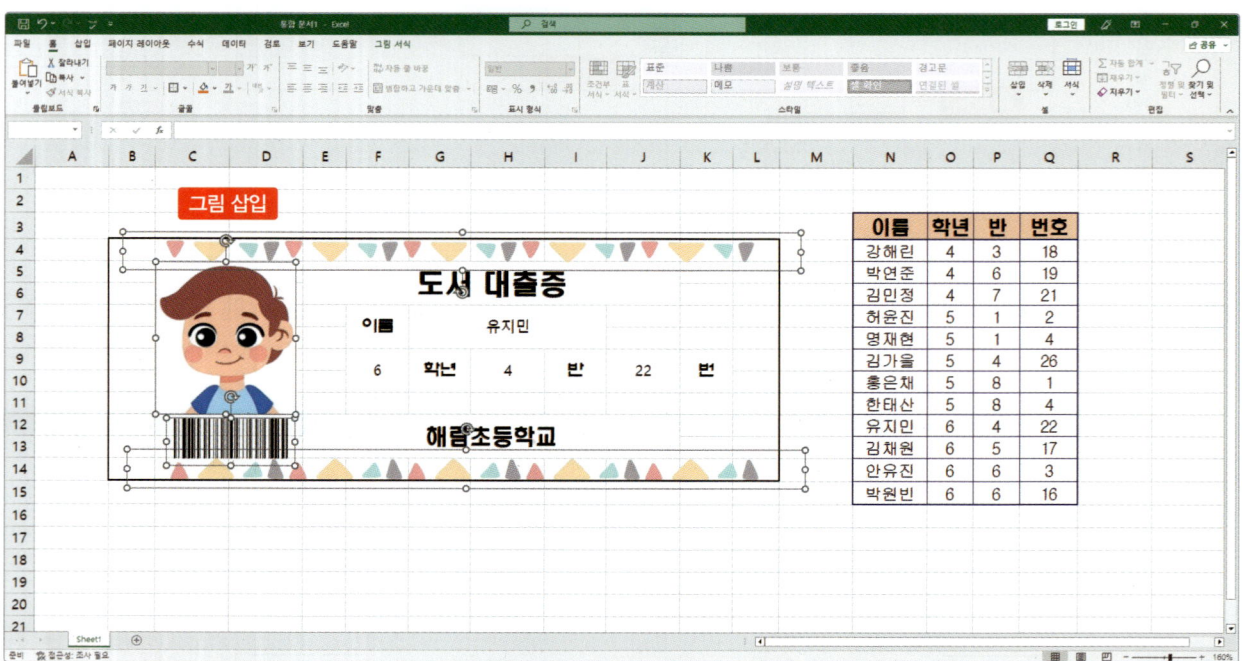

실력 쑥쑥! 창의력 쑥쑥!

1 다음과 같은 양궁대회 상품표를 완성해 보세요.

예제파일 양궁.xlsx   완성파일 양궁(완성).xlsx

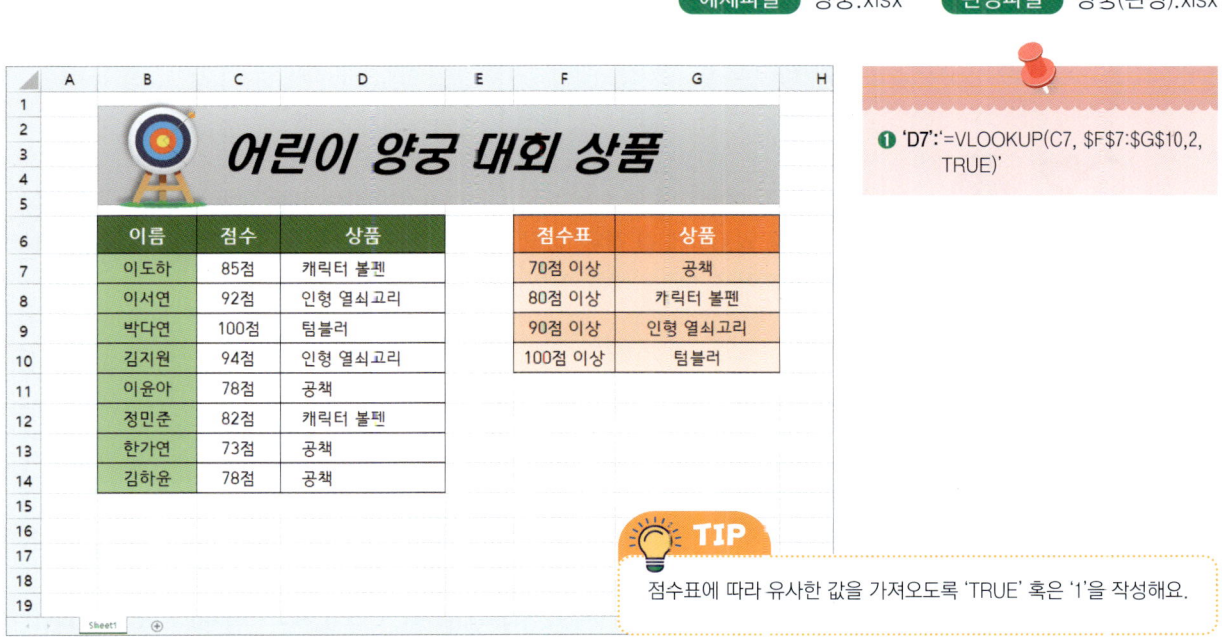

❶ 'D7' : '=VLOOKUP(C7, $F$7:$G$10,2, TRUE)'

TIP 점수표에 따라 유사한 값을 가져오도록 'TRUE' 혹은 '1'을 작성해요.

2 다음과 같은 카페 기프티콘을 완성해 보세요.

예제파일 기프티콘.xlsx   완성파일 기프티콘(완성).xlsx

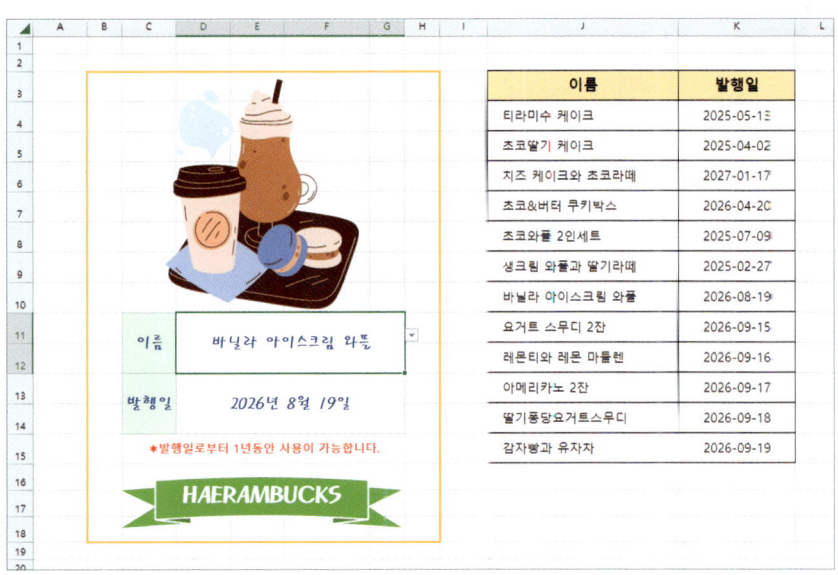

❶ 데이터 유효성 검사 : 'D11'
- '제한 대상' – '목록'
- '원본' – '$J$4:$J$15'

❷ 'D13' : '=VLOOKUP(D11,J3:K 5,2,FALSE)'

나의 유럽여행 계획

오늘의 미션
- 도형 안에 그림 채우기
- 새 시트 추가하고 데이터 입력하기
- 하이퍼링크 설정하기

여행을 가기 전 여행지에 대해 알아보고 일정을 기획하는 표를 여행계획표라고 합니다. 여러 관광지를 방문하게 될 경우, 미리 그 곳에 대한 정보를 찾아 정리한다면 여행지에서 헤매지 않고 즐거운 추억을 쌓을 수 있을 것입니다.

작품 미리보기

 예제파일 독일1~6.png, 오스트리아1~6.png, 이탈리아1~6.png, 장식1~15.png, 체코1~6.png, 프랑스1~6.png, 세계여행.xlsx

완성파일 세계여행(완성).xlsx

도형 안에 그림 채우기

도형 채우기를 이용하여 도형 안에 그림을 삽입합니다.

1 Excel 2021을 실행하여 '세계여행.xlsx' 파일을 불러온 후 [도형]-'설명선: 굽은 선' 도형을 삽입하고 '1일차 프랑스'를 입력합니다. 삽입한 도형 서식과 글꼴 서식을 자유롭게 지정합니다.

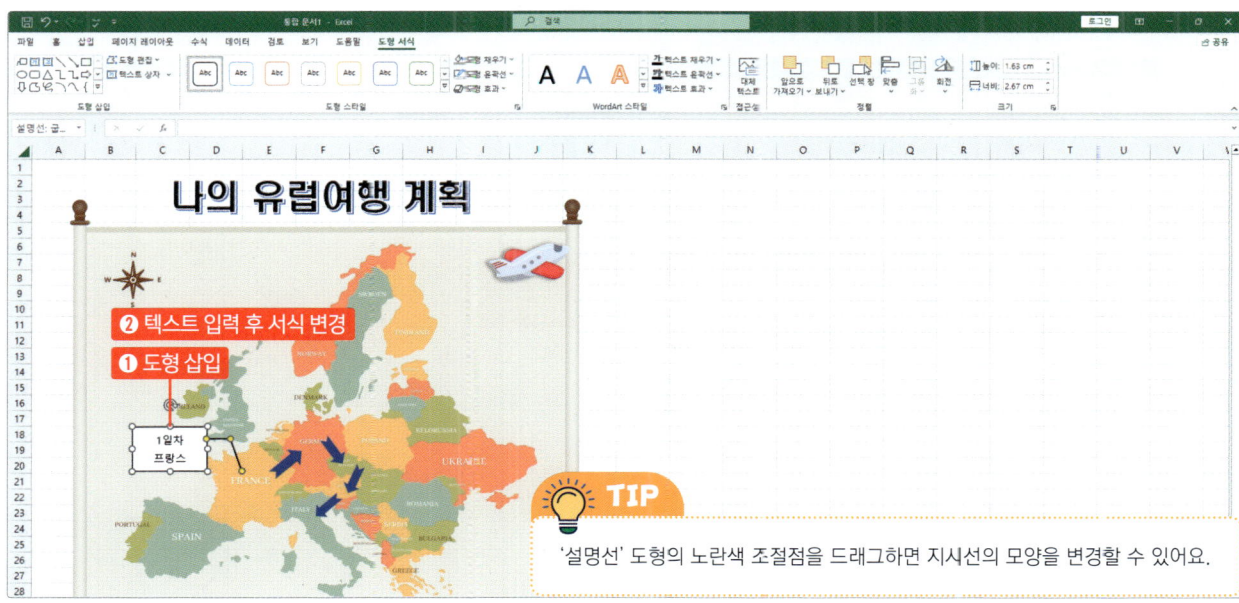

TIP '설명선' 도형의 노란색 조절점을 드래그하면 지시선의 모양을 변경할 수 있어요.

2 '타원' 도형을 삽입하고 [도형 채우기]의 [그림]-[파일에서]를 클릭하여 '프랑스6.png' 그림을 도형에 채우고 도형 윤곽선을 '검정, 텍스트1'로 지정합니다. 같은 방법으로 '독일', '체코', '오스트리아', '이탈리아'도 '설명선'과 '타원'을 추가하여 꾸밉니다.

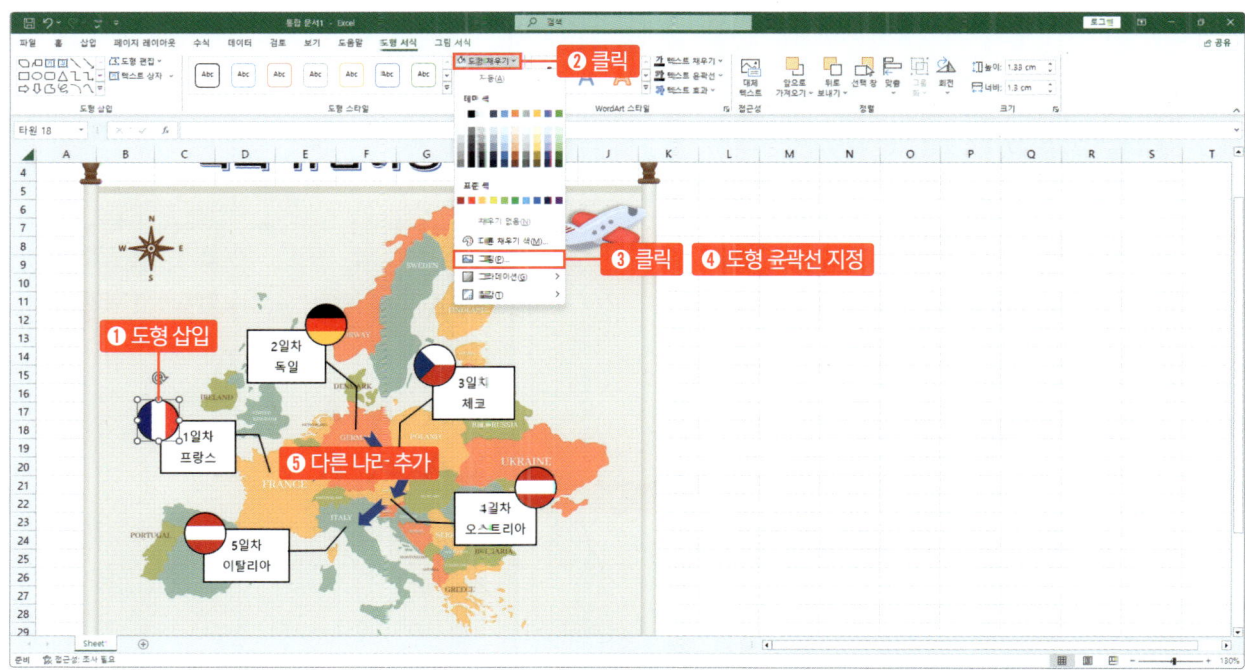

02 새 시트 추가하고 데이터 입력하기

새 시트를 추가하여 일자별 여행 일정을 작성합니다.

1 [Sheet1]을 더블클릭하여 이름을 '지도'로 변경한 후 새 시트를 추가하여 시트 이름을 '1일차'로 변경합니다. [1일차] 시트에서 '사각형: 잘린 대각선 방향 모서리' 도형을 삽입하고 '파랑, 강조1, 80% 더 밝게', '윤곽선 없음'을 설정합니다.

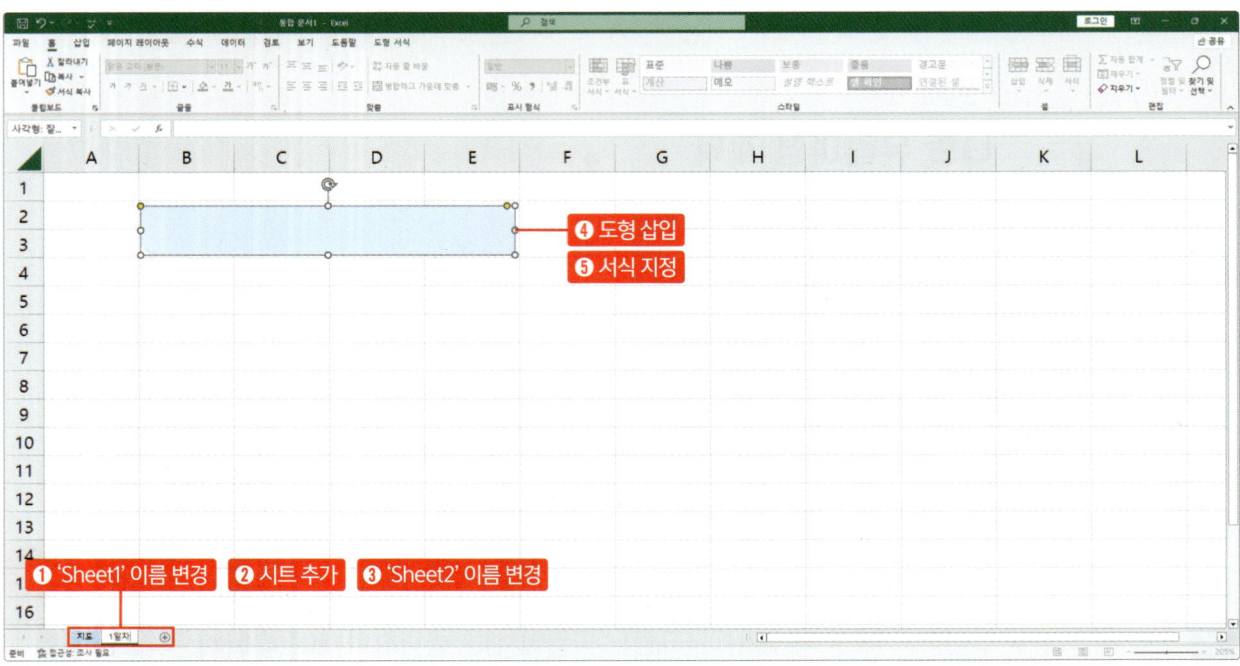

2 [삽입] 탭의 [텍스트] 그룹에서 [WordArt]를 클릭하여 '채우기: 흰색, 윤곽선: 파랑, 강조색 5, 그림자'를 삽입한 후 '프랑스'를 입력하고 크기를 조절합니다. 그 다음 'B6:E15'를 드래그하여 영역을 지정한 후 '굵은 바깥쪽 테두리'로 설정합니다.

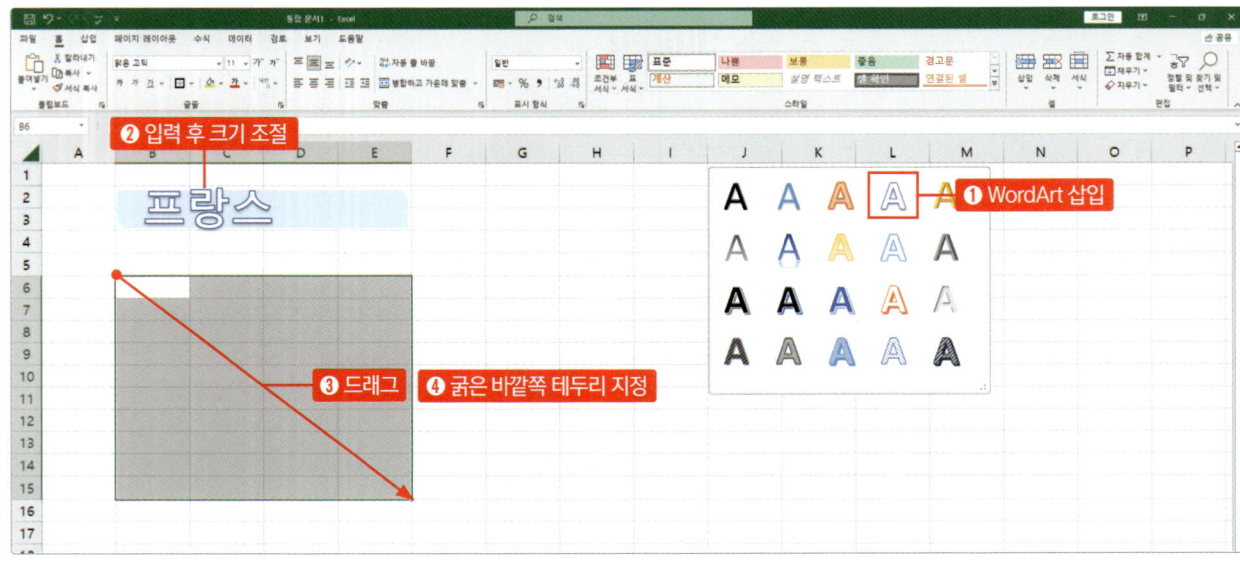

③ 'B13:E13', 'B14:E15'를 각각 [병합하고 가운데 맞춤]을 설정한 후 그림과 같이 'B13', 'B14'셀에 텍스트를 입력합니다. 이어서 셀을 선택하고 Ctrl+1키를 눌러 [셀 서식] 대화상자에서 [맞춤], [글꼴]을 자유롭게 지정합니다.

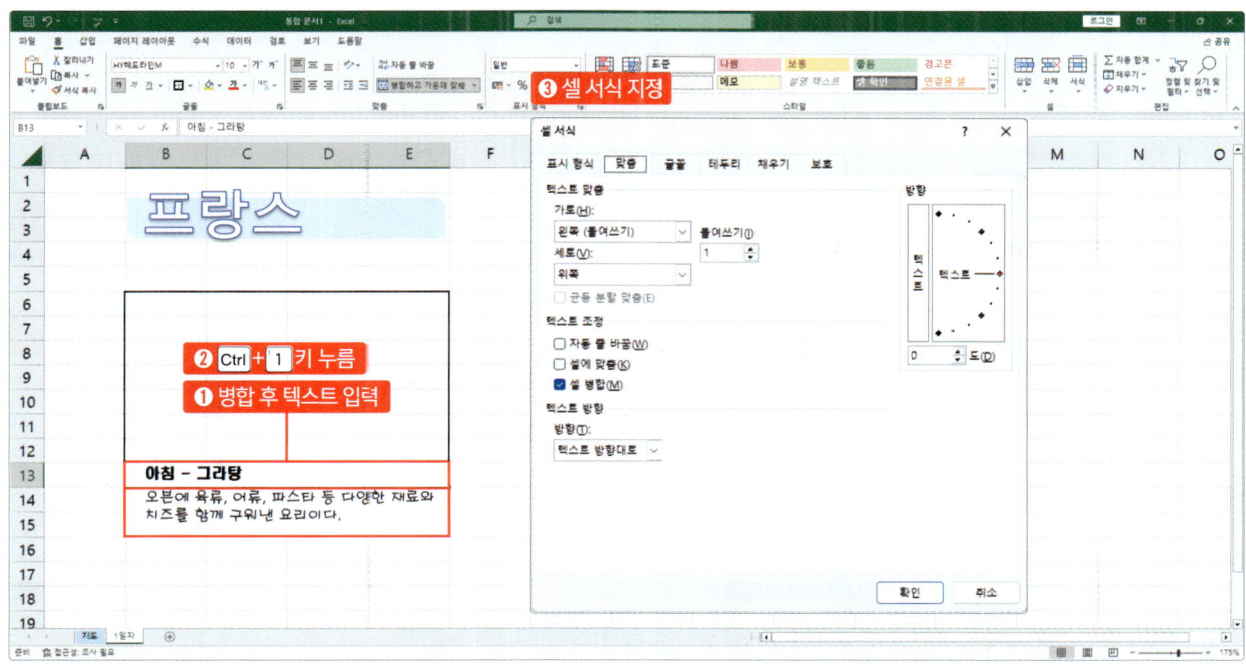

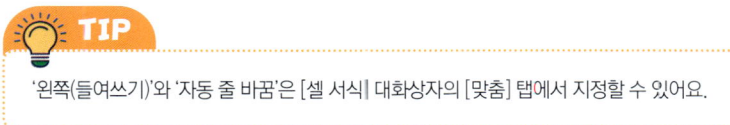

'왼쪽(들여쓰기)'와 '자동 줄 바꿈'은 [셀 서식] 대화상자의 [맞춤] 탭에서 지정할 수 있어요.

④ ③과 같은 방법으로 그림과 같이 내용을 입력하고 셀 서식을 지정한 후 '프랑스1~5.png'를 삽입하여 배치하고 '장식1~15.png'를 삽입하여 프랑스 일정을 완성합니다.

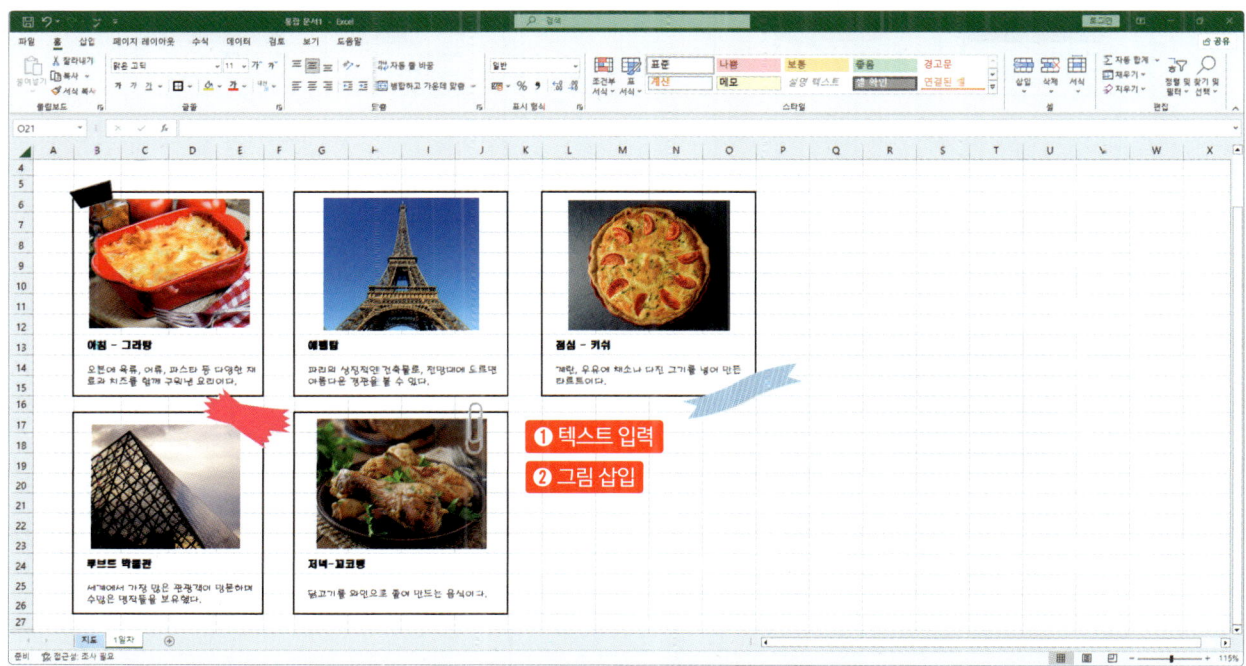

CHAPTER 19 · 나의 유럽여행 계획 **119**

5 ①~④와 같은 방법으로 새 시트를 추가하여 시트의 이름을 일차에 맞추어 변경합니다. 각 시트마다 해당하는 내용과 이미지를 입력합니다.

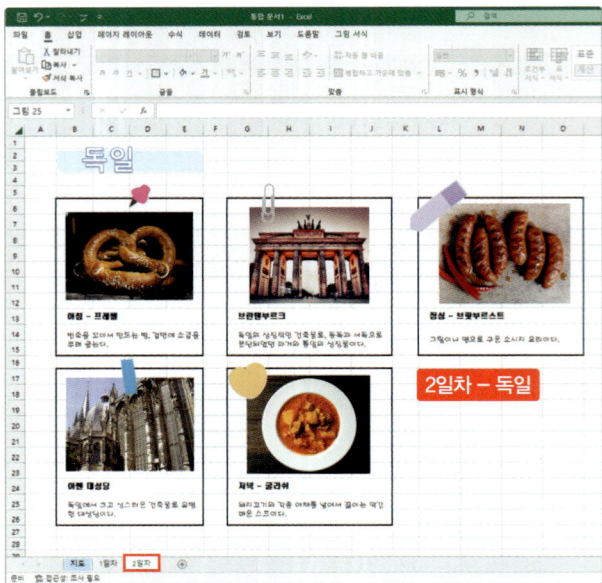
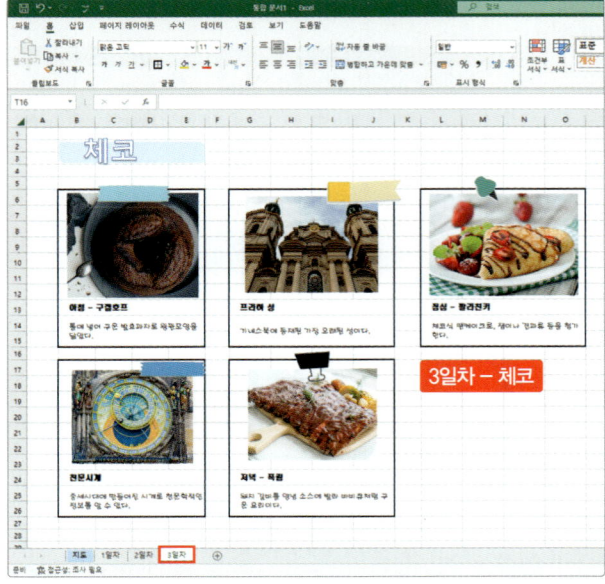
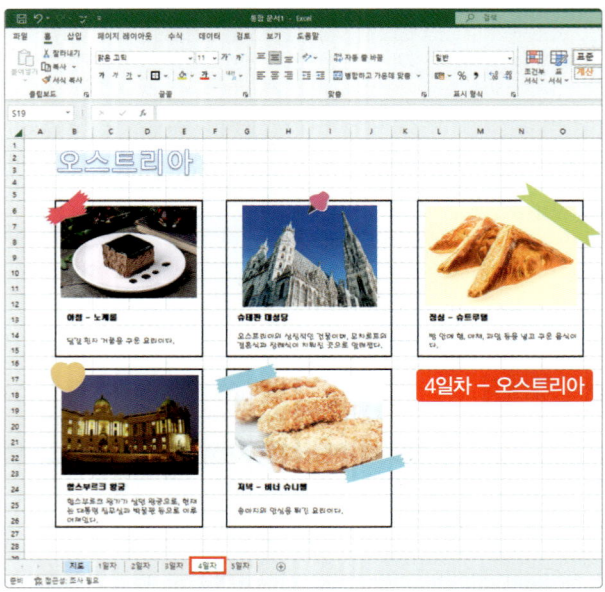
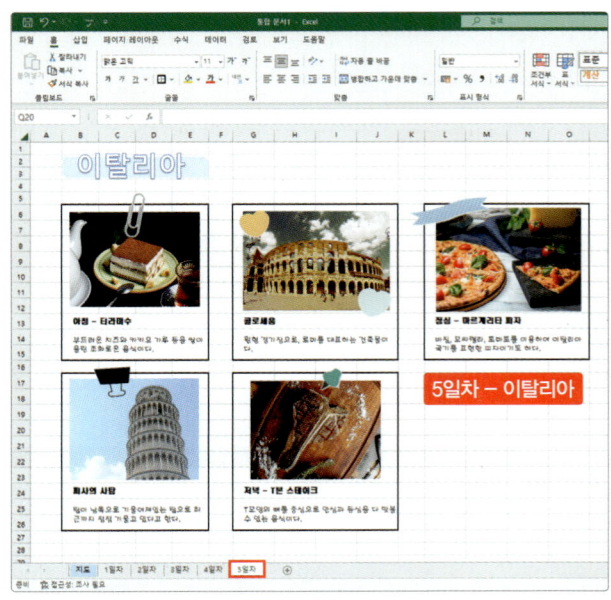

TIP

반복되는 내용의 시트를 새로 만들기 어렵다면, [이동/복사]를 통해 '(끝으로 이동)'과 '복사본 만들기'를 선택하여 시트를 복사해 보세요.

6 [1일차] 시트로 이동한 후 '사각형: 둥근 모서리' 도형을 삽입하고 '지도 보기'를 입력한 다음 글꼴을 'HY헤드라인M', 도형 스타일에서 '강한 효과-파랑, 강조 5'를 선택합니다. 이어서 도형 효과에서 미리 설정-'기본 설정 7'로 지정합니다.

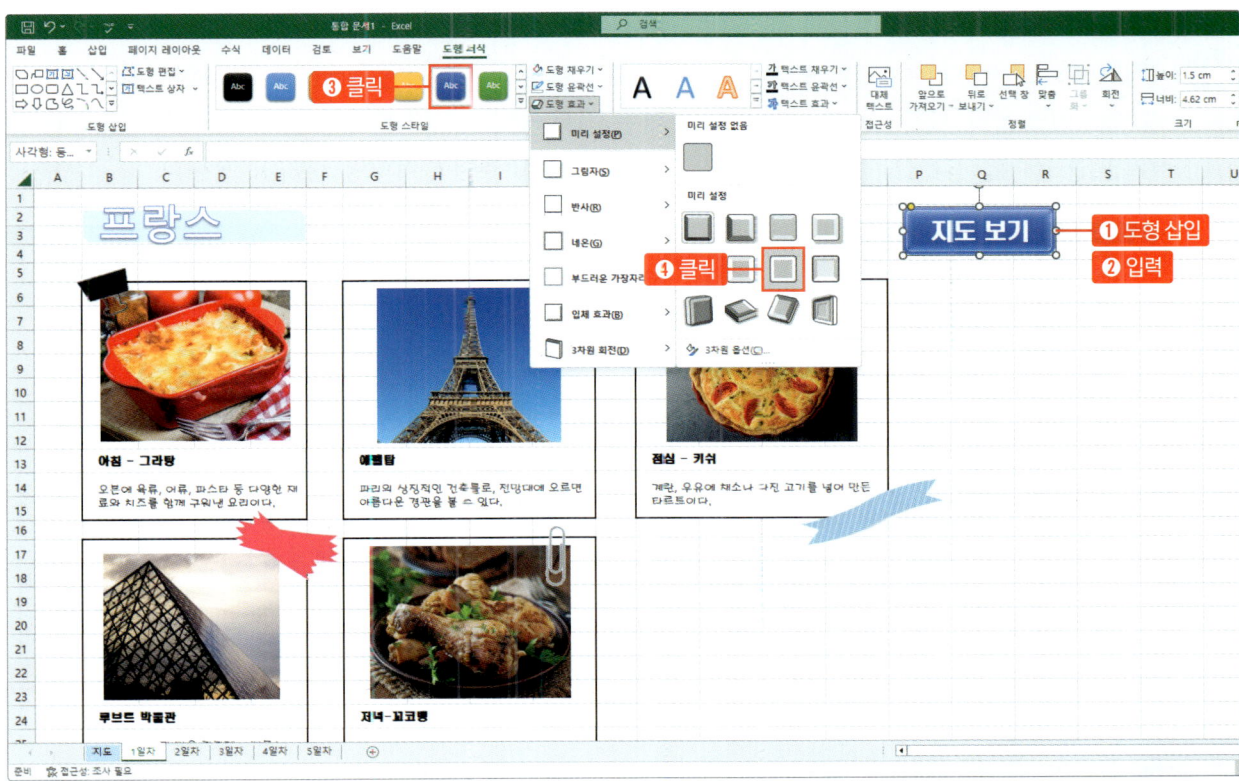

7 [1일차]의 '지도 보기' 도형을 선택하고 Ctrl+C 키를 눌러 복사하고 [2일차]~[5일차] 시트에 복사한 도형을 Ctrl+V 키를 눌러 붙여넣기 합니다.

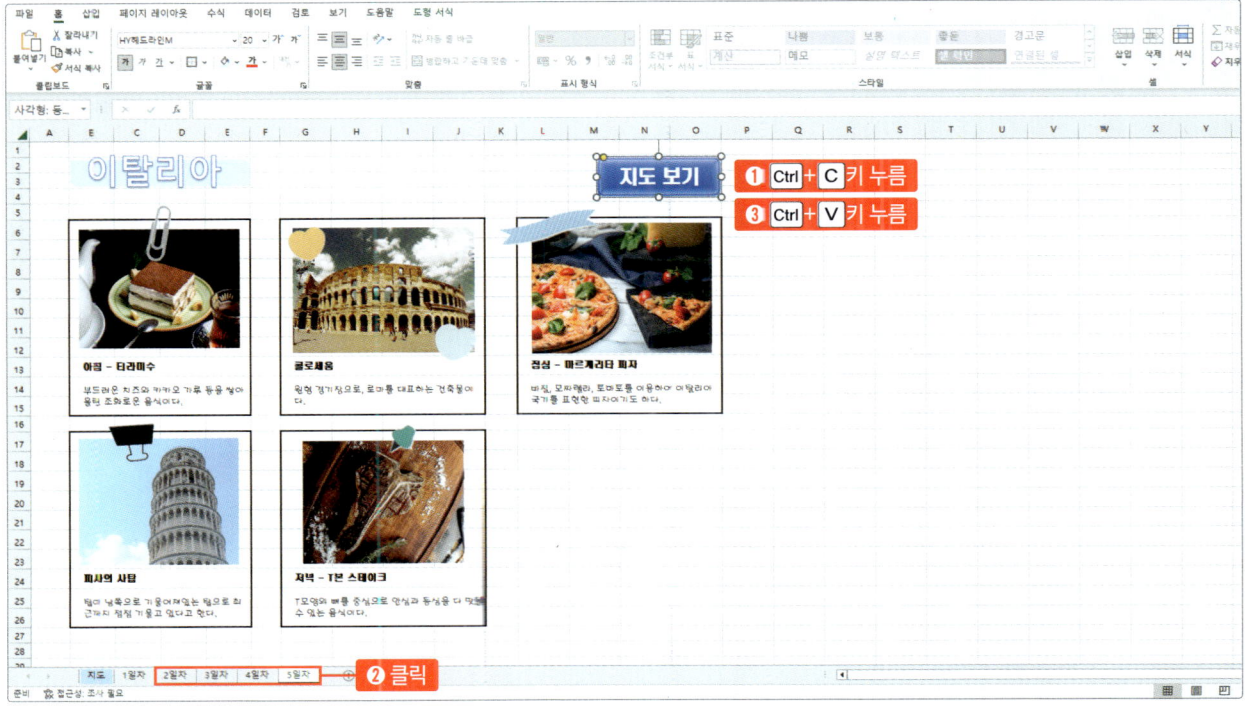

CHAPTER 19 · 나의 유럽여행 계획 121

03 하이퍼링크 설정하기

도형을 클릭하면 일자별 여행일정으로 연결되도록 하이퍼링크를 설정합니다.

1 [지도] 시트로 이동하여 '1일차 프랑스'가 입력된 도형에서 마우스 오른쪽 버튼을 클릭하여 [링크]를 클릭합니다. [하이퍼링크 삽입] 대화상자가 실행되면 [현재 문서]를 클릭하고 이 문서에서 위치 선택의 '1일차'를 클릭한 후 [확인]을 클릭합니다. 같은 방법으로 도형과 시트 이름을 맞추어 하이퍼링크를 지정합니다.

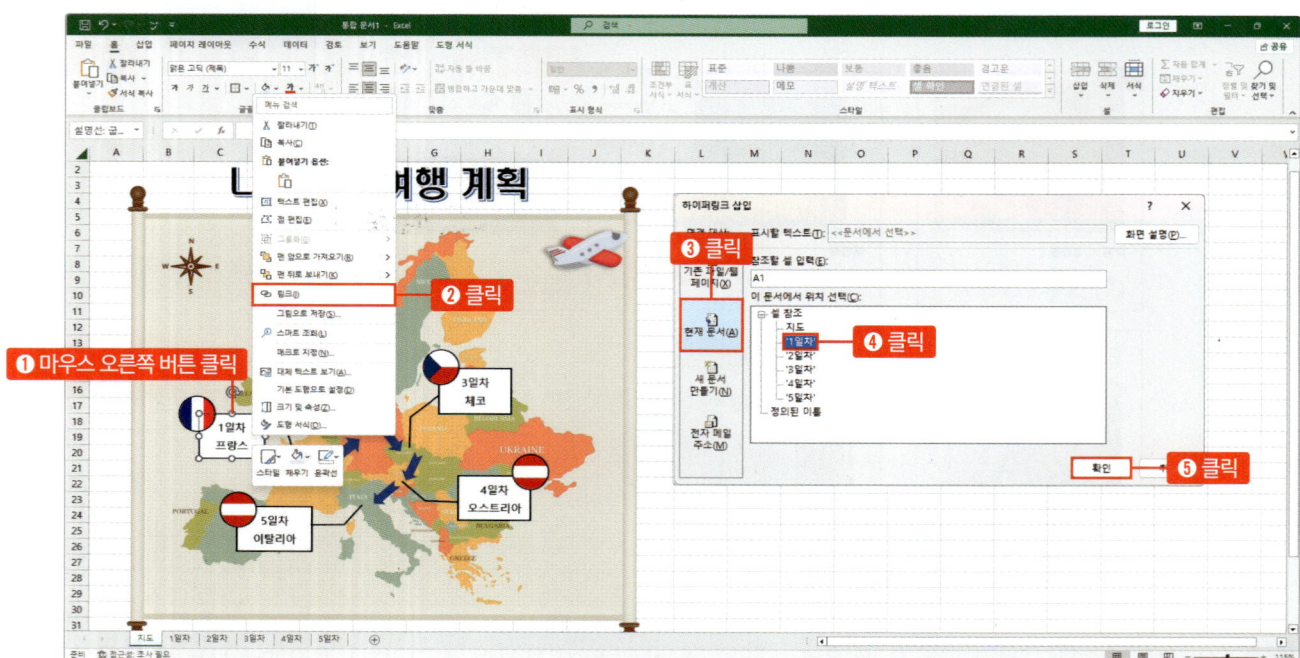

2 각 시트마다 '지도 보기' 도형을 클릭하면 [지도] 시트로 연결되도록 [1~5일차] 시트의 '지도 보기' 도형에 각각 하이퍼링크를 지정합니다.

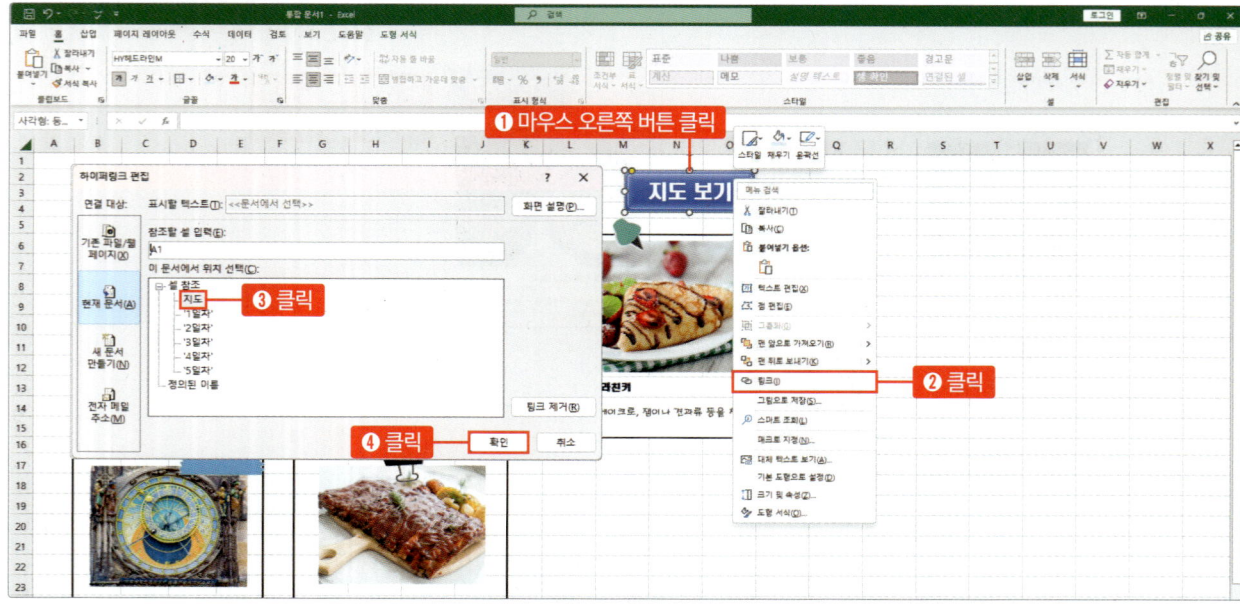

실력 쑥쑥! 창의력 쑥쑥!

1 다음과 같은 계절별 제철 과일 안내 시트를 완성해 보세요.

예제파일 봄1.png, 여름1.png, 가을1.png, 겨울1.png, 계절별과일.xlsx
완성파일 계절별과일(완성).xlsx

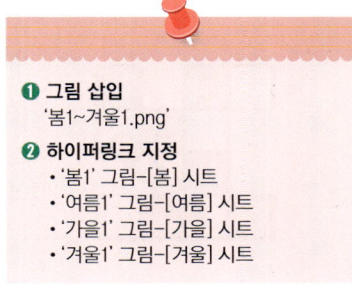

❶ **그림 삽입**
  '봄1~겨울1.png'
❷ **하이퍼링크 지정**
  • '봄1' 그림-[봄] 시트
  • '여름1' 그림-[여름] 시트
  • '가을1' 그림-[가을] 시트
  • '겨울1' 그림-[겨울] 시트

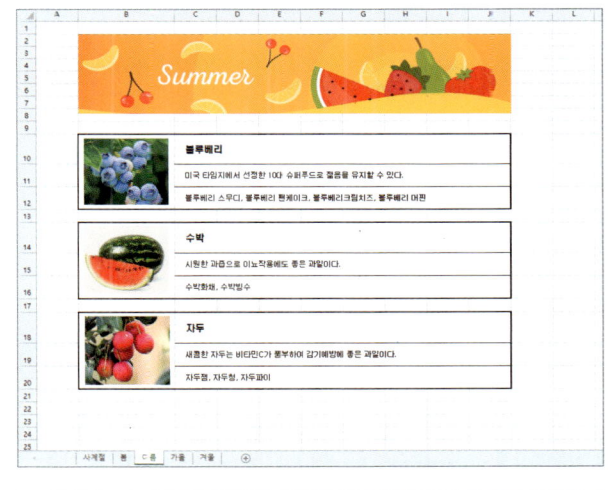
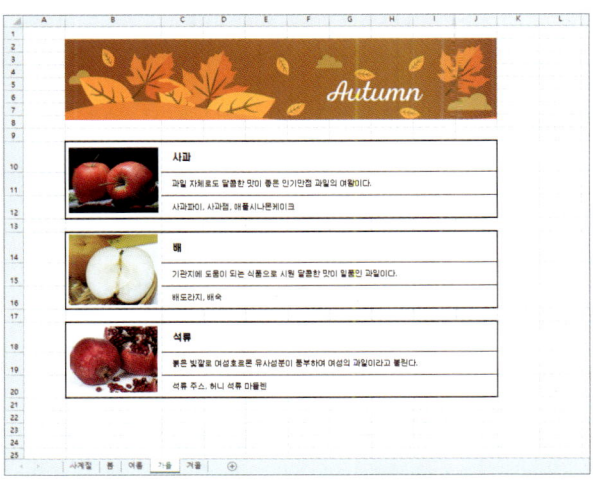
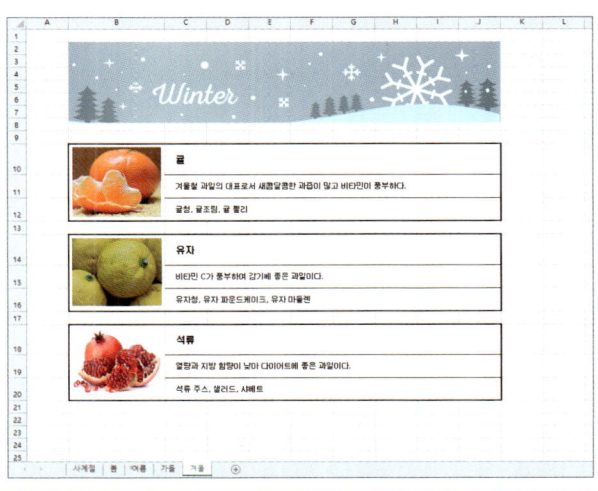

CHAPTER 19 - 나의 우럽여행 계획

CHAPTER 20 맞춰봐요 낱말 퀴즈

오늘의 미션
- ✓ 텍스트 상자 삽입하기
- ✓ 메모 삽입하기
- ✓ 메모 서식 설정하기

가로 세로 낱말 퍼즐은 문장으로 이루어진 힌트를 보고 그에 해당하는 단어를 위치에 입력하는 퍼즐로, 가로 혹은 세로 방향으로 입력하며 맞물리게 되는 단어가 있는 특징을 가집니다.

🔍 작품 미리보기

예제파일 낱말퀴즈.xlsx   **완성파일** 낱말퀴즈(완성).xlsx

가로 문제
1. 달려 있는 작은 물체가 자꾸 가볍게 흔들리는 모양.
3. 위도의 기준이 되는 선. 지구의 남극과 북극으로부터 같은 거리에 있는 지구 표면의 점을 이은 선
5. 설거지할 때 그릇을 씻는 데 쓰는 물건.
7. 어떤 단체나 물건의 주가 되는 부분.
9. 여러 개의 조각으로 흩어져 있는 구름.
11. 오라비와 누이를 아울러 이르는 말.

세로 문제
2. 얼마 동안의 시간 간격을 두고 되풀이하여 일어나는 것.
4. '바로 지금'이라는 뜻.
6. 어림짐작으로 대충 하는 계산을 이르는 말.
8. 안에 두지 아니한, 홑겹으로 된 이불.
10. 솜씨나 재간이 매우 정교하고 세밀한 모양

124 엑셀 2021 작품만들기

01 텍스트 상자 삽입하기

가로 세로 낱말 퀴즈 문제 번호를 삽입하기 위해 텍스트 상자를 삽입합니다.

1 Excel 2021을 실행하여 '낱말퀴즈.xlsx' 파일을 불러옵니다. 'B4:G11'에 [모든 테두리]와 [굵은 바깥쪽 테두리]로 차례대로 클릭하여 지정하고 텍스트가 입력되지 않은 셀의 채우기 색을 임의의 색으로 지정합니다. 이어서 자음으로 입력된 답을 유추해 입력합니다.

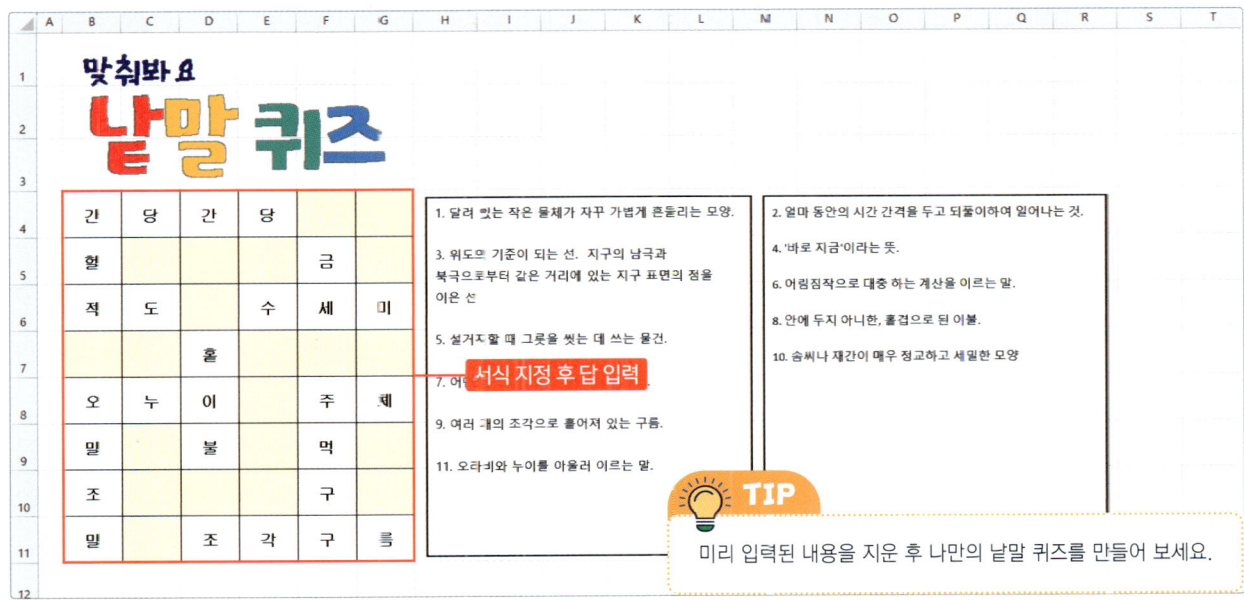

2 [삽입] 탭의 [도형]-'텍스트 상자'를 선택한 후 삽입하고 '1'을 입력합니다. 이어서 텍스트 상자를 클릭하여 '채우기 색 없음', '윤곽선 없음'을 지정합니다.

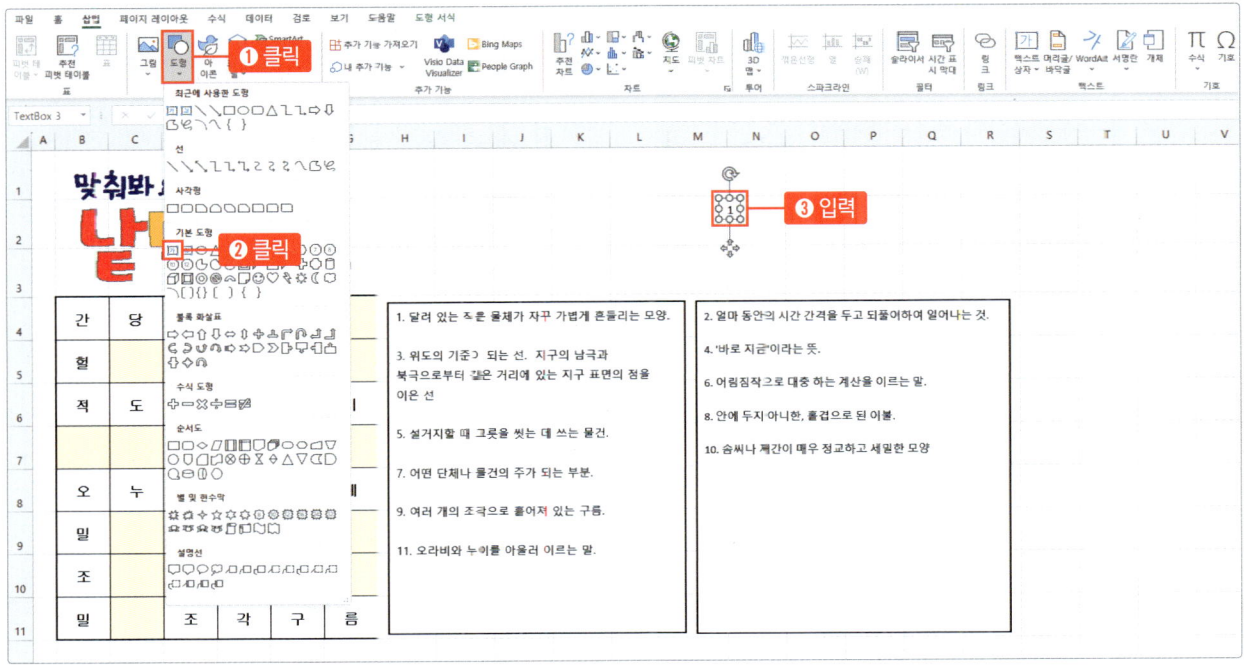

CHAPTER 20 - 맞춰봐요 낱말 퀴즈 **125**

❸ 입력한 텍스트 상자를 Ctrl키를 누른 상태로 드래그하여 복사하고 각각의 텍스트를 수정합니다.

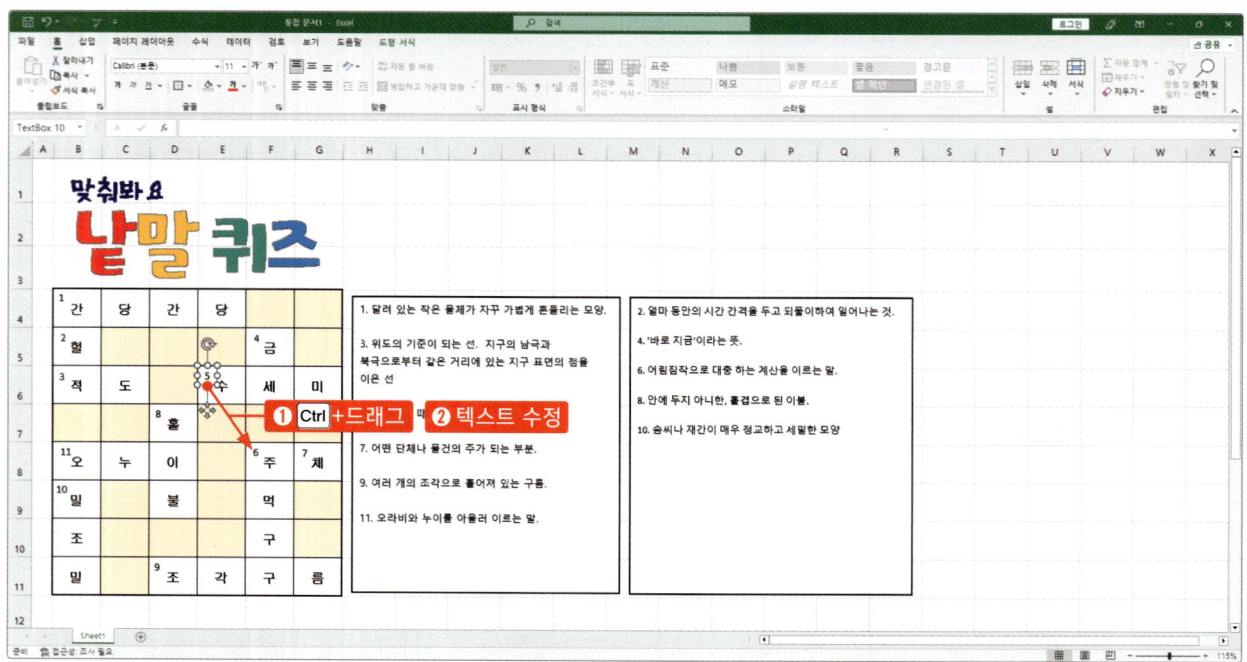

❹ '순서도: 수행의 시작/종료' 도형을 삽입한 후 각각 텍스트를 입력합니다. 글꼴을 '휴먼엑스포', 글꼴 크기를 '20'pt, '굵게'로 지정한 후 도형 스타일을 선택합니다. 이어서 [도형 효과]의 [네온]을 클릭하여 색상에 어울리는 네온을 설정합니다.

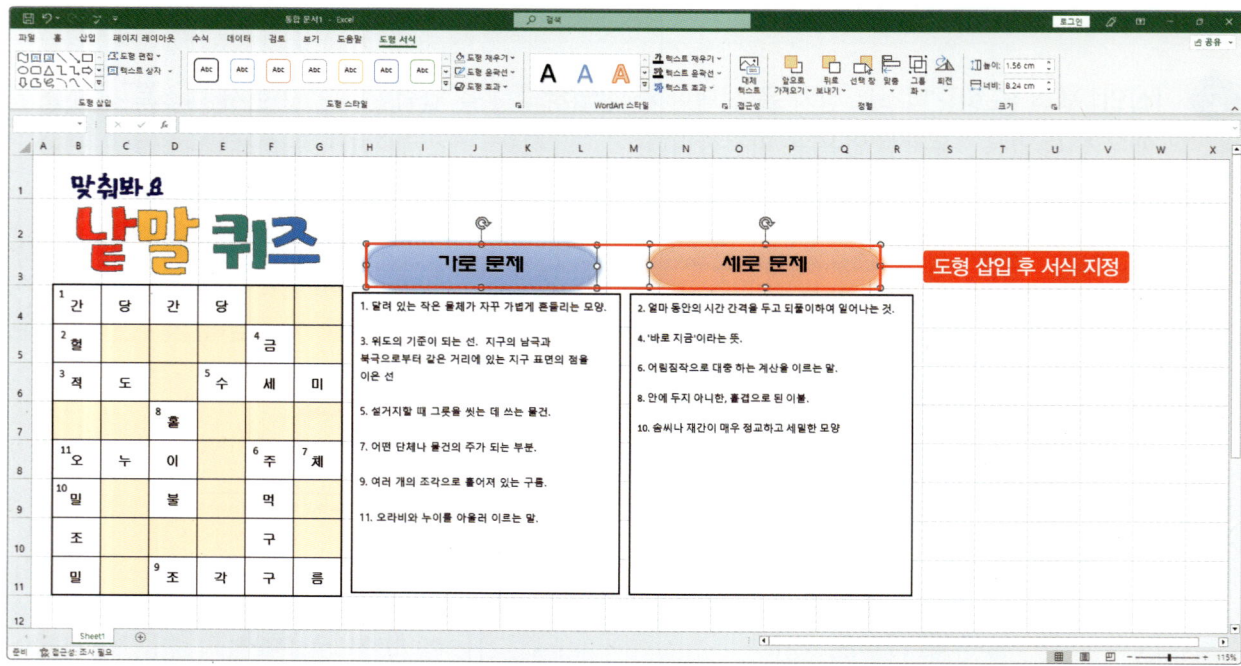

02 메모 삽입하기

낱말 퀴즈의 힌트를 보여주기 위해 메모를 삽입합니다.

1 'B4'셀을 선택한 후 [검토] 탭의 [메모] 그룹에서 [새 메모]를 클릭합니다.

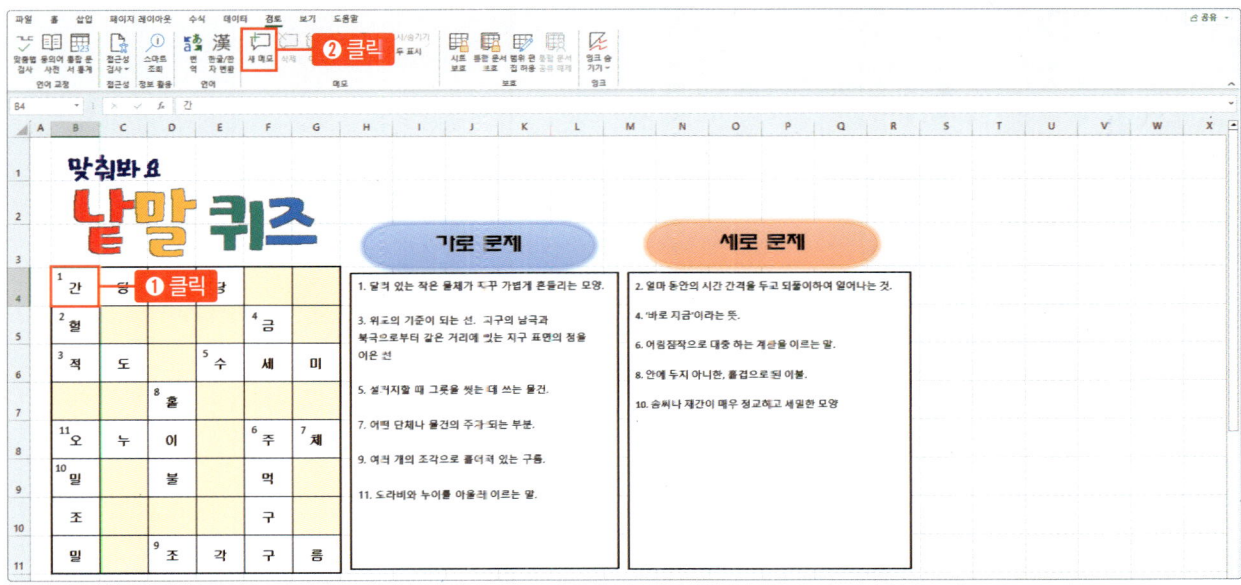

2 생성된 메모를 클릭한 후 그림과 같이 내용을 입력합니다.

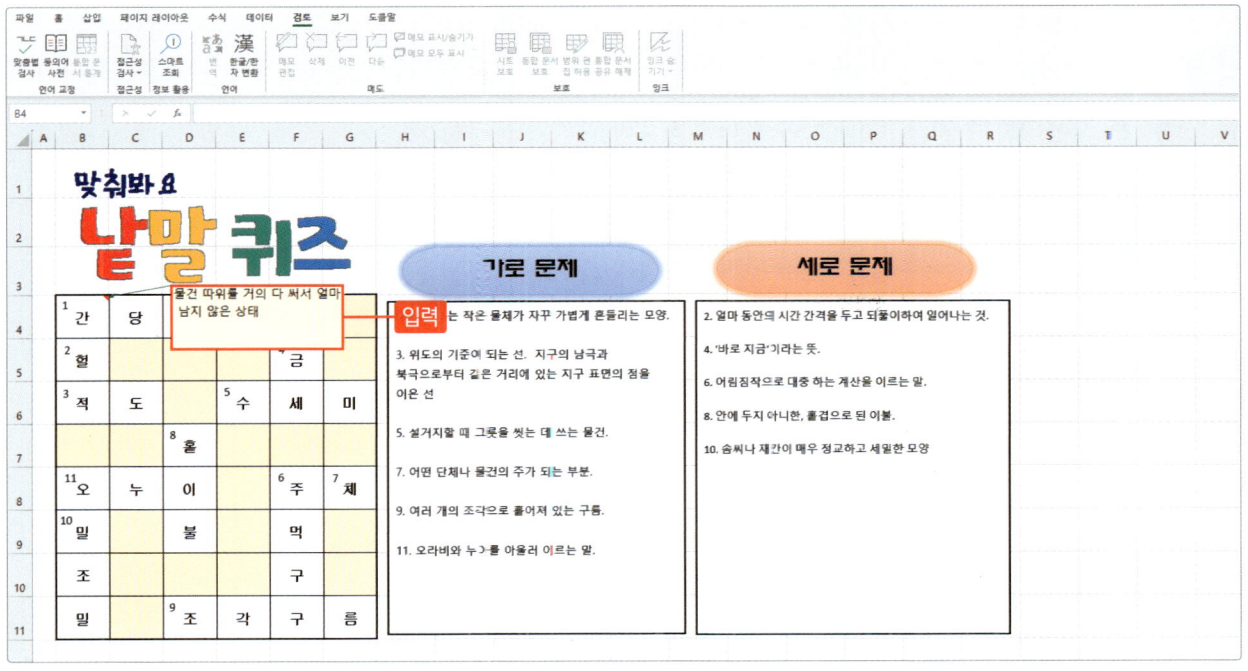

3 ❶~❷와 동일한 방법으로 힌트를 남길 셀을 클릭한 후 메모를 삽입합니다.

CHAPTER 20 - 맞춰봐요 낱말 퀴즈

03 메모 서식 설정하기

삽입한 메모의 메모 서식을 설정합니다.

1 삽입한 메모의 테두리를 클릭한 후 마우스 오른쪽 버튼을 클릭합니다. 실행된 [바로 가기 메뉴]에서 [메모 서식]을 클릭합니다.

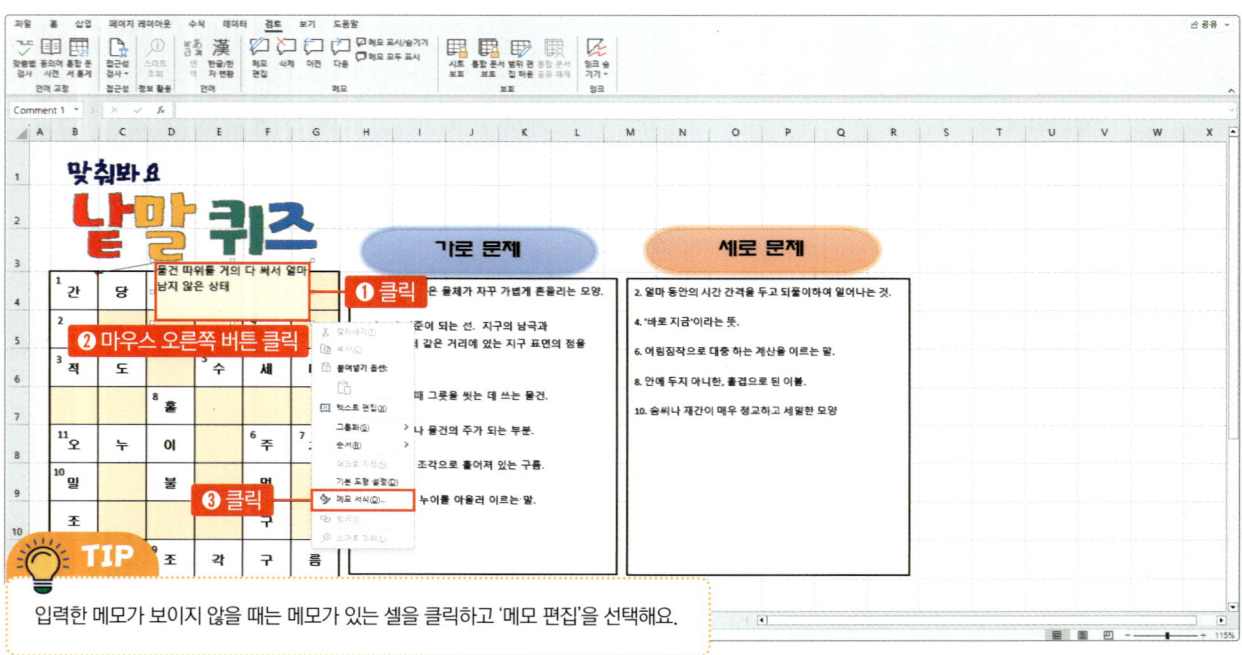

TIP 입력한 메모가 보이지 않을 때는 메모가 있는 셀을 클릭하고 '메모 편집'을 선택해요.

2 [메모 서식] 대화상자에서 [맞춤] 탭을 클릭하여 '자동 크기'를 클릭한 다음 [색 및 선] 탭을 클릭하여 채우기의 색을 '황갈색'으로 지정하고 [확인]을 클릭합니다.

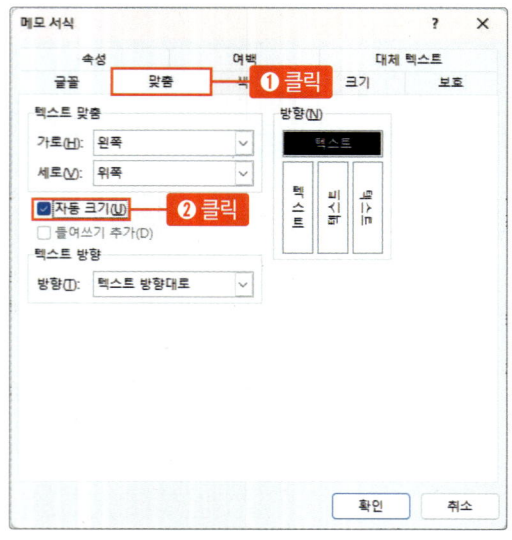
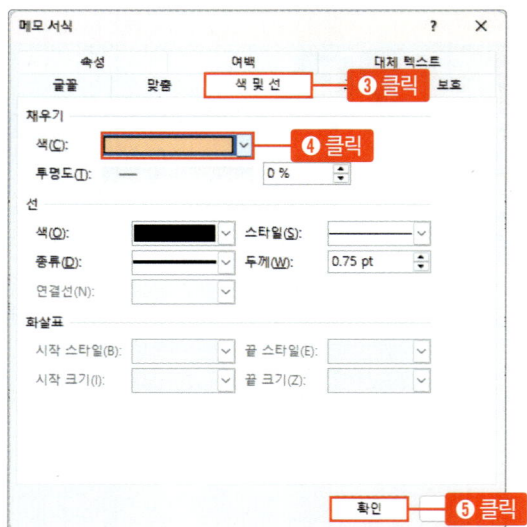

3 ①~②와 같이 삽입한 메모의 서식을 자유롭게 변경해 봅니다.

실력 쑥쑥! 창의력 쑥쑥!

1 다음과 같은 단계별 힌트 퀴즈의 문제1을 완성해 보세요.

　　예제 파일 단계별힌트퀴즈.xlsx　　완성파일 단계별힌트퀴즈문제1(완성).xlsx

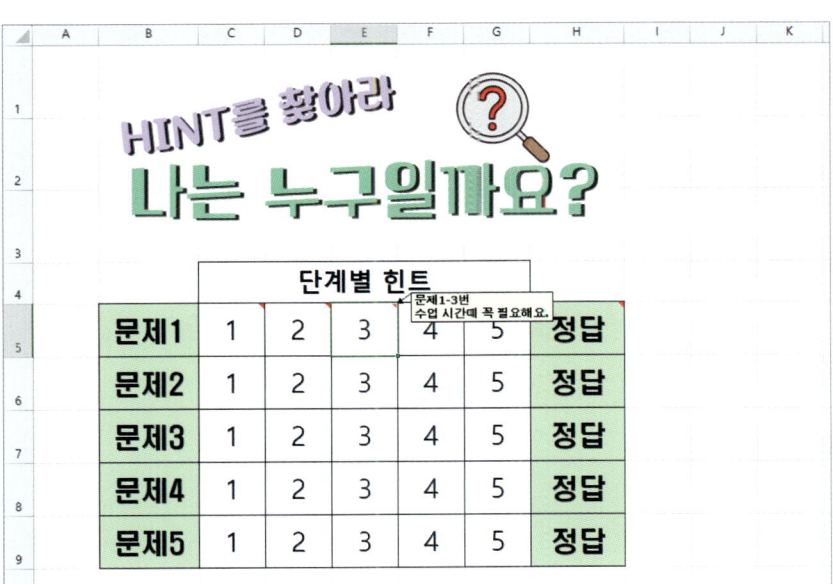

❶ 메모 삽입 : 'C5:H5'
- '속은 검정색이에요.'
- '종이와 친해요.'
- '수업 시간에 꼭 필요한 학용품이에요.'
- '겉은 나무로 되어있어요.'
- '이것으로 글씨를 쓸 수 있어요.'
- '연필'

2 다음과 같은 단계별 힌트 퀴즈를 완성해 보세요.

　　예제파일 단계별힌트퀴즈.xlsx　　완성파일 단계별힌트퀴즈(완성).xlsx

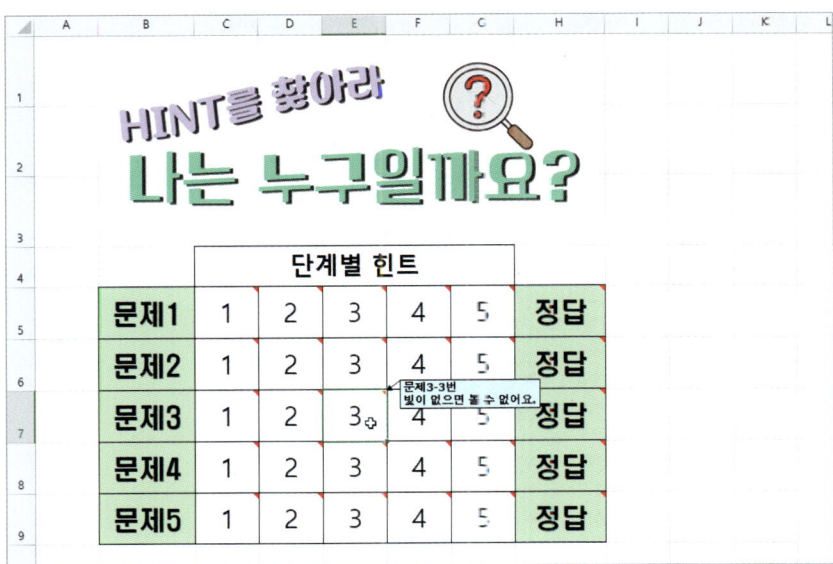

❶ 메모 삽입 : 'C6:H9'
- 각 셀마다 나만의 문제를 작성해 보세요.

CHAPTER 20 - 맞춰봐요 낱말 퀴즈

CHAPTER 21

청소년증 신청목록

오늘의 미션
- IF 함수로 성별 확인하기
- TODAY, YEAR, LEFT 함수로 나이 계산하기
- MID 함수와 & 연산자로 생일 입력하기
- 표 서식 설정 후 범위로 변환하기

청소년증이란 9세 이상 18세 이하 청소년에게 발급하는 신분증으로 이름, 주민등록번호 등 개인정보로 나를 확인할 수 있는 증빙자료입니다. 그 중 주민등록번호는 모든 국민에게 발급하는 식별번호제도로, 생년월일이나 성별을 숫자로 표기하여 쉽게 파악할 수 있습니다.

 작품 미리보기

 예제파일 신청목록.xlsx   완성파일 신청목록(완성).xlsx

청소년증 신청목록

이름	주민등록번호	주소	성별	나이	생년월일
이서아	150209-4******	서울특별시 용산구	여	10세	02월 09일
장아린	130103-4******	경기도 화성시	여	12세	01월 03일
김민준	140315-3******	서울특별시 중구	남	11세	03월 15일
김지안	121225-4******	광주광역시 북구	여	13세	12월 25일
이서준	150605-3******	대전광역시 유성구	남	10세	06월 05일
박수아	100712-4******	경기도 파주시	여	15세	07월 12일
유도윤	140826-3******	충청남도 천안시	남	11세	08월 26일
안지호	100512-3******	인천광역시 계양구	남	15세	05월 12일
송예솔	150908-4******	대구광역시 수성구	여	10세	09월 08일
박현우	130111-3******	부산광역시 해운대구	남	12세	01월 11일
지연우	111108-4******	전라남도 나주시	여	14세	11월 08일
차지윤	100626-4******	경기도 남양주시	여	15세	06월 26일
윤수호	140110-3******	울산광역시 동구	남	11세	01월 10일
이제이	120403-4******	경상북도 포항시	여	13세	04월 03일
신이준	110930-3******	강원도 원주시	남	14세	09월 30일
한서연	120406-4******	서울특별시 송파구	여	13세	04월 06일
정도하	150623-3******	경상남도 양산시	남	10세	06월 23일
윤정우	130727-3******	경기도 수원시	남	12세	07월 27일
나유연	150827-4******	전라북도 군산시	여	10세	08월 27일
강하린	151231-4******	제주특별자치도 제주시	여	10세	12월 31일
안태오	130618-3******	서울특별시 관악구	남	12세	06월 18일
변선우	130407-3******	경기도 용인시	남	12세	04월 07일

01 IF 함수로 성별 확인하기

IF 함수를 이용하여 성별을 확인합니다.

① Excel 2021을 실행하여 '신청목록.xlsx' 파일을 불러옵니다. 'E4'셀을 클릭한 후 [수식] 탭의 [함수 라이브러리] 그룹에서 [논리]의 'IF'를 클릭합니다.

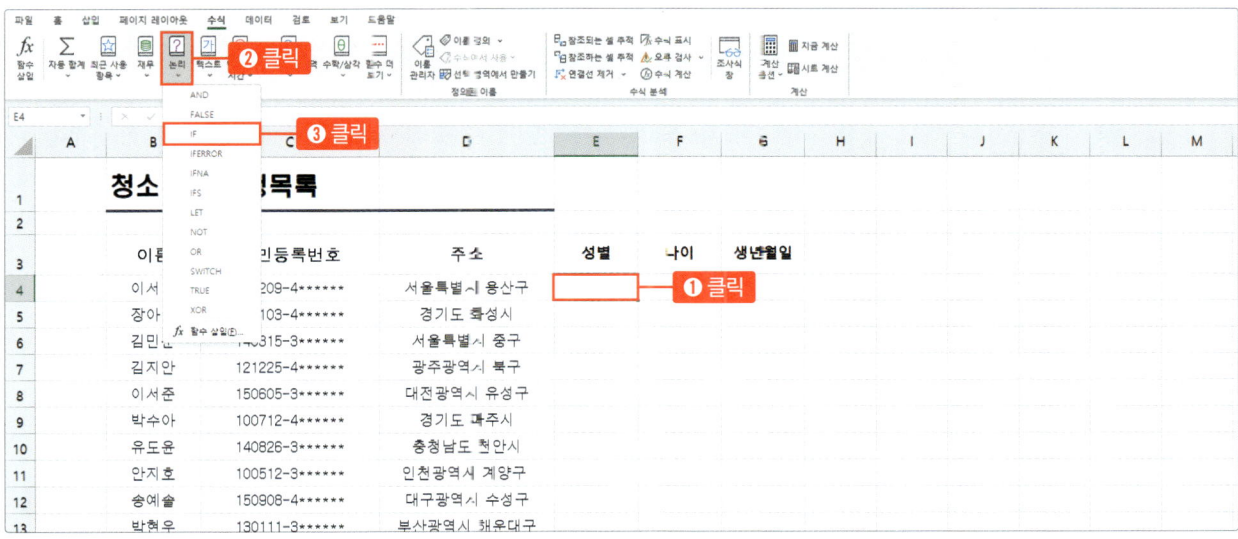

② [함수 인수] 대화상자가 나오면 Logical_test의 입력칸에 'MID(C4,8,1)="3"'을 입력하고 Value_if_true 입력칸에 '"남"'을 입력, Value_if_false의 입력칸에 '"여"'를 입력하고 [확인]을 클릭합니다. 이어서 'E4'셀의 채우기 핸들을 드래그하여 'E25'셀까지 입력합니다.

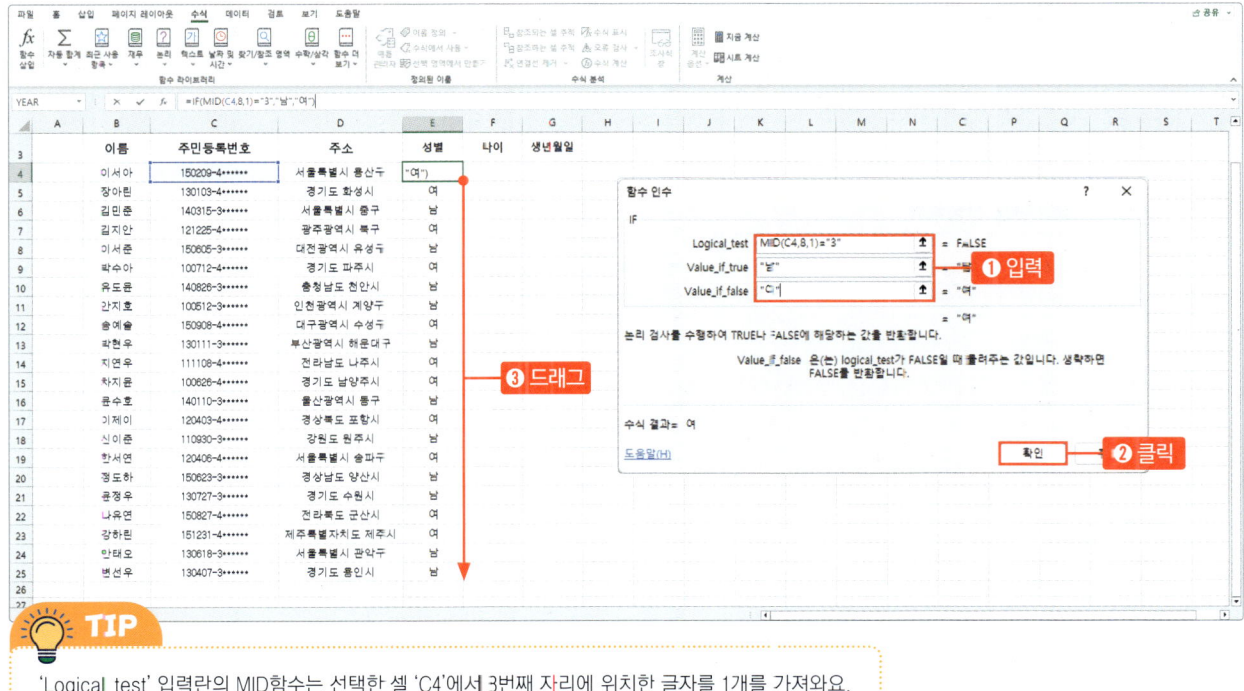

TIP

'Logical_test' 입력란의 MID함수는 선택한 셀 'C4'에서 3번째 자리에 위치한 글자를 1개를 가져와요.

TODAY, YEAR, LEFT 함수로 나이 계산하기

함수를 사용하여 주민등록번호로 학생의 나이를 계산합니다.

① 'F4' 셀을 클릭한 후 [수식] 탭의 [함수 라이브러리] 그룹에서 [날짜 및 시간]의 [YEAR] 함수를 클릭한 다음 [함수 인수] 대화상자 Serial_number의 입력칸에 'TODAY()'를 입력하고 [확인]을 클릭합니다.

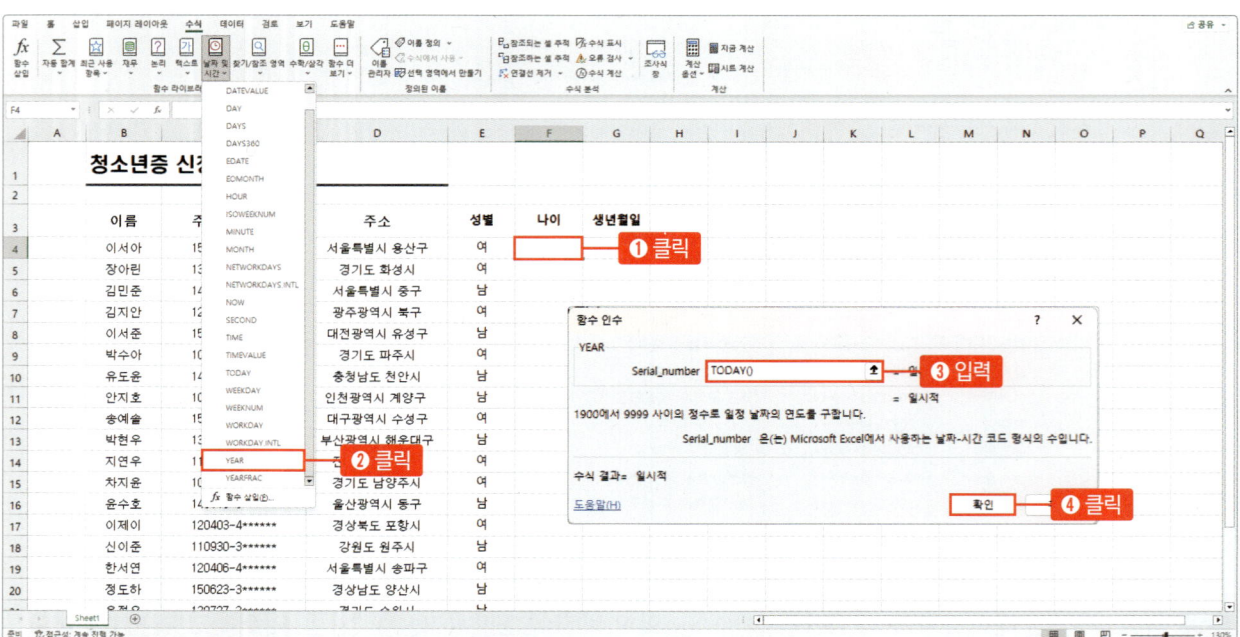

② 'F4' 셀의 [수식 입력줄]에 입력된 수식 텍스트의 끝부분을 클릭한 후 '-(2000+LEFT(C4,2))'를 입력하고 Enter 키를 누릅니다.

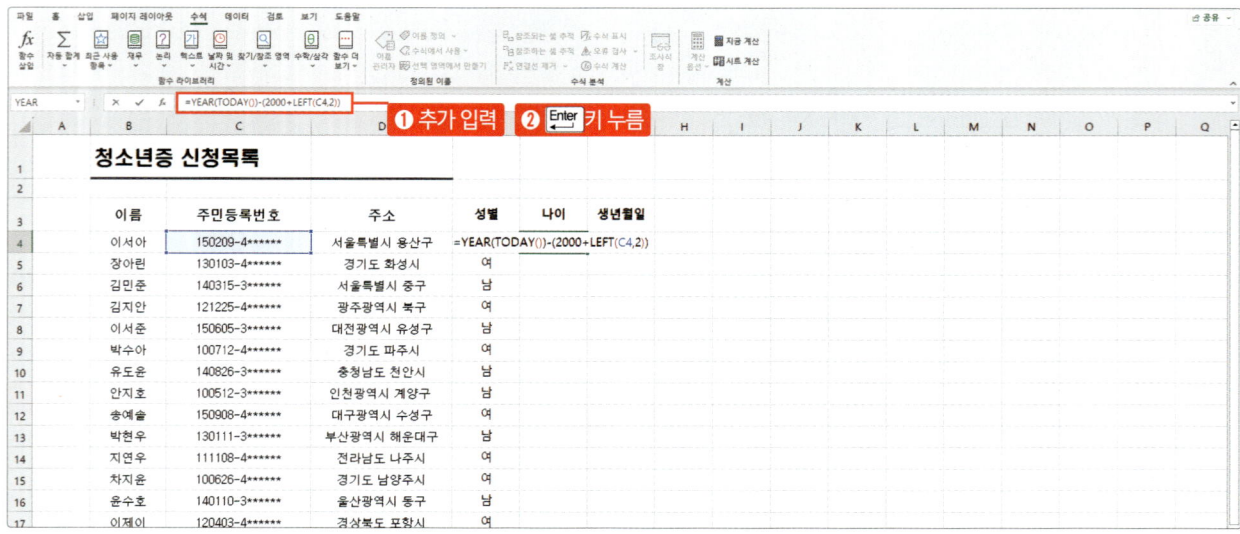

③ 'F4' 셀의 채우기 핸들을 'F25' 셀까지 드래그하여 입력합니다.

03 MID 함수와 & 연산자로 생일 입력하기

주민등록번호를 이용하여 MID 함수와 & 연산자로 생일을 입력합니다.

1 'G4'셀을 클릭한 후 [수식] 탭의 [함수 라이브러리] 그룹의 [텍스트]를 클릭하고 'MID'를 선택합니다. [함수 인수] 대화상자가 실행되면 Text의 입력칸에 'C4', Start_num의 입력칸에 '3', Num_chars의 입력칸에 '2'를 입력하고 [확인]을 클릭합니다.

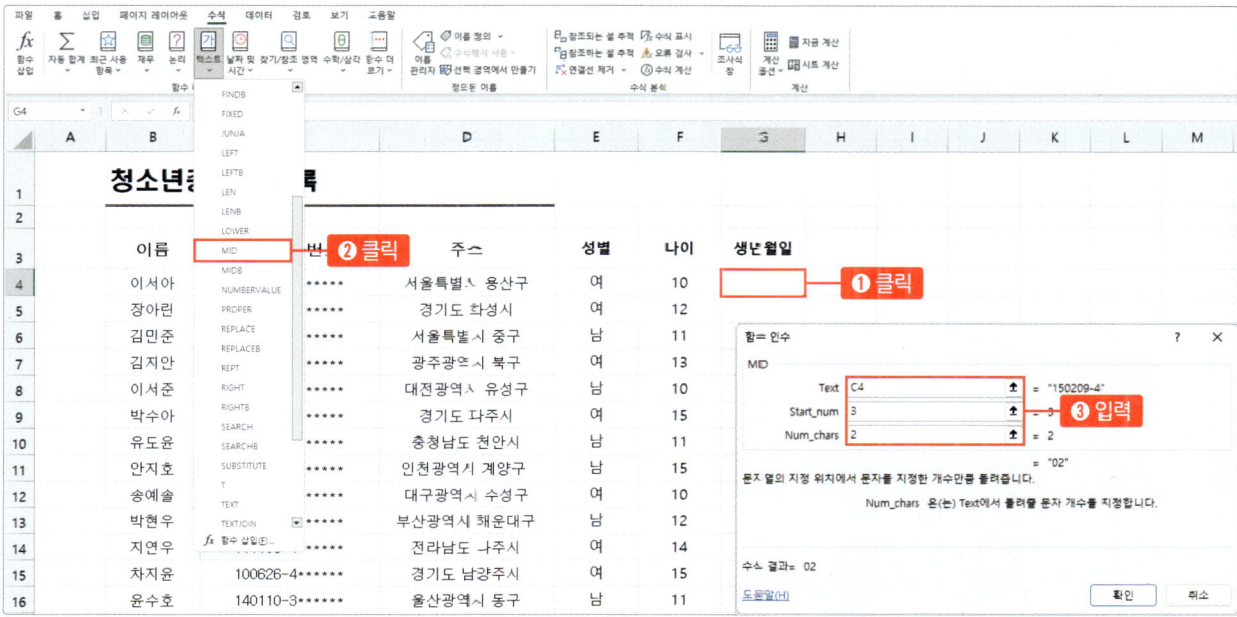

2 'G4'셀의 [수식 입력줄]에 입력된 수식의 마지막을 클릭한 후 '&"월 "&MID(C4,5,2)&"일"'을 추가로 입력하고 Enter 키를 누릅니다. 그 다음 'G4'셀의 채우기 핸들을 'G25'셀까지 드래그하여 자동 채우기를 합니다.

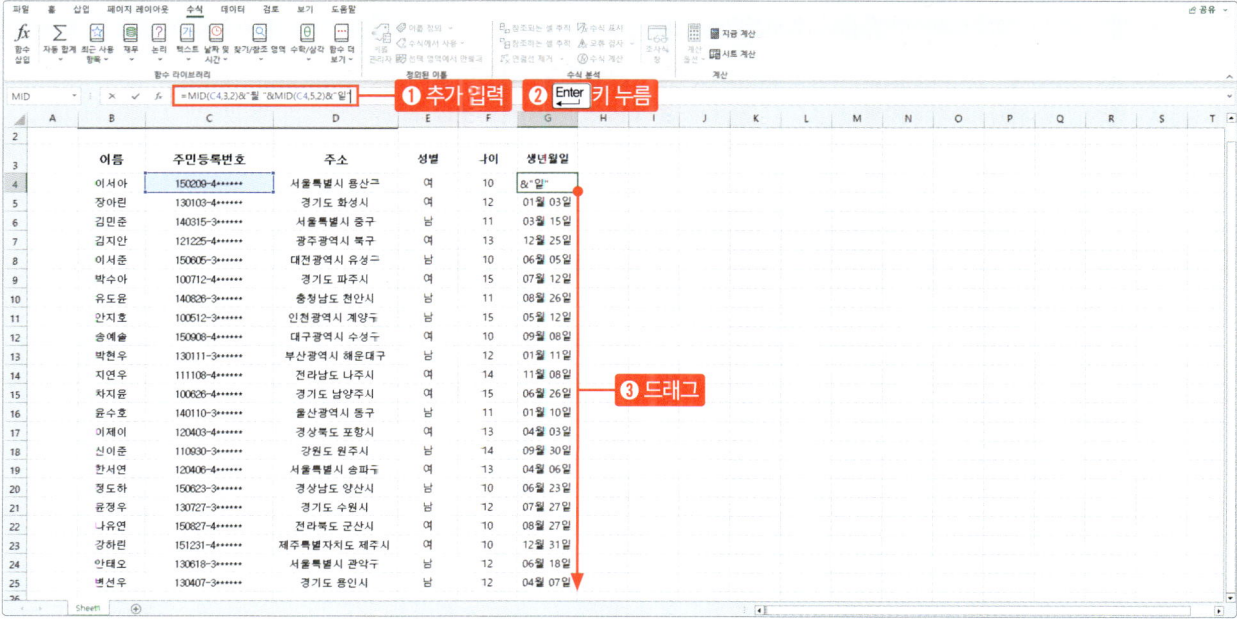

04 표 서식 설정 후 범위로 변환하기

표 서식을 설정하고 범위로 변환합니다.

1 'B1:G1'을 드래그하여 영역을 지정한 후 병합하고 [셀 서식]을 실행하여 '아래쪽 이중 테두리'를 설정합니다. 그 다음 'F4:F25'의 표시 형식을 'G/표준"세"'로 변경합니다.

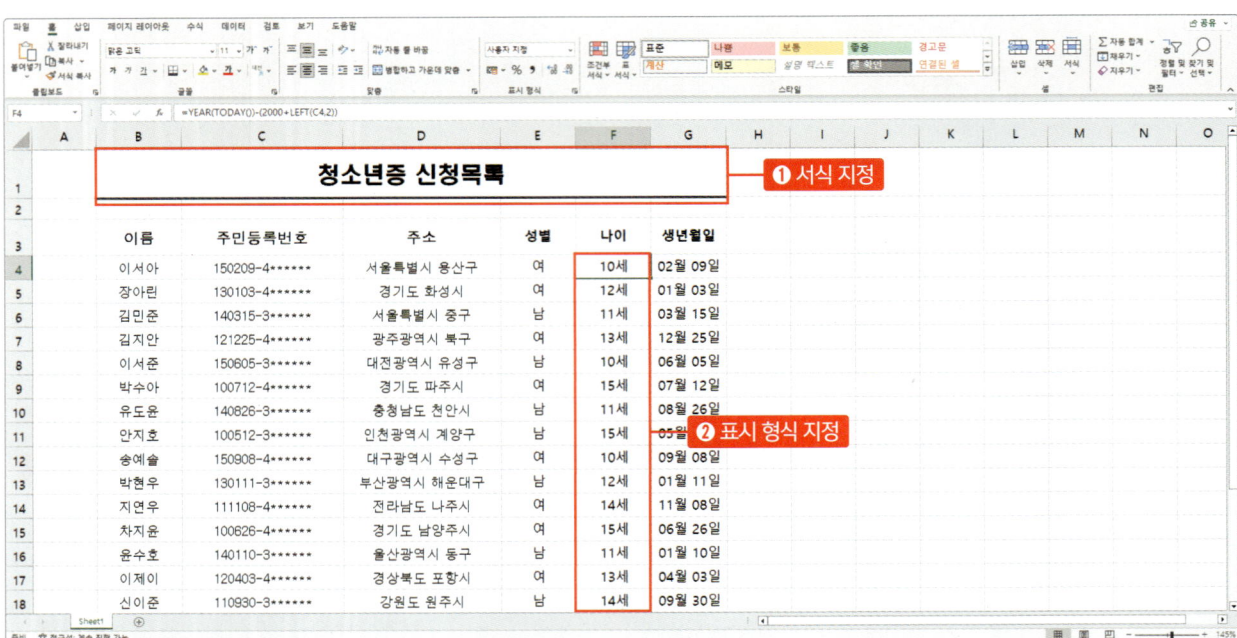

2 'B3:G25'를 드래그하여 영역을 지정한 후 Ctrl + L 키를 누르고 [표 만들기] 대화상자에서 범위를 확인한 후 [확인]을 클릭합니다. 표를 선택한 채로 [테이블 디자인] 탭의 [도구] 그룹에서 [범위로 변환]을 클릭한 후 [예]를 클릭합니다.

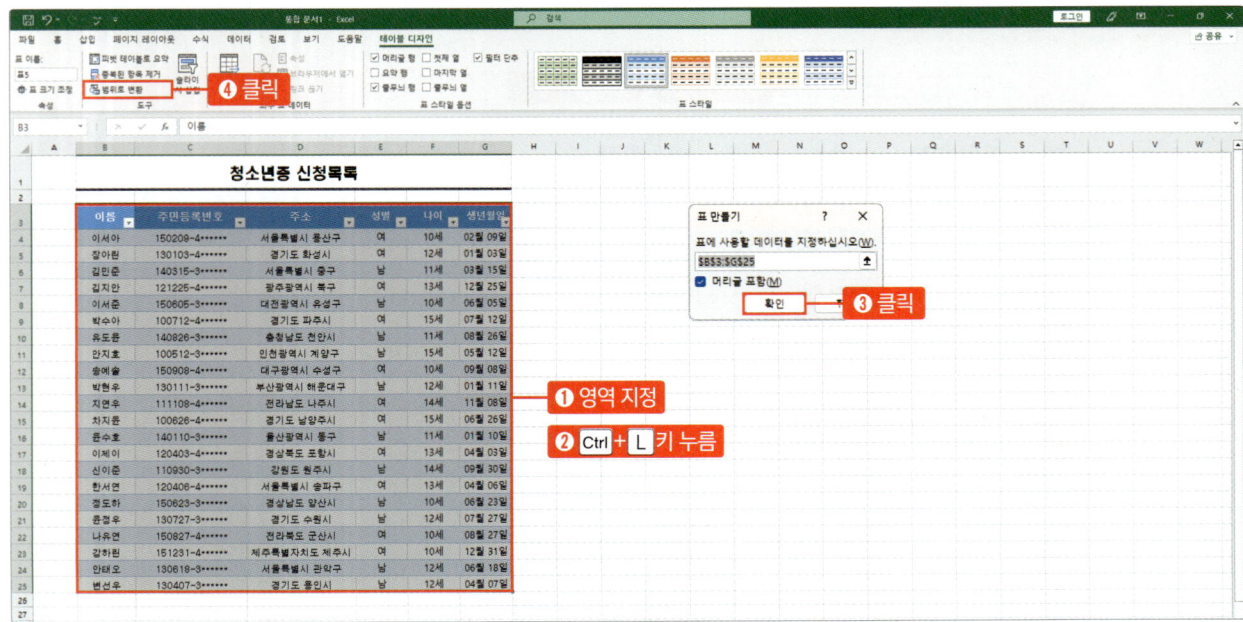

실력 쑥쑥! 창의력 쑥쑥!

1 다음과 같은 물로켓 대회 참가자표를 완성해 보세요.

예제파일 물로켓.xlsx 완성파일 물로켓(완성).xlsx

❶ [E7] 수식
　'=YEAR($F$4)-C7'
❷ [E7] 표시 형식
　'G/표준"세"'
❸ [F7] 수식
　'=LEFT(D7,2)'

2 다음과 같은 타자 시험 결과표를 완성해 보세요.

예제파일 타자시험.xlsx 완성파일 타자시험(완성).xlsx

❶ [D6] 수식
　'=LEFT(B6,1)&"학년"'
❷ [E6] 수식
　'=MID(B6,2,1)&"반"'
❸ [F6] 수식
　'=RIGHT(B6,2)&"번"'
❹ [H6] 수식
　'=IF(G6)=100, "합격", "재시험")'

CHAPTER 21 - 청소년증 신청목록

CHAPTER 22 재난별 행동요령 안내서

오늘의 미션
- 도형과 WordArt 삽입하기
- SmartArt 그래픽 삽입하기
- 하이퍼링크 연결하기

나라에서는 지진이나 태풍 등 자연현상이나 화재, 폭발 등 사회적인 재난이 발생했을 때 국민들이 따라야하는 행동을 정리하여 재난 행동요령으로 안내하고 있습니다. 각 유형별로 어떻게 행동해야하는지 미리 알아둔다면 위급한 상황에서 혼란이 줄어들 것입니다.

작품 미리보기

예제파일 재난1~3.png, 재난행동요령.xlsx　　**완성파일** 재난행동요령(완성).xlsx

재난별 행동요령

지진 발생 시
- 탁자 아래로 들어가 몸을 보호합니다. 흔들림이 멈추면 가스와 전깃불을 차단하고 문을 열어 출구를 확보하고 밖으로 나갑니다.

화재 발생 시
- 비상 소집 후, 대피 방법을 결정하여 신속히 대피합니다. 대피 후에는 119에 신고하여 인원을 확인합니다

태풍 발생 시
- 위험지역은 접근하지 말고, 주변에 있는 사람들과 즉시 안전한 지역으로 대피합니다.

01 도형과 WordArt 삽입하기

도형과 WordArt를 삽입한 후 도형 스타일과 WordArt 스타일을 변경합니다.

① Excel 2021을 실행하여 '재난대피요령.xlsx'파일을 불러옵니다. [Sheet1] 시트에서 '평행 사변형' 도형을 삽입한 후 도형 채우기를 '주황, 강조2, 60% 더 밝게', 도형 윤곽선을 '윤곽선 없음'으로 지정합니다.

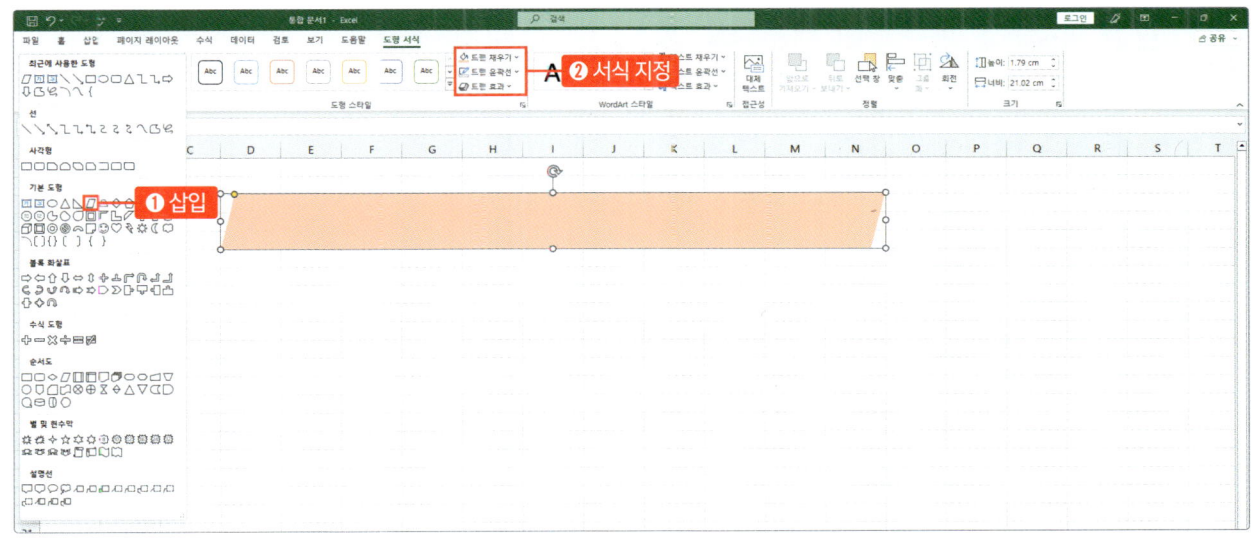

② [삽입] 탭의 [텍스트] 그룹에서 [WordArt]를 클릭하여 '채우기: 검정, 텍스트 색 1, 윤곽선: 흰색, 배경색 1, 진한 그림자: 파랑, 강조색 5'를 삽입합니다. 이어서 텍스트를 입력하고 글꼴을 '휴먼엑스포', 글꼴 크기를 '54'pt로 변경합니다.

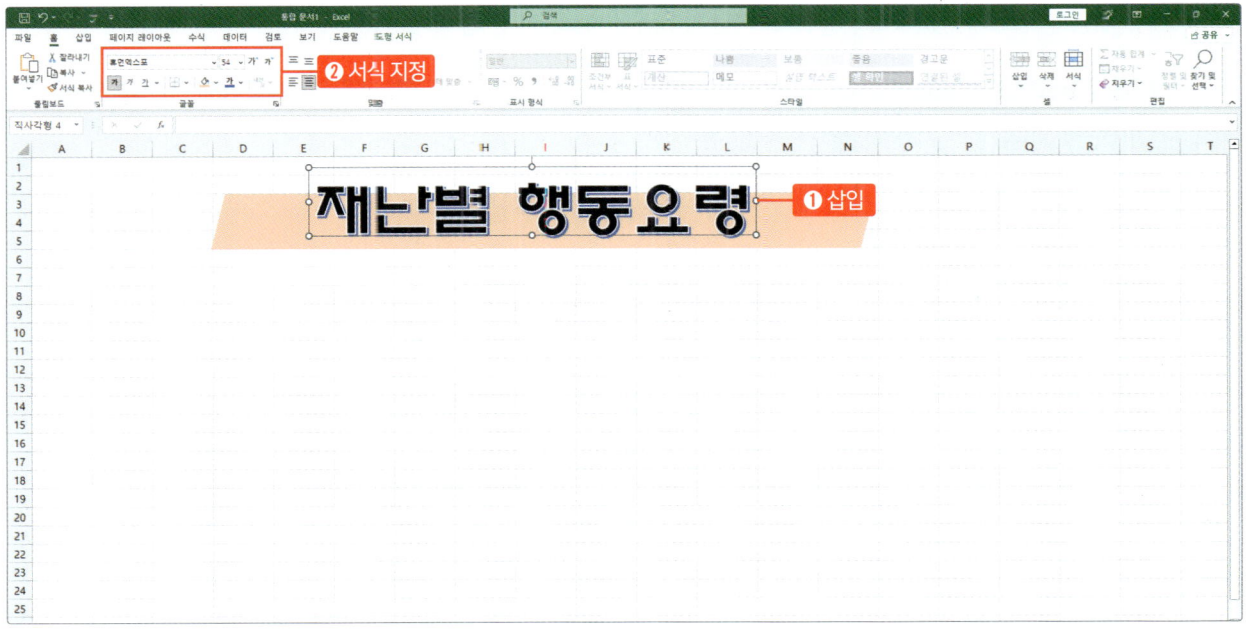

CHAPTER 22 - 재난별 행동요령 안내서

SmartArt 그래픽 삽입하기

SmartArt 그래픽을 이용하여 정보와 아이디어를 시각적으로 표현합니다.

1 [삽입] 탭의 [일러스트레이션] 그룹에서 [SmartArt]를 클릭합니다. [SmartArt 그래픽 선택] 대화상자가 실행되면 [목록형]을 클릭하여 [세로 그림 목록형]을 선택하고 [확인]을 클릭합니다.

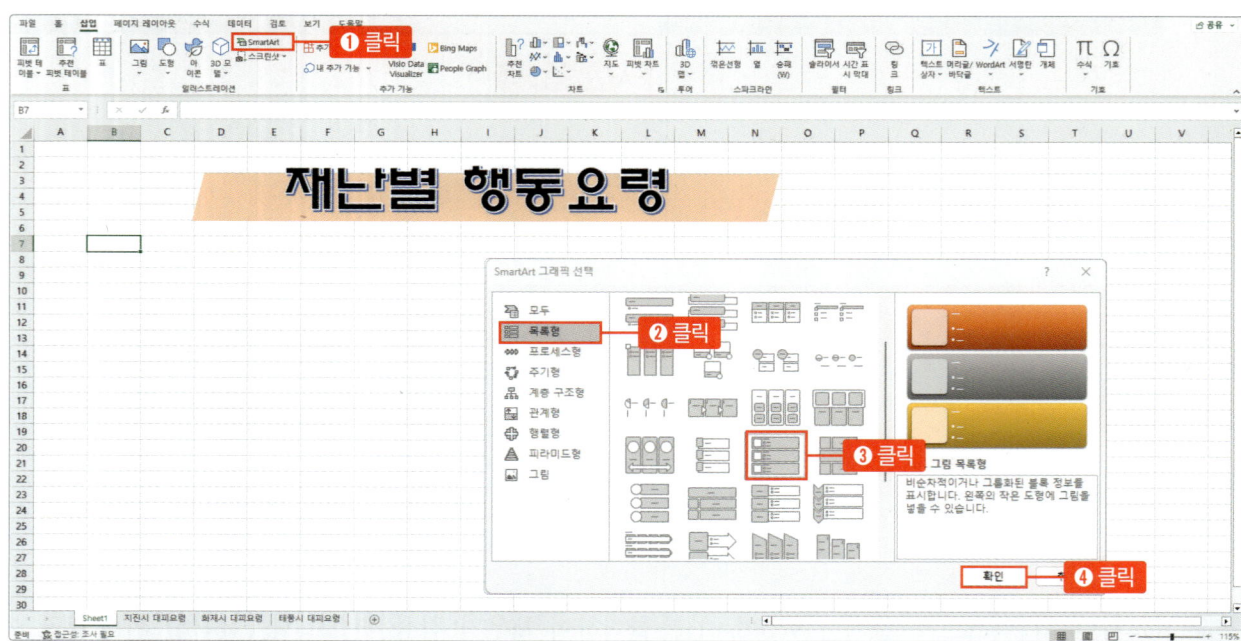

2 삽입한 SmartArt의 도형을 각각 클릭한 후 그림과 같이 텍스트를 입력합니다. 수준에 따라 글꼴을 'HY헤드라인M', 'HY그래픽M'으로, 글꼴 크기는 '14'pt, '13'pt로 설정합니다.

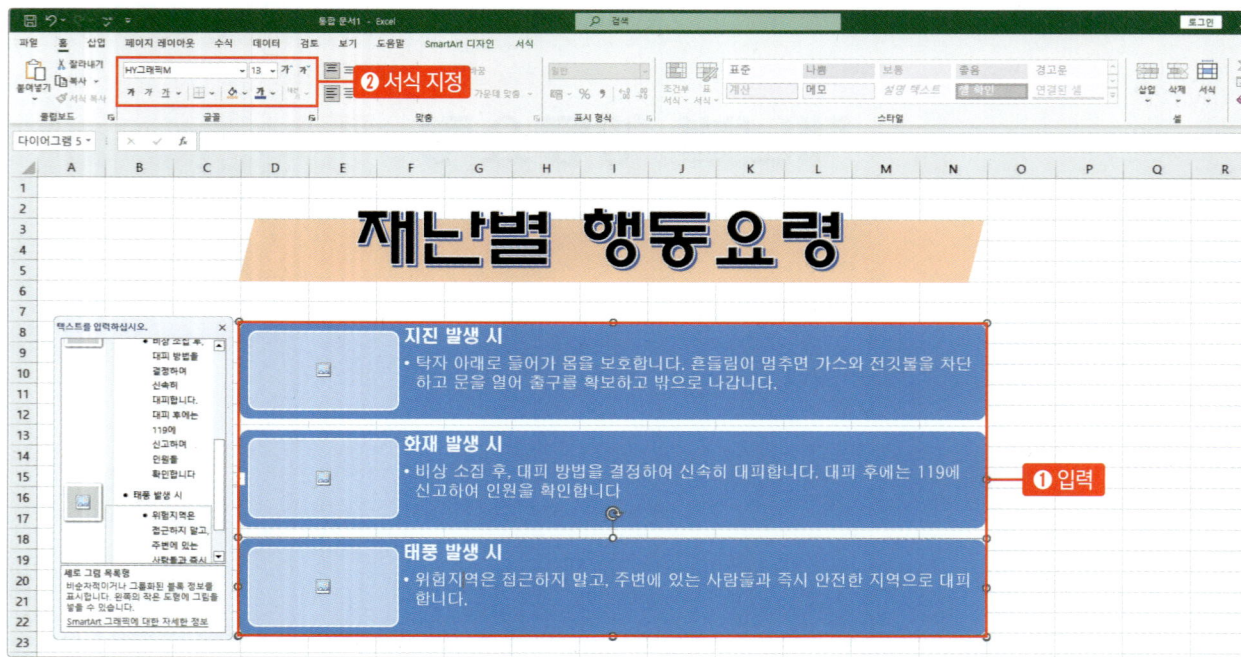

③ 그림 삽입 아이콘을 클릭하고 [파일에서]-'재난1~3.png' 그림을 삽입합니다.

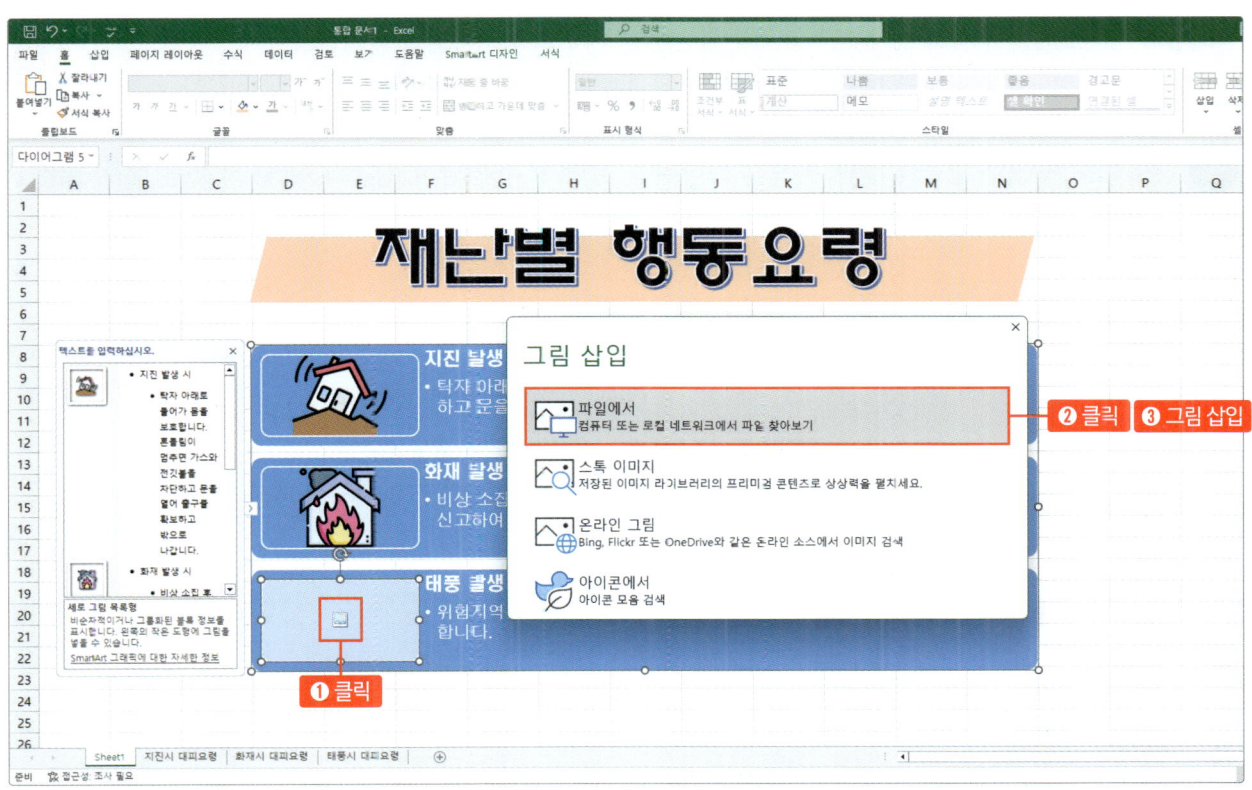

④ Ctrl 키를 누른 상태로 SmartArt의 도형을 모두 선택한 후 [서식] 탭의 [도형 스타일] 그룹에서 '색 윤곽선-주황, 강조2'를 선택합니다.

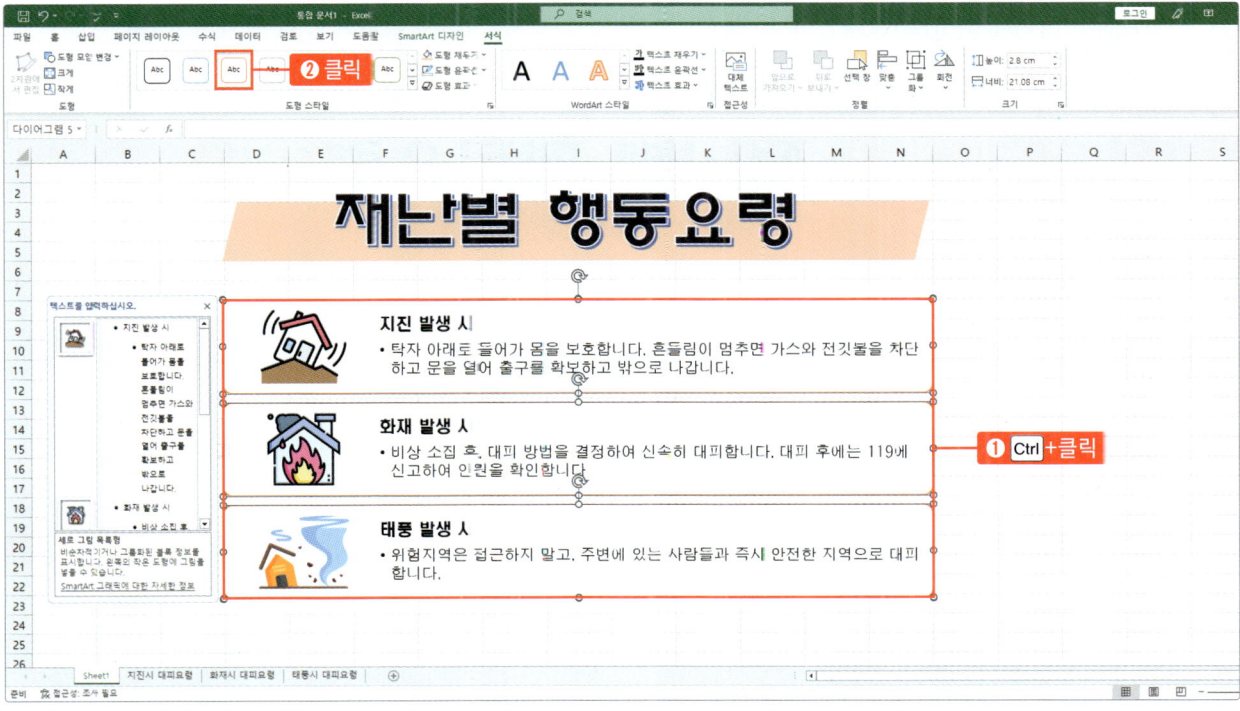

CHAPTER 22 - 재난별 행동요령 안내서　139

03 하이퍼링크 연결하기

도형을 추가하고 자세한 설명이 적혀 있는 시트로 하이퍼링크를 연결합니다.

1 '사각형: 빗면' 도형을 삽입한 후 도형 스타일을 '강한 효과-황금색, 강조 4', 글꼴 크기를 '12'pt, '굵게', [가운데 맞춤]으로 지정합니다.

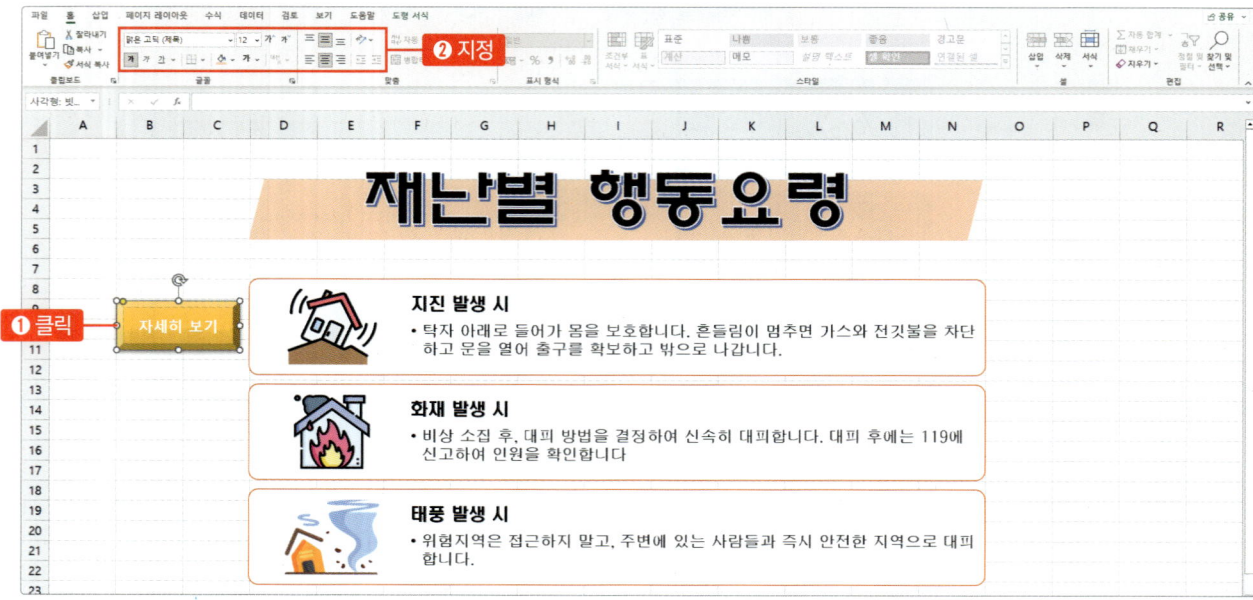

2 삽입된 도형을 선택하고 마우스 오른쪽 버튼을 클릭하여 [링크]를 클릭합니다. [하이퍼링크 삽입] 대화상자가 실행되면 [현재 문서]를 클릭한 후 이 문서에서 위치 선택의 '지진시 대피요령'을 클릭하고 [확인]을 클릭합니다.

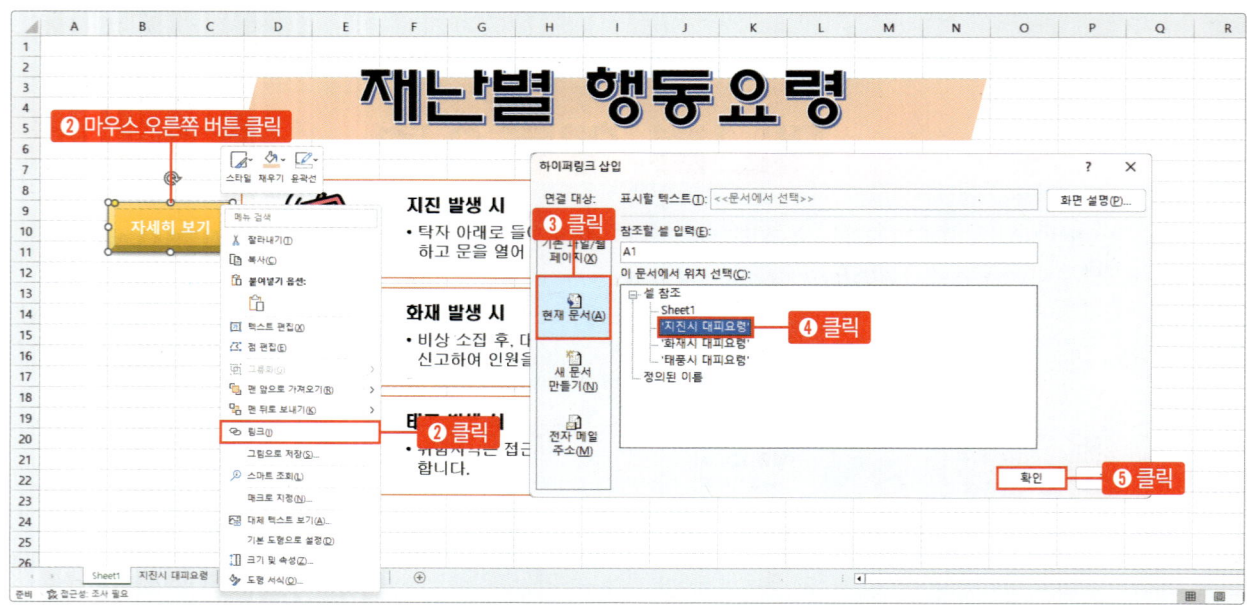

3 ❶~❷와 같은 방법으로 '화재 발생 시'와 '태풍 발생 시'에 해당하는 도형을 만들고 링크를 연결합니다.

실력 쑥쑥! 창의력 쑥쑥!

1 다음과 같은 물의 순환표를 완성해 보세요.

예제파일 물의순환.png　　**완성파일** 물의순환(완성).xlsx

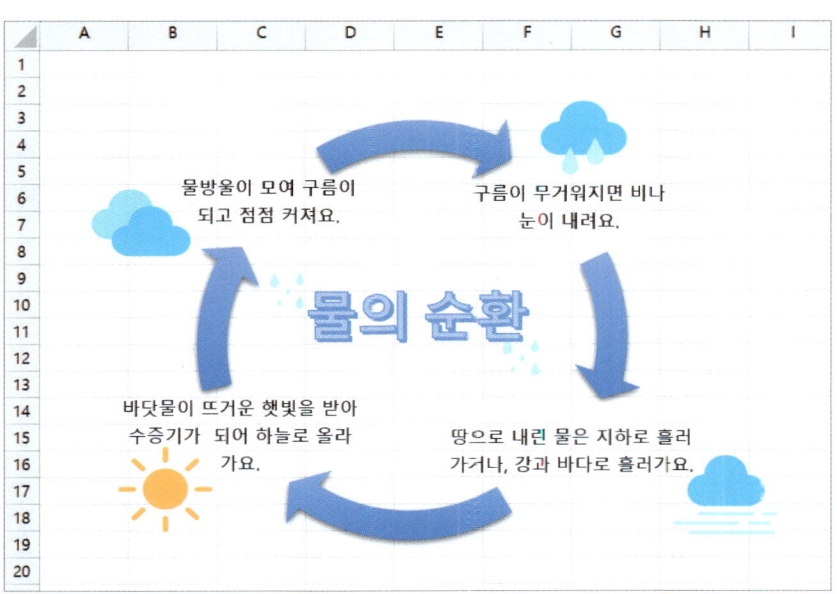

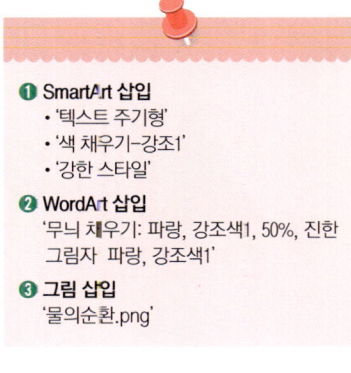

❶ SmartArt 삽입
- '텍스트 주기형'
- '색 채우기-강조1'
- '강한 스타일'

❷ WordArt 삽입
'무늬 채우기: 파랑, 강조색1, 50%, 진한 그림자 파랑, 강조색1'

❸ 그림 삽입
'물의순환.png'

2 다음과 같은 휴게소 메뉴판을 완성해 보세요.

예제파일 메뉴1~4.jpg　　**완성파일** 휴게소(완성).xlsx

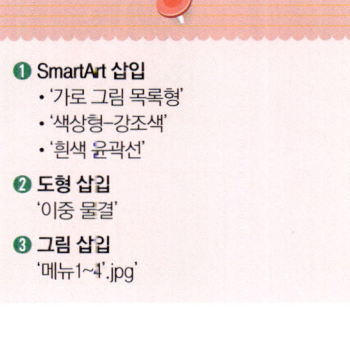

❶ SmartArt 삽입
- '가로 그림 목록형'
- '색상형-강조색'
- '흰색 윤곽선'

❷ 도형 삽입
'이중 물결'

❸ 그림 삽입
'메뉴1~4'.jpg'

CHAPTER 23
빛나라! 맛집의 별!

오늘의 미션
- 데이터를 입력하고 서식 설정하기
- AVERAGE 함수로 평균 계산하기
- REPT 함수와 INT 함수로 "★"점 표시하기
- & 연산자로 함수 연결하여 "☆"점 표시하기

평가점수를 시각적으로 표현하여 쉽게 이해할 수 있도록 하는 방법인 별점은 별(★)의 개수로 점수를 나타내며, 물건이나 음식뿐 아니라 영화, 드라마, 만화 등 미디어 매체에 이르기까지 평가를 내릴 수 있는 것들에 사용합니다.

 작품 미리보기

예제파일 음식점평가1~2.png **완성파일** 음식점평가(완성).xlsx

 우리동네 맛집 평가

	맛	가격	위생	분위기	서비스	평균 점수	별점
어서와 분식	4점	2점	4점	3점	5점	3.6점	★★★☆
달콩 베이커리	3점	4점	5점	2점	5점	3.8점	★★★☆
요거트세상	4점	4점	4점	5점	3점	4.0점	★★★★
도레미피자	2점	2점	5점	4점	2점	3.0점	★★★
퐁당샤브샤브	5점	3점	5점	3점	2점	3.6점	★★★☆
하이마라탕	4점	3점	5점	4점	3점	3.8점	★★★☆

데이터를 입력하고 서식 설정하기

데이터를 입력하고 테두리와 채우기 색을 설정한 후 표시 형식을 지정합니다.

1 Excel 2021을 실행한 다음 '리본: 위로 기울어짐' 도형을 삽입하고 [도형 서식]-[도형 스타일]에서 '보통 효과-파랑, 강조 5'를 지정합니다. 그림과 같이 텍스트를 입력한 후 텍스트 윤곽선을 '검정, 텍스트 1', 텍스트 효과에서 [변환]-[수축]을 지정합니다.

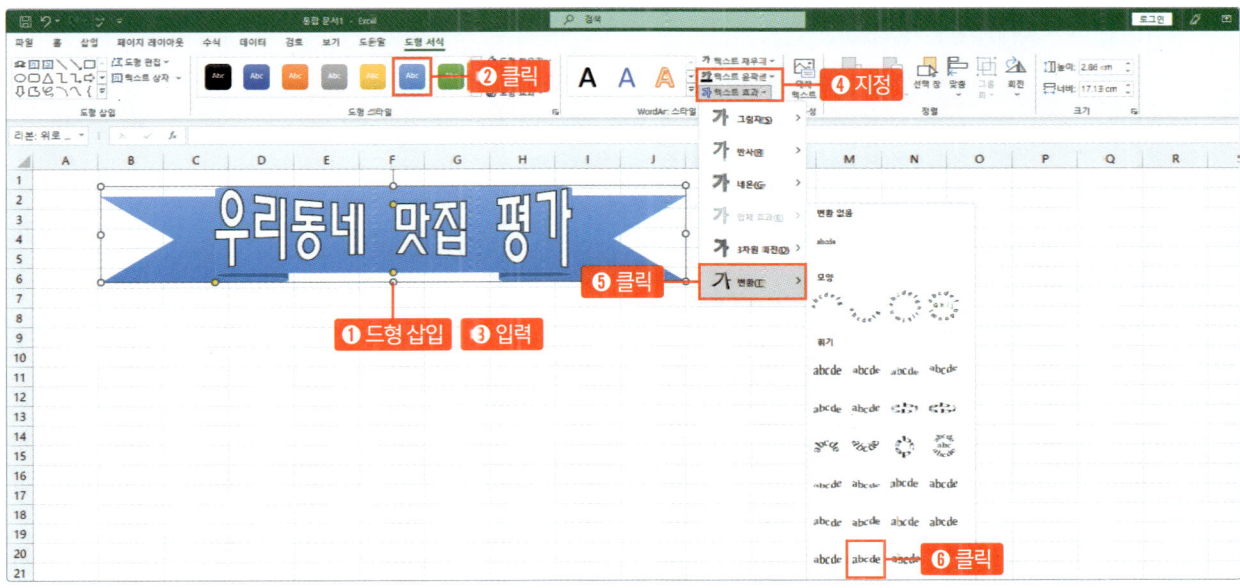

2 그림과 같이 'B8:G14', 'I8:J8'에 데이터를 입력한 후 [모든 테두리], [굵은 바깥쪽 테두리]를 지정하고 서식을 지정합니다. 이어서 'C9:G14'를 선택한 후 [셀 서식] 대화상자를 실행하여 [표시 형식] 탭을 클릭하고 범주는 '사용자 지정', 형식은 'G/표준"점"'으로 입력한 후 [확인]을 클릭합니다.

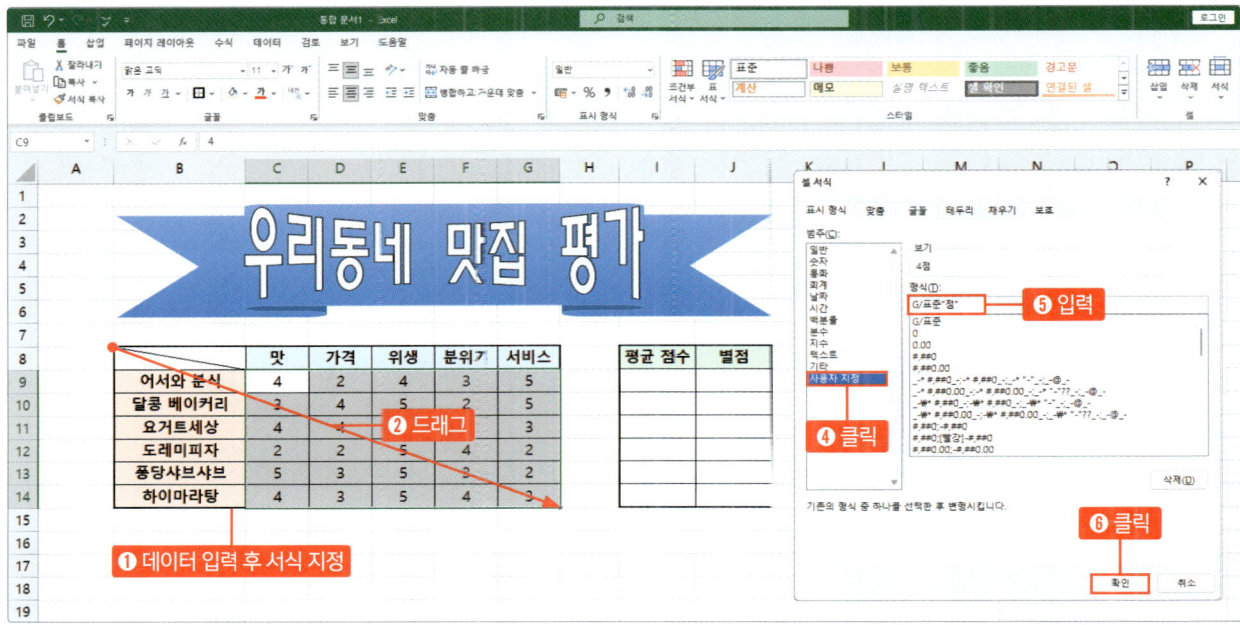

CHAPTER 23 - 빛나라! 맛집의 별! 143

AVERAGE 함수로 평균 계산하기

AVERAGE 함수로 평균을 계산한 후 표시 형식을 지정합니다.

① 'I9'셀을 클릭한 후 [수식] 탭에서 '자동 합계' 드롭다운 버튼을 클릭하여 [평균]을 클릭하고 'C9:G9'을 드래그하여 영역을 지정한 후 Enter 키를 누릅니다.

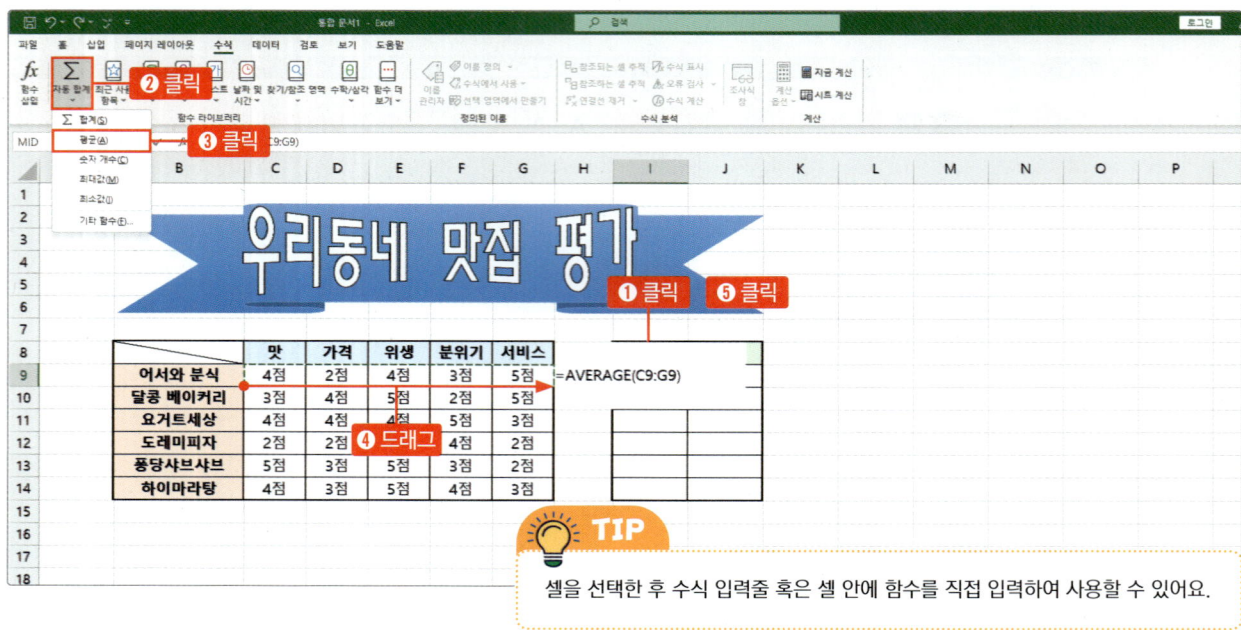

TIP 셀을 선택한 후 수식 입력줄 혹은 셀 안에 함수를 직접 입력하여 사용할 수 있어요.

② 'I9'셀의 채우기 핸들을 'I14'셀까지 드래그한 후 [서식 없이 채우기]를 선택합니다. 이어서 'I9:I14'셀을 선택한 채로 [셀 서식] 대화상자를 실행하여 [표시 형식] 탭을 클릭하고 범주는 '사용자 지정', 형식은 '0.0"점"'으로 입력한 후 [확인]을 클릭합니다.

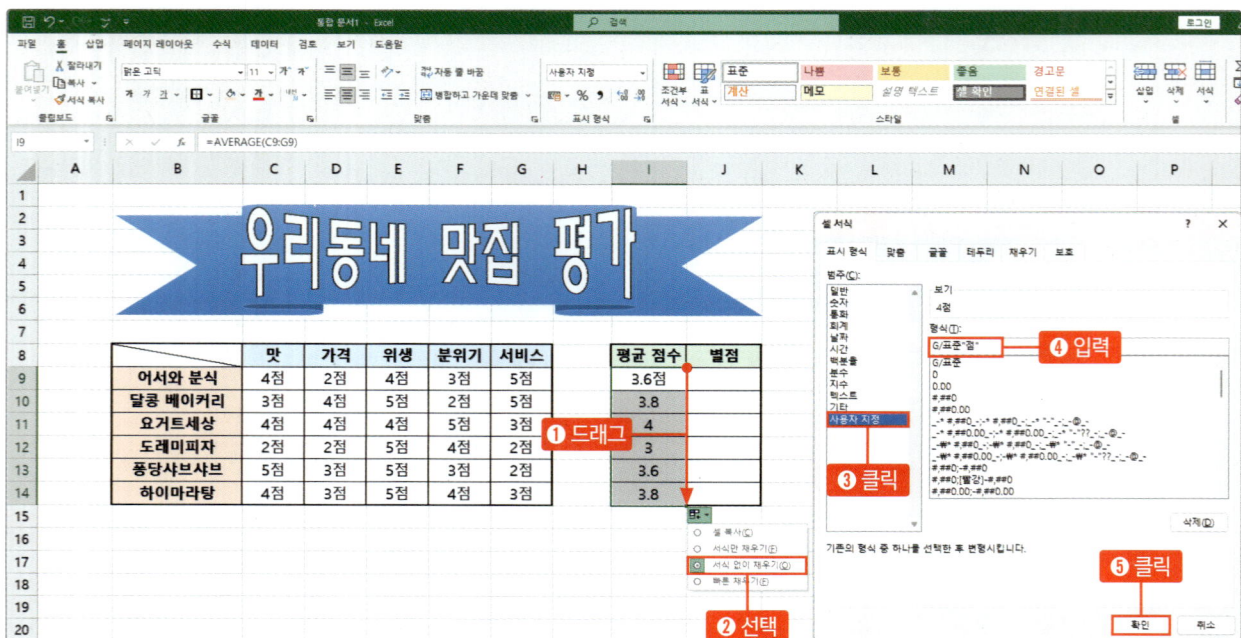

REPT 함수와 INT 함수로 "★"점 표시하기

REPT 함수와 INT 함수로 정수 값 만큼의 ★을 반복으로 표시합니다.

1 'J9'셀을 클릭한 다음 [수식] 탭의 [함수 라이브러리] 그룹에서 [텍스트]의 [REPT]를 클릭합니다.

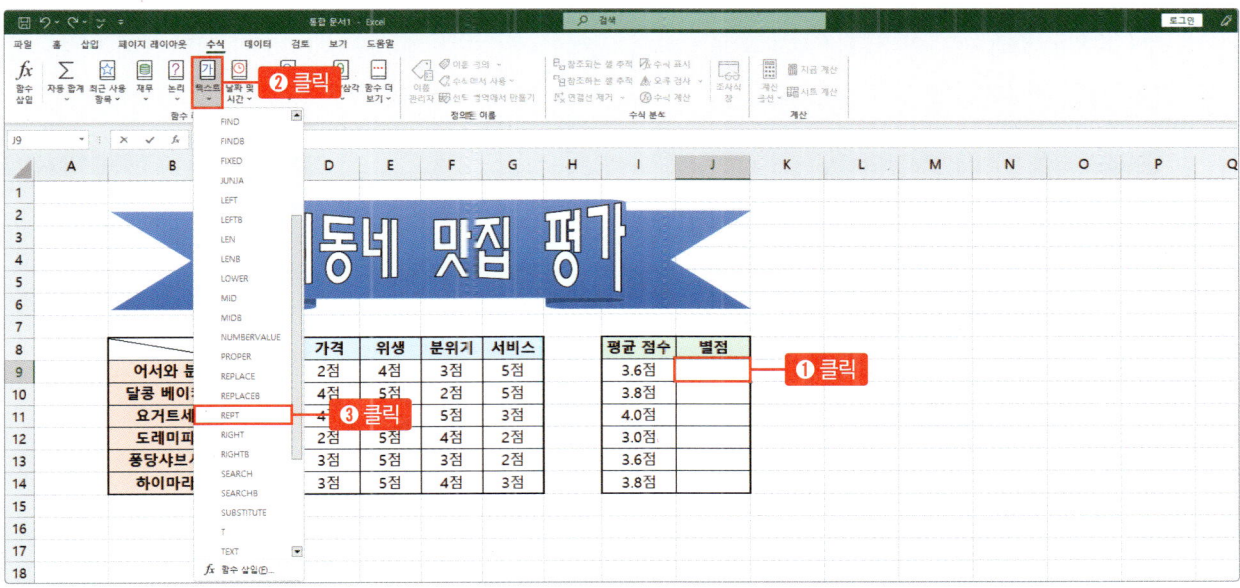

2 [함수 인수] 대화상자가 실행되면 Text의 입력칸에 'ㅁ'을 입력한 후 [한자]키를 눌러 '★'을 입력하고, Number_times의 입력칸에 'INT(I9)'을 입력하고 [확인]을 클릭합니다.

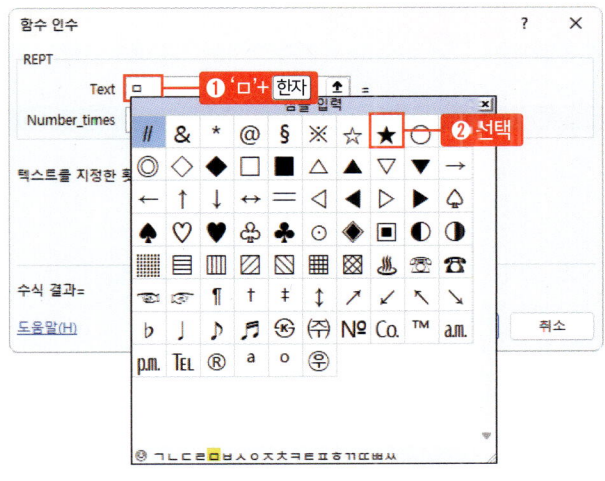
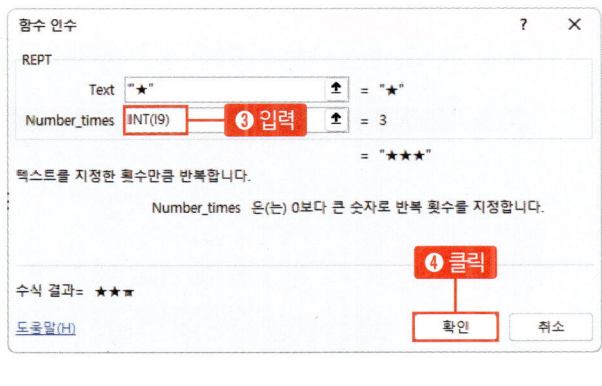

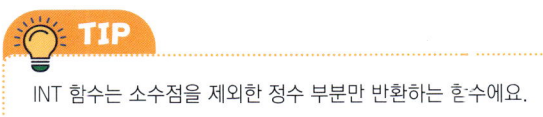

INT 함수는 소수점을 제외한 정수 부분만 반환하는 함수에요.

04 & 연산자로 함수 연결하여 "☆"점 표시하기

함수로 구한 셀 값에 & 연산자를 연결하여 소수 값 만큼 ☆을 표시합니다.

1 'J9'셀의 [수식 입력줄]에 입력된 수식의 마지막을 클릭하고 '&' 연산자를 입력한 후 [수식] 탭의 [함수 라이브러리] 그룹에서 [논리]의 [IF]를 클릭한 다음 [함수 인수] 대화상자가 실행되면 Logical_test의 입력칸에 'I9-INT(I9)>=0.5'를 입력하고 Value_if_true의 입력칸에 "☆", Value_if_false의 입력칸에 ""를 입력하고 [확인]을 클릭합니다.

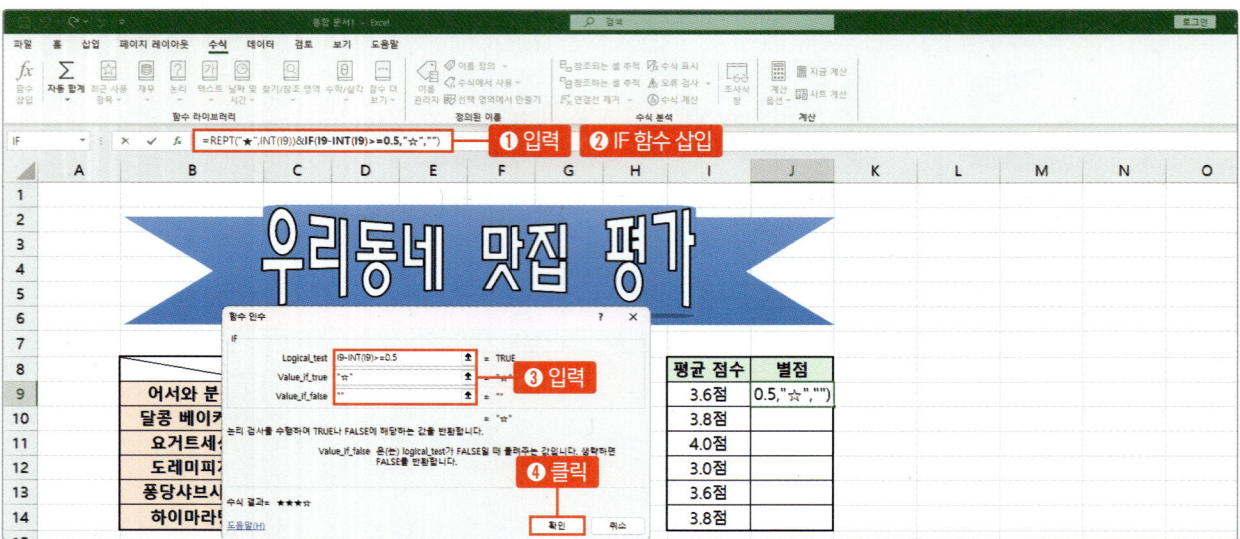

2 'J9'셀의 채우기 핸들을 드래그하여 'J14'셀까지 입력한 후 [서식 없이 채우기]를 클릭합니다. 그 다음 '음식점평가1~2.png' 그림을 삽입하고 위치와 크기를 변경합니다.

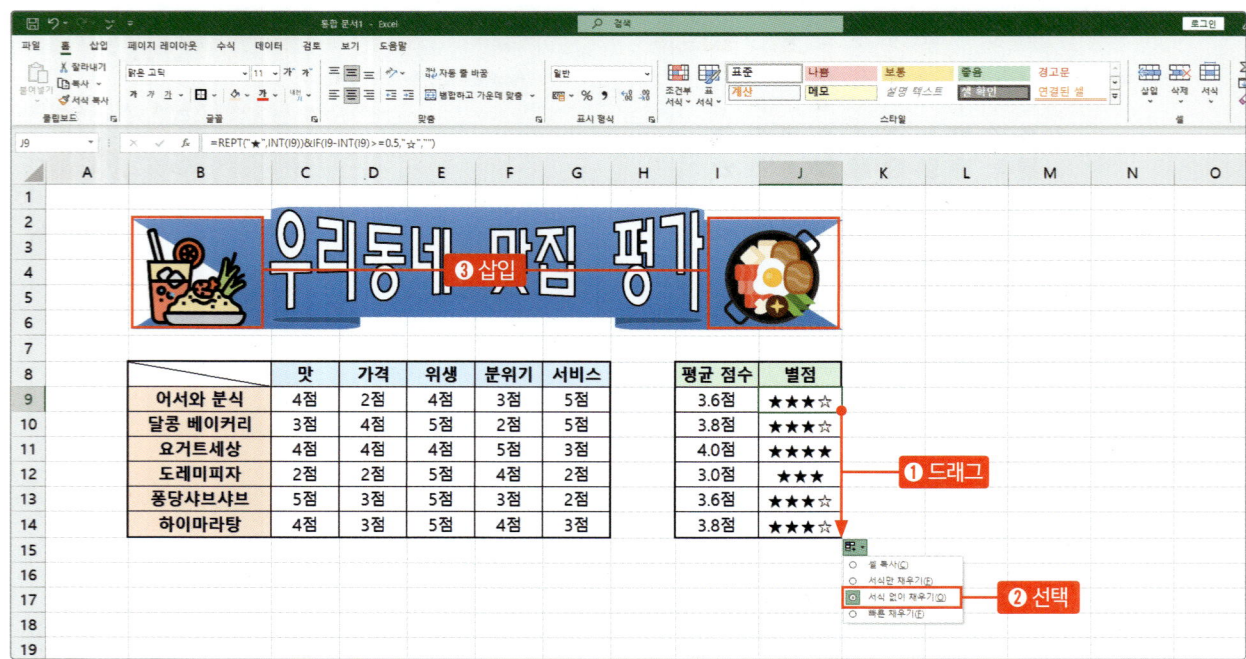

실력 쑥쑥! 창의력 쑥쑥!

1 다음과 같은 영화 평점을 완성해 보세요.

예제파일: 영화평점.xlsx   완성파일: 영화평점(완성).xlsx

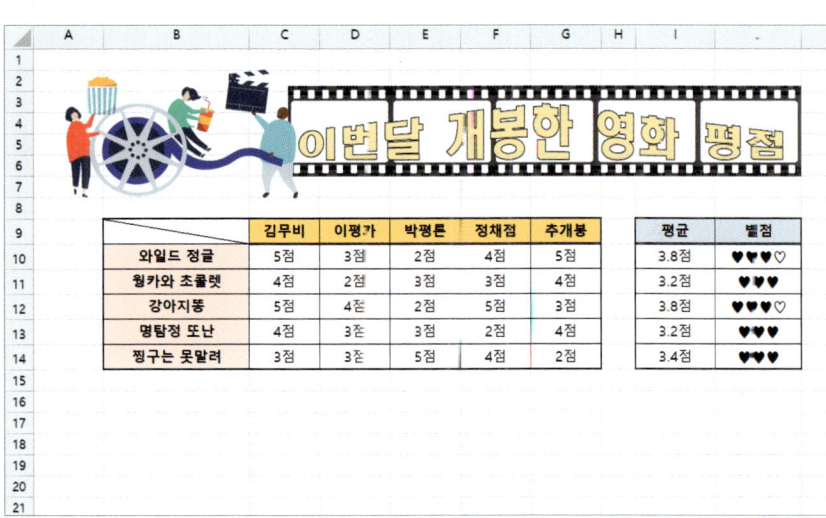

❶ 'I10': '=AVERAGE(C7:G7)'
❷ 표시 형식 지정: 'I10'
 • '0.0"점"'
❸ 'J10':
 '=REPT("♥",INT(AVERAGE(C10:G10)))
 &IF(AVERAGE(C10:G10)−INT(AVERAGE(C10:G10))>=0.5,"♡","")'

2 다음과 같은 카페 신메뉴 개발 평가표를 완성해 보세요.

예제파일: 신메뉴평점.xlsx   완성파일: 신메뉴평점(완성).xlsx

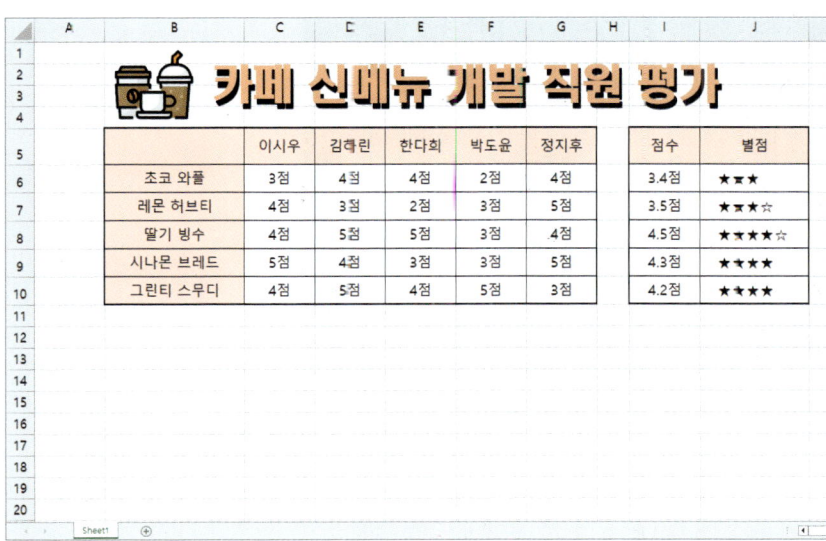

❶ 'I6': '=AVERAGE(C6:G6)'
❷ 표시 형식 지정: 'I6'
 • '0.0"점"'
❸ 'J6':
 '=REPT("★",INT(AVERAGE(C6:G6)))
 &IF(AVERAGE(C6:G6)−INT(AVERAGE(C6:G6))>=0.5,"☆","")'

CHAPTER 23 - 빛나라! 맛집의 별! **147**

CHAPTER 24
알아서 척척, 매크로 버튼

오늘의 미션
- 매크로 기록하기
- 매크로 지정하기

자주 사용하는 여러 개의 명령어를 묶어서 하나의 키 입력 동작으로 만든 것을 매크로라고 합니다. 특정한 조작 순서를 기록하여 실행시키는 기능이며, 여러번 해야 하는 일을 간단하게 수행하기 위하여 사용하기도 합니다.

작품 미리보기

예제파일 낮과밤.xlsx   **완성파일** 낮과밤(완성).xlsm

01 매크로 기록하기

낮과 밤의 다른 풍경을 만드는 과정을 매크로에 기록합니다.

① Excel 2021을 실행하여 '낮과밤.xlsx' 파일을 불러온 후 [보기] 탭의 [매크로] 그룹에서 [매크로]를 클릭하고 [매크로 기록]을 클릭합니다. [매크로 기록] 대화상자가 실행되면 매크로 이름의 입력칸에 '밤'을 입력하고 [확인]을 클릭합니다.

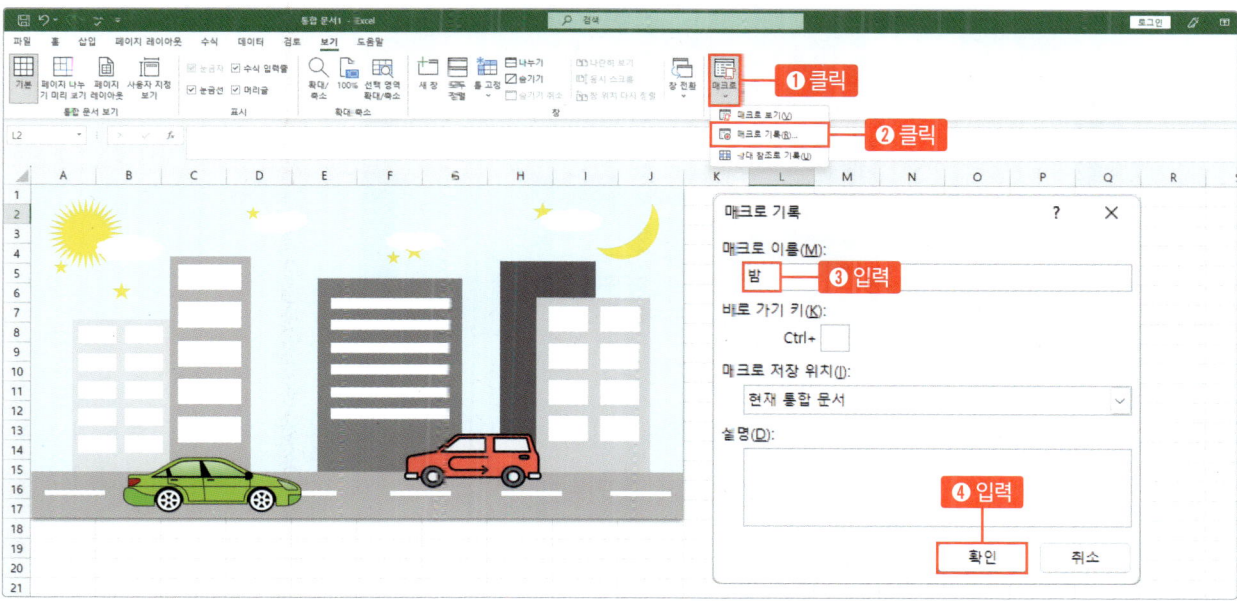

② '배경' 도형을 클릭한 후 [도형 서식] 탭의 [도형 스타일] 그룹에서 도형 스타일을 '강한 효과-검정, 어둡게1'로 설정합니다.

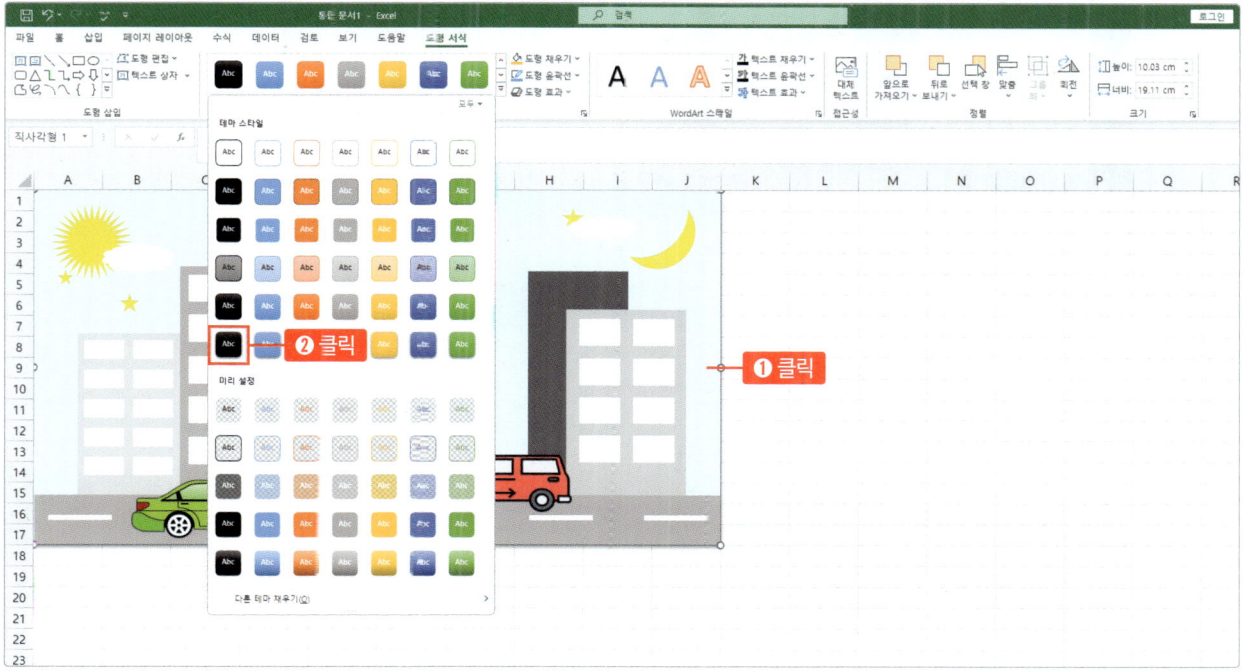

CHAPTER 24 - 알아서 척척, 매크로 버튼 **149**

③ 그 다음 Ctrl 키를 누른 채로 '해'와 '구름' 도형을 모두 선택한 후 [도형 서식] 탭의 [정렬] 그룹에서 [뒤로 보내기]의 [맨 뒤로 보내기]를 클릭합니다.

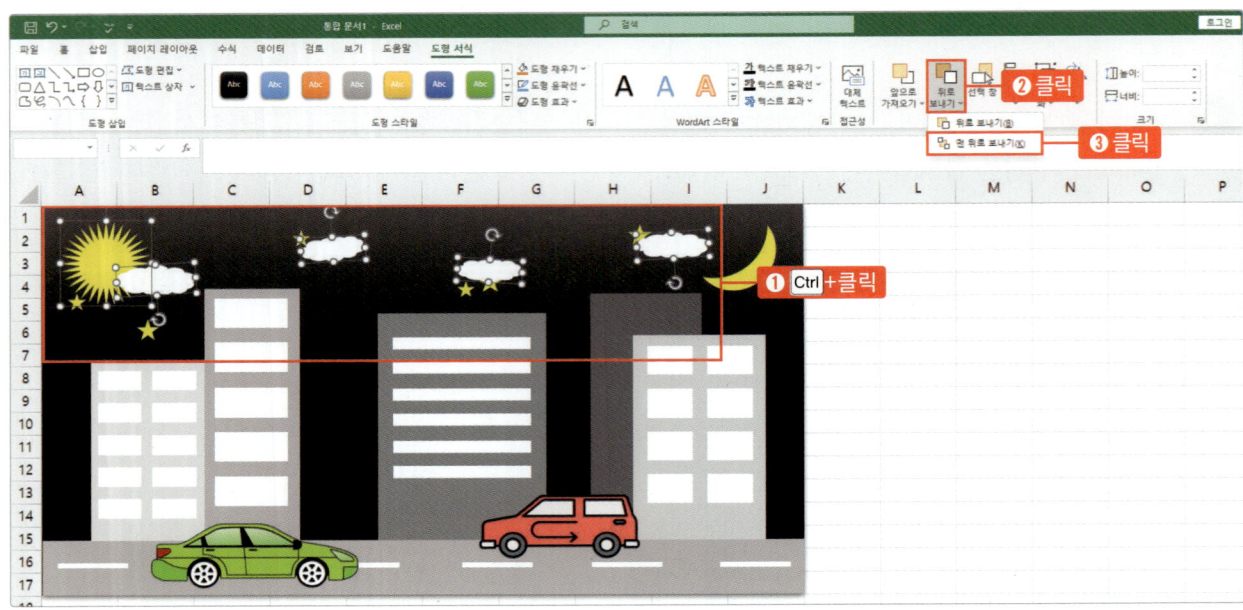

④ 그룹되어 있는 '창문' 모양의 도형을 클릭한 후 [도형 서식] 탭에서 [도형 채우기]를 클릭하여 채우기 색을 '노랑'으로 지정하고 [도형 효과]의 [네온]을 클릭한 후 '네온: 5pt, 황금색, 강조색4'를 지정합니다.

⑤ 그 다음 [보기] 탭의 [매크로] 그룹에서 [매크로]의 [기록 중지]를 클릭합니다.

6 [보기] 탭의 [매크로] 그룹에서 [매크로]-[매크로 기록]을 클릭합니다. [매크로 기록] 대화상자가 실행되면 '매크로 이름'의 입력칸에 '낮'을 입력하고 [확인]을 클릭합니다.

7 '배경' 도형을 클릭하고 도형 스타일의 '강한 효과-파랑, 강조1'을 클릭한 다음 [맨 뒤로 보내기]를 클릭합니다.

8 그 다음 Ctrl 키를 누른 상태로 '별'과 '달' 도형을 클릭하여 모두 선택한 후 [도형 서식] 탭의 [정렬] 그룹에서 [뒤로 보내기]의 [맨 뒤로 보내기]를 클릭합니다.

CHAPTER 24 - 알아서 척척, 매크로 버튼

❾ 그룹되어 있는 '창문' 모양의 도형을 클릭한 후 [도형 서식] 탭에서 채우기 색을 '흰색, 배경1'로 지정하고 [도형 효과]의 [네온]을 클릭하여 '네온 없음'을 클릭합니다.

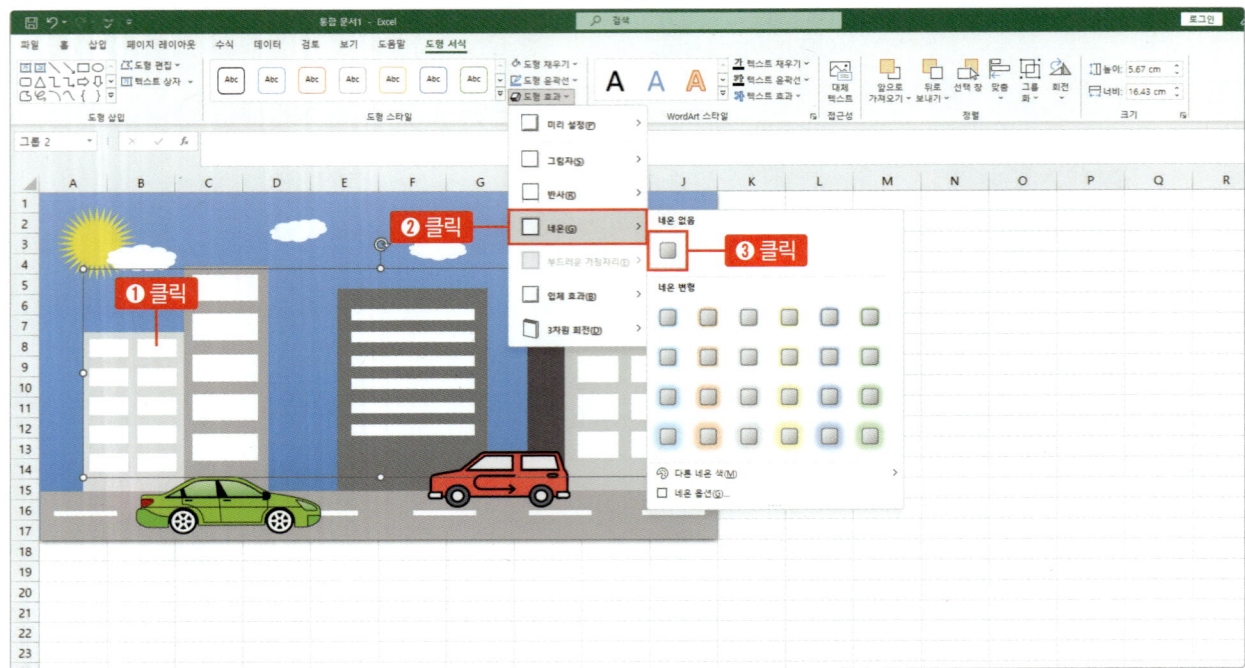

❿ 그 다음 [보기] 탭의 [매크로] 그룹에서 [매크로]의 [기록 중지]를 클릭합니다.

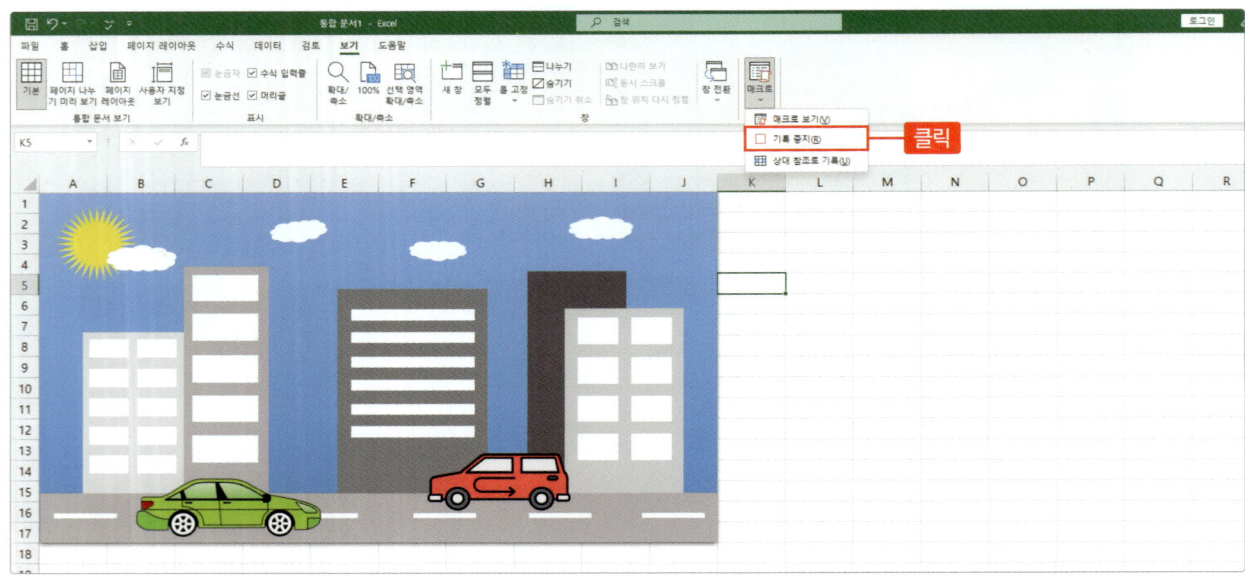

TIP
상태표시줄에서 기록/중지 버튼 클릭하여 매크로의 기록 중지를 할 수 있어요.

02 매크로 지정하기

도형을 클릭하면 매크로가 실행되도록 도형을 추가하고 각각의 도형에 매크로를 지정합니다.

1 '사각형: 둥근 모서리' 도형을 삽입하여 각각 '낮'과 '밤'을 입력한 후 글꼴을 'HY헤드라인M', '18 pt, 가로 세로 '가운데 맞춤'을 설정합니다. 그 다음 삽입한 도형을 모두 선택한 후 [도형 서식]-[도형 스타일]에서 각각 설정합니다.

2 '낮' 도형을 클릭한 후 마우스 오른쪽 버튼을 클릭하여 [바로 가기 메뉴]의 [매크로 지정]을 클릭합니다. [매크로 지정] 대화상자가 실행되면 '낮'을 클릭하고 [확인]을 클릭합니다.

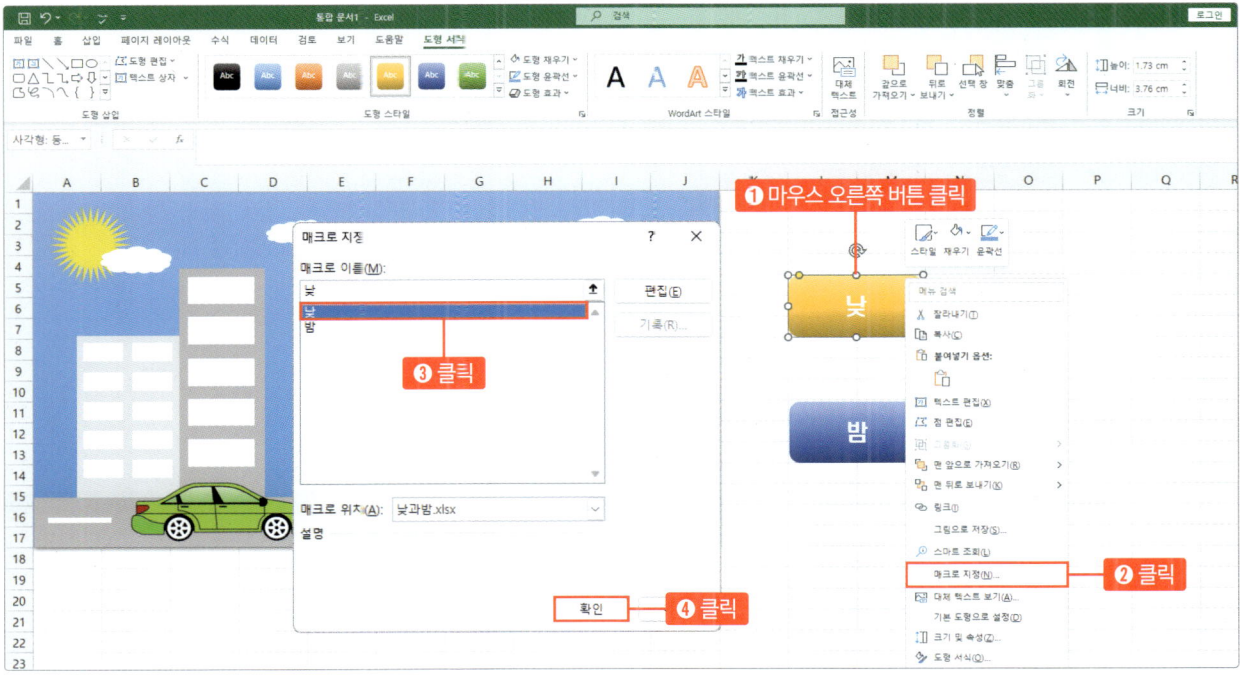

3 '밤' 도형을 클릭한 후 마우스 오른쪽 버튼을 클릭하여 [바로 가기 메뉴]의 [매크로 지정]을 클릭합니다. [매크로 지정] 대화상자가 실행되면 '밤'을 클릭하고 [확인]을 클릭합니다.

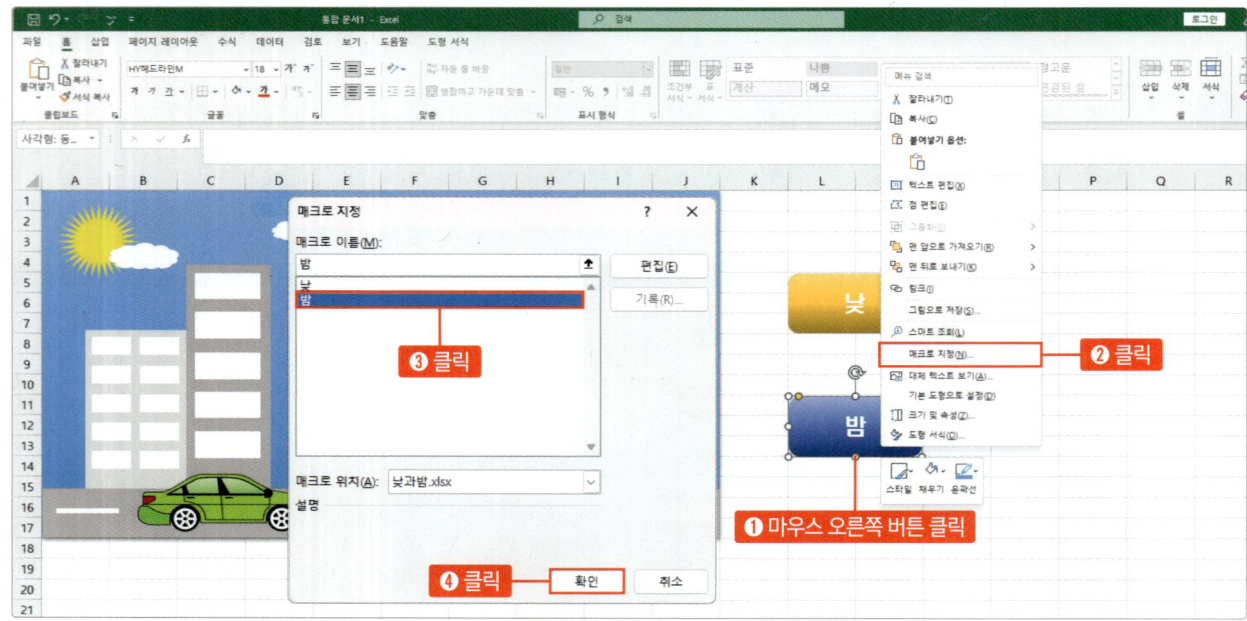

4 매크로가 포함된 문서를 저장하기 위해 [파일] 탭의 [다른 이름으로 저장] 메뉴를 클릭해서 [파일 형식]을 [Excel 매크로 사용 통합 문서]로 선택하고 저장합니다.

TIP
'Excel 매크로 사용 통합 문서'를 불러오기 한 후 [콘텐츠 사용]을 클릭해야 매크로가 실행됩니다.

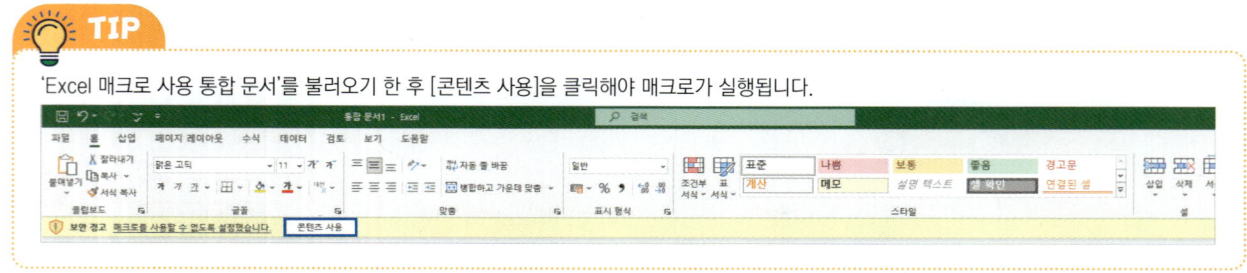

실력 쑥쑥! 창의력 쑥쑥!

1 다음과 같은 계절 변화 매크로를 완성해 보세요.

예제파일 계절.xlsx 나무.png, 나뭇잎-가을.png, 나뭇잎-여름.png, 토끼.png
완성파일 계절(완성).xlsx

❶ **매크로 이름**
  '가을'
❷ **매크로 기록**
  • 그림 '나뭇잎-여름': 맨 뒤로 보내기
  • 도형 스타일: '보통 효과 – 주황, 강조2'
❸ **매크로 지정**
  '가을' 도형

❶ **매크로 이름**
  '여름'
❷ **매크로 기록**
  • 그림 '나뭇잎-가을': 맨 뒤로 보내기
  • 도형 '사각형': 맨 뒤로 보내기
  • 도형 스타일: '보통 효과 – 녹색, 강조 6'
❸ **매크로 지정**
  '여름' 도형

CHAPTER 24 - 알아서 척척, 매크로 버튼 **155**

초등 전과목
디지털학습 플랫폼

디지털 초계

첫 달 100원
무제한 스터디밍

지금 신규 가입하면
첫 달 ~~9,500원~~ → 100원!

초등 전과목
교과 학습

AI 문해력
강화 솔루션

AI 수학 실력
향상 프로그램

웹툰으로 만나는
학습 만화